박사와 성자

카스트, 인종,
그리고 카스트의 소멸

암베드카르와
간디의 논쟁

지은이

아룬다티 로이 Arundhati Roy

인도의 소설가, 수필가, 사회활동가. 1961년생. 케랄라주 시골에서 빈곤과 계급, 남녀 차별을 겪으며 성장기를 보냈다. 델리대학교에서 건축학을 전공했고, 건축가, 시나리오 작가, 프로덕션 디자이너로 활동하다가 1997년 펴낸 첫 소설 『작은 것들의 신』으로 맨부커상(1997)을 받았고, 이 소설은 전 세계 40개 이상의 언어로 번역되었다. 인도의 핵무기 개발, 대형 댐 건설, 세계화와 신자유주의, 소수자 탄압과 카스트 제도 등에 구준히 반대 목소리를 내며 글쓰기로 정치적 투쟁을 활발히 해왔다. 『민주주의에 관한 현장 노트-메뚜기를 듣다』, 『자본주의-유령 이야기』, 『동지들과 함께 걷기』, 『말할 수 있는 것, 말할 수 없는 것』(공저), 『상상력의 종말』등 여러 논픽션을 썼다. 2017년에는 두 번째 소설 『지복의 성자』를 출간했다. 2002년 래넌 재단이 수여하는 '문화의 자유 옹호상'을 수상했고 2015년 '암베드카르수다르상'과 '마하트마조티바풀상'을, 2020년 '이호철통일로문학상'을 수상했다.

옮긴이

서정

서울 출생. 서울에서 노문학과 영문학을, 모스크바에서 정치문화를 공부했다. 그리스와 베네수엘라, 노르웨이에서 살았고 현재는 브라질에 거주하고 있다. 문화가 교차하는 지점에서 발생하는 일들에 관심이 있으며 다양한 매체에 산문을 싣고 러시아어와 영어로 된 글을 우리말로 옮긴다. 산문집 『그들을 따라 유럽의 변경을 걸었다』, 『낙타의 눈』, 『카라카스 수업의 장면들』을 썼고, 류드밀라 울리츠카야의 『행복한 장례식』, 시기즈문트 크르지자놉스키의 『문자 살해 클럽』을 옮겼다.

박사와 성자
카스트, 인종, 그리고 '카스트의 소멸'·암베드카르와 간디의 논쟁

초판발행 2025년 1월 15일

지은이 아룬다티 로이
옮긴이 서정

펴낸이 박성모
펴낸곳 소명출판
출판등록 제1998-000017호
주소 서울시 서초구 사임당로14길 15 서광빌딩 2층
전화 02-585-7840
팩스 02-585-7848
이메일 somyungbooks@daum.net
홈페이지 www.somyong.co.kr

ISBN 979-11-5905-999-5 93330
정가 19,000원

박사와 성자

카스트, 인종,
그리고 카스트의 소멸

암베드카르와
간디의 논쟁

아룬다티 로이 지음
서정 옮김

일러두기
1. 저자의 주석은 미주(예: 1*)를 사용하였고, 역자의 주석은 각주를 사용했다.
2. 강조는 저자가 한 것이며, **고딕**으로 표기했다.

『박사와 성자』는 B. R. 암베드카르 박사가 1936년에 작성한 그의 대표적 텍스트인 『카스트의 소멸』을 2014년에 처음엔 나바야나Navayana출판사가 인도에서, 뒤이어 베르소북스Verso Books가 미국과 영국에서 주석을 붙여 출판하면서 그에 맞추어 입문서로 쓰인 글이다.

『카스트의 소멸』은 인도의 가장 위대한 지식인 중 한 사람인 암베드카르 박사가 실제로는 읽어 내려갈 수 없었던 연설문이다. 암베드카르 박사에게 회원을 대상으로 한 연설을 의뢰했던 개혁가 단체 '자트-파트-토다크 만달Jat-Pat-Todak Mandal'은 예외 없이 모두 "상위 카스트" 힌두교도들로 구성되어 있었는데 그들은 연설문의 사본을 전달받아 미리 읽고는 그것이 힌두교 자체에 대한 정면 공격임을 깨닫고 초청을 취소하고 말았다. 이에 암베드카르 박사는 『카스트의 소멸』을 팸플릿으로 만들었고, 이후 주로 소규모 달리트 출판사들에서 펴낸 비공식 네트워크를 통해 배포했으며 현재까지 수백만 부가 판매되었다. 여러모로 B. R. 암베드카르 박사는 인도에서 단연 잘 팔리는 작가이자 가장 사랑받는 작가다.

『카스트의 소멸』이 출판된 직후, 이를 문제 삼은 이는 다름 아닌, 세계에서 가장 유명한 인도인이라 할 수 있는 모한다스 간디Mohandas Gandhi였다. 이에 대해 두 사람 사이에 대규모 공개 토론이 이어졌다. 그리고 해당 사안은 그때나 지금이나 인도에서 가장 중요한 문제다.

이렇듯 중요한 사안임에도, 또 읽는 누구에게나 너무도 선명하게 보일 바로 그 이유로, 이 책은 각급 학교의 교과 과정이나 대학 강의 계획서에 포함될 수 없었다. 서점에서 취급되지도 않았고, 마땅히 받아야 할 학문적 관심도, 그에 알맞은 주석도 달리지 않았다. 말하자면, 암베드카르가 앞에 두고 연실하려고 했던 사람들, 특히 '온건파' 개혁주의자이자 힌두교의 '상위 카스트'인 그들은 (비록 암베드카르는 '온건하다'와 '힌두교'는 용어상 모순된다고 믿었지만) 출판 및 배포의 어떤 '분리' 원칙을 유지해 왔고 이는 물론 인도 고유의 사회적 아파르트헤이트 형태인, 매우 수치스러운 카스트 제도가 국제적인 레이더망을 벗어나 계속 유지되도록 돕는다.

『박사와 성자』는 과거와 현재의 프리즘을 통해 인도의 카스트 제도를 살펴볼 것이다. 암베드카르와의 논쟁에서 카스트 제도를 다루는 간디의 입장에 대한 맥락을 제공하려고 노력하면서 나는 그의 이야기를 끝까지 따라가 이제는 전설과 민담의 소재가 된, 남아프리카에서 그가 겪었다는 '정치적 각성'으로 돌아가 보려 한다. 나는 그 이야기의 사실성을 모호하게 만든 신화와 거짓의 규모와 부정직함에 대단히 깜짝 놀라고 당황했음을 고백한다. 이는 간디 때문에 라기보다는 간디 신화 만들기에 복무한 사람들 때문이다.

나는 본질적으로 암베드카르의 저작이 다루는 바를 소개한다면서 왜 그렇게 간디에게 지나치게 많은 관심을 기울이냐고 비난받아왔다. 기소된 대로 나는 유죄다. 그러나 간디가 현대 세계, 특히 서구 사회의 상상 속에서 차지하는 고귀하고 거의 신성하다 할 지위를 고려할 때, 나는 카스트와 인종에 대한 그의 엄청난 영향력과 변명 불가한 입장을 주의 깊게 살펴보지 않으면 암베드카르의 분노를 온전히 이해할 수 없을 것이라고 느꼈다. 그렇게 되면 세계 최고의 민주주의 국가로 알려지기를 좋아하는 이 나라의 심장부에서 보이지 않게 하기 프로젝트, 즉 잔인하고도 제도화된 사회적 불의를 지워버리는 일은 차질 없이 순조롭게 지속되리라.

이 이야기를 위한 자료로 내가 기댄 것은 암베드카르와 간디 자신의 (방대한) 저술들이다.

2017년 1월
아룬다티 로이

『박사와 성자』는 독특한 책이다. 『카스트의 소멸』을 제대로 읽게 하려고 종이가 뚫어지게 연필심을 뚝뚝 부러뜨리며 써 내려간 해설서이기 때문이다. 독자는 우선 이 모든 논의가 인도의 카스트 제도를 둘러싼 것임을 감지할 수 있을 텐데 이를 바로 이해하려면 세 사람의 이름을 기억해야 할 것이다. 이 책의 저자인 아룬다티 로이, 제목에서 '박사'로 지칭하는 암베드카르, 그리고 '성자'의 이미지로 오랜 세월 소비되어 온 간디다.

아룬다티 로이는 소설 『작은 것들의 신』을 쓴 인도 작가다. 1960년대 인도 반도의 서쪽에 있는 케랄라를 배경으로 아무^Ammu의 집안에서 일어난 사건들을 비춘다. 이란성 쌍둥이 에스타와 라헬의 성장기는 영국인 사촌의 사고사를 기점으로 변곡점을 맞는데, 기이하게 신비로운 대자연 속에서 펼쳐지는 관능적인 사랑의 묘사에 황홀경에 젖다가도 비극의 전개가 쌍둥이의 뱃사공 친구이자 불가촉천민인 벨루타에게 가닿는 과정은 지극히 고통스럽다. 카스트 제도, 더 정확하게 말한다면 짓밟히고 부서진 존재인 불가촉천민 문제가 불화살처럼 우리 마음을 관통하기 때문이다. 아룬다티 로이는 인터뷰를 통해 "픽션이든 논픽션이든 내게는 동일한 문학적 활동"이라며 1997년 부커상 수상 이후 『지복의 성자』가 활자화되기까지 20년간 논픽션만 줄곧 써온 데 대한 세간의 의문을 불식시켰다. 핍박받는 자들을 집중 조명하는 아룬다티 로이가 통역사로서의 역할을 자처하며 『박사와 성자』 집필을 통해 기꺼이 그편에 서고자 한 인물이 바로 암베드카르다.

　암베드카르는 인도의 사회 개혁운동가, 정치가로 카스트로는 불가촉천민 출신이다. 봄베이^{현 뭄바이}에서 대학을 졸업한 후, 미국과 영국에 유학했고 불가촉천민제 철폐운동에 몸을 던져 사회 개혁 단체나 정당을 결성하고 대중운동을 지도했다. 인도에서는 (영국으로부터의) 독립 달성 못지않게 사회 개혁이 중요하다고 보았고 독립 인도의 기초를 닦기 위한 헌법위원회의 위원장으로서 활약했는데, 무엇보다 불가촉천민제의 근본적인 문제가 힌두교에 있음을 전 생애에 걸쳐 증명하고 투쟁했다. 암베드카르는 1936년 라호르에서 특권 카스트 힌두교도 청중에게 카스트 제도의 불합리성을 설파하는 연설을 할 계획이었다. 초대 주체가 카스트제의 불합리성에 대한 자각이 없지 않은 개혁 단체였음에도 힌두교의 근본에 대한 지적 공격이 불편했던 그들은 돌연 그 초청을 철회하고 말았다. 준비된 연설문은『카스트의 소멸』이라는 이름의 팜플렛으로 회중을 떠돌다가 2014년에야 인도와 영국, 미국에서 연이어 정식 출판되었는데 아룬다티 로이는 78년이라는 간극, 음성으로 전달되려던 텍스트가 문자로 이해되어야 한다는 부담, 인도 밖에서 달리 이해될 것이 분명하다는 염려를 해소하기 위해 이 본문에 대한 장대한 서사시와 같은 입문서를 써 내려갔고 그것이 바로『박사와 성자』다.

　인도 사회에는 전통적으로 내려오는 고착화한 가문의 직업과 신분이 있다. 그 직업군이 족벌화해 수천 개의 카스트로 존재하는데 그 카스트 족벌을 브라만, 크샤트리아, 바이샤, 수드라, 불가촉천민으로 구분해 놓은 것이 바르다. 불가촉천민은 계급 피라미드 가장 아

래 단계에서도 제외된다. 그런데 인도에는 공식적으로 '불가촉천민'
이라는 용어가 존재하지 않는다. '지정 카스트'가 있을 뿐이다. 불가
촉천민은 이 지긋지긋한 신분제의 그늘을 벗어나려면 힌두교를 버
려야 한다는 생각에 이슬람교, 기독교, 시크교로 개종을 이어왔으나,
정부 차원에서는 이들을 다시 '지정 카스트'로 묶어 '보호' 대상으로
제한해 개종의 노력을 수포로 만드는가 하면 특권 카스트 개혁가들
은 불가촉천민에 대한 잔혹 행위를 철폐하자는 운동을 벌이면서도
바르나 체계는 옹호하는 한편 이들의 재개종을 독려하는 방식으로
힌두교 전통 사회의 특징을 보수-유지해 왔다. 이에 불가촉천민들은
자신들을 부서진 자, 즉 달리트라고 지칭하면서 명백히 존재하는 철
저한 차별 행위를 표면에서만 흐릿하게 지워버리려는 특권 카스트
개혁가들의 시도에 대항해왔다.

　아룬다티 로이는 고발로부터 시작한다. 달리트나 토착 부족민이
산업 전반에서 배제된 증거들을 일일이 나열한다. 억만장자 목록이
이어지고 항구, 광산, 유전, 가스전, 해운 회사, 제약 회사, 전화망, 석
유 화학 공장, 언론사 등을 소유하고 운영하는 주체의 바르나별 현황
을 제시한다. 고위 공무원부터 중간 관리자급 행정부 일자리, 선출직
공무원과 사법부 인원 구성에 이르기까지 카스트 신분제에 따른 기
회의 불균형, 특히 불가촉천민의 원천적 배제를 고한다. 침체 계급을
위한 일자리 할당제인 지정 고용제조차 숱한 저항에 부딪혀 제대로
시행되지 못하는 행태를 폭로하는 아룬다티 로이의 목소리에는 피
고름이 섞여 있다.

'능력'은 신성으로 추정되는 권위로 시스템을 지배하고 수천 년 동안 종속 카스트에 속한 사람들에게 특정 종류의 지식을 부정해온 인도 엘리트가 선택한 무기다. 이제 이와 같은 행태가 도전에 직면하자, 정부 일자리 지정 정책과 대학 정원 할당제에 반대하는 특권 카스트의 열정적인 시위가 벌어졌다. '능력'은 비역사적인 사회적 진공 상태 속에 존재하며, 특권 카스트의 소셜 네트워킹에서 비롯되는 이점과 종속 카스트에 대한 기득권층의 확고한 적대감은 고려할 가치가 없는 요소라고 가정하는 것이다. 실제로 '능력'은 족벌주의의 완곡한 표현이 되었다.41~42쪽

아룬다티 로이는 암베드카르가 카스트제의 심장부를 겨누고 있는 만큼 암베드카르의 행적을 살피는 만큼의 섬세함으로 간디의 행적을 살펴야 한다고 주장한다. 그들이 각각 반 카스트 지적 전통의 계보와 특권 카스트 힌두 개혁운동의 계보를 잇는 가장 최근 인물들이라는 것이다.

각각은 완전히 서로 다른 이익 집단을 대표했으며 그들의 전통은 인도 민족운동의 중심에서 전개되었다. 그들이 말하고 행한 것은 현대 정치에 계속해서 엄청난 영향을 미치고 있다. 그들의 차이점은 화해할 수 없었고 지금까지도 그렇다. 둘 다 깊이 사랑받고 추종자들에 의해 종종 신격화된다.47쪽

그렇게 「빛나는 길」은 간디를, 「선인장 숲」은 암베드카르를 조명한다. 성장배경과 교육 과정, 민중과 연대한 방식 등이 모두 그들의 계

급적 제한, 그들 계급이 속한 운동의 계보 안에서 뚜렷이 대비된다.

남아프리카 주재 무슬림 산업가들을 위해 변호사로 활동하면서 간디가 특권 카스트 인도인 편에서 인도인 계약 노동자들과 철저히 선을 그은 일이나 대영제국에 굴욕적 협력 노선을 걸으면서 아프리카 흑인들을 노골적으로 차별했던 언행들이 낱낱이 고발된다.

백인과 함께 분류되지 않은 것은 이해할 수 있었지만 원주민과 같은 수준에 놓인다는 건 참기 힘들어 보였다. 카피르들은 대체로 미개한 사람들이다. 거기에 죄수들은 더욱 그렇다. 그들은 골칫거리이고, 매우 더럽고, 거의 동물처럼 산다.96쪽

간디는 남아프리카에서 대영제국 일원으로 철저하게 제국의 형제애에 기댄 나날들을 보냈다.

남아프리카의 식민지화에 있어 영국과 협력하겠다는 간디의 제안이 있었고 영국이 그 협력을 받아들이기를 꺼렸다는 점을 고려하면, 진리와 사랑의 힘으로 적에게 호소하는 사티아그라하는 완벽한 정치적 도구였다. 간디는 지배구조를 압도하거나 파괴하려고 하지 않았다. 그는 단지 그것과 친구가 되고 싶었을 뿐이다.101쪽

인도로 돌아와 노동 운동에 조종자로 개입하기 시작한 간디는 남아프리카의 영웅으로 기록되기 위해 과거를 다시 쓰기 시작했다. 사티아그라하를 둘러싼 간디의 기이하고 기만적인 실험은 인도 밖에

서 기막히게 윤색된 면이 있다.

> 간디는 가난한 사람 중에 가장 가난한 사람처럼 살고 싶다고 늘 말
> 했다. 문제는 가난을 모의 실험할 수 있느냐는 것이다. 결국 가난은 단
> 지 돈이 없거나 소유물이 없다는 문제가 아니다. 가난은 힘이 없는 것
> 이다. (…중략…) 힘이 있으면 단순하게 살 수는 있으나 가난할 수는 없
> 다. 남아프리카에서는 간디를 가난하게 유지하기 위해 많은 농지와 유
> 기농 과일나무가 필요했다.103쪽

간디는 현대 도시의 폐해를 경계하면서 전통 사회의 특징을 미화
해 눈먼 신화 속 마을을 이상화했던 반면, 그의 상대자 암베드카르에
게 있어 간디의 저 이상적인 마을은 편견과 배타적 공동체주의의 소
굴이었다. 전통적 가치에서 벗어나야 한다는 긴급함에 암베드카르
는 반대로 도시화, 산업화를 지향점으로 삼았다. 이에 서구 근대성이
지니는 파멸적인 위험을 과소평가해 버렸고, 간디는 현대사회의 발
전 모델에 경종을 울리는 선지자로 명성을 얻은 것이라 아룬다티 로
이는 냉정하게 평가한다.

불가촉천민으로서는 예외적으로 가촉민 학교를 졸업하고 미국 유
학 기회를 얻어 박사 학위에 변호사 자격까지 가지고 인도로 귀국한
암베드카르는 자신의 자리가 '불가촉천민'에서 한 발자국도 벗어나
지 못했음을 깨닫는다. 암베드카르는 『카스트의 소멸』에서 불가촉민
차별 행위만을 개선할 것이 아니라 카스트제 자체가 없어져야 하는
이유를 거듭 강조한다. 힌두교 하층계급이 이 비참한 카스트 제도 때

문에, 그 종교성 때문에, 직접적인 행동을 할 수 없는 지경까지 완전히 무력화되었다는 것이다.

> 그의 청중, 그의 지지층, 그의 주된 관심사는 불가촉천민이었지만, 그는 해체되어야 하는 것은 불가촉성을 둘러싼 낙인, 오염-순수의 문제일 뿐만 아니라 카스트 자체라고 믿었다. (…중략…) 힌두 개혁가들은 카스트 문제를 교묘하게 불가촉성의 문제로 좁혔다. 그들은 개혁이 필요한 잘못된 종교적, 문화적 관행이라는 틀 안에 그것을 가두었다.[103쪽]

불가촉천민이 압도적으로 많이 분포된 직업군은 청소부다. 그리고 그들의 대다수는 머리에 바가지를 이고 오물통에 맨몸으로 들어가 온몸으로 인간의 배설물을 퍼 올리는 재래식 화장실 청소부다. 그런데 간디는 그들에게 자신들의 유산을 사랑하고 붙잡는 법, 그들의 유전적 직업이 주는 기쁨 이상을 절대 열망하지 않는 법을 설교했고, 종교적 의무로서 청소가 갖는 중요성에 대해 많은 글을 썼다. 아룬다티 로이는 간디의 이러한 청소부 '일' 예찬을 이렇게 비꼰다. "이외 세상의 다른 사람들이 그런 소란을 피우지 않고 자신의 뒷일을 처리하고 있다는 것은 중요치 않아 보였다."

암베드카르는 스스로 자기 신분 집단을 대표하는 정치력을 갖추고 법제화로 투쟁하는 것만이 이러한 문제들을 해결할 유일한 해결책이라 믿었다. "암베드카르는 불가촉천민이 스스로 조직하고 동원하여 자신들 대표자와 함께 정치적 선거구를 이루지 않는 한 카스트 문제는 더욱 고착될 것이라는 점을 깨달았다. 그는 힌두 분파나 국민회의 내에 불가촉천민을 위한 자리를 배정하면 단지 고분고분한 후보자, 즉 주인을 기쁘게 하는 방법을 아는 하인이 배출될 것이라고 믿었다." 그러나 간디의 발언은 어떤가. "불가촉천민을 오랫동안 방치해 온 것에 대해 속죄해야 하는 것은 힌두 상위 계급입니다. 그러한 참회는 적극적인 사회 개혁과 봉사 활동을 통해 불가촉천민의 운명을 더 견딜 수 있게 만듦으로써 이루어지는 것이지, 그들을 위해 별도의 선거구를 요구함으로써 이루어지는 게 아닙니다." 암베드카르는 보수적인 특권 카스트 집단과의 대화에서도 그랬지만, 공산당과의 공조에도 성공하지 못한다. 노동조합에서도 카스트 구분은 공고했다. 아이러니하게도 간디는 노동조합에서조차 최고 조직자이자 협상가이자 의사결정자 자리를 꿰찼다. "간디의 주요 후원자는 공장소유주였고 그의 주요 지지층은 노동계급이어야 했기 때문에 간디는 자본가와 노동계급에 관한 난해한 논제를 발전시켰다."

그리고 '박사'와 '성자'는 서로 만난다. 「대립」에서. 그들은 독립 인도, 즉 대영제국의 관리 대상에서 국민국가로 이행하는 독립 인도의 새 헌법의 틀을 마련하는 제2차 원탁회의에서 격돌한다. "갑자기 엄청나게 다양한 인종, 카스트, 부족, 종교에 속한 사람들이 현대 국가의 현대 시민으로 변모해야 했다."

인도 국민회의는 자신들이 신흥 국가의 합법적이고 유일한 대표자라고 주장할 수 있도록 다양한 선거구를 하나로 묶으려 애썼다. 힌두교도, 무슬림, 기독교도, 시크교도, 특권 카스트, 종속 카스트, 농민, 농장주, 노동자, 산업가 등 모든 사람을 대표하려는 유혹 가운데 모순에 빠졌다. 간디 또한 마하트마라는 호칭 뒤에 숨어 그 모순을 이행했다.

암베드카르는 종교로부터 국가를 적절하게 따로 떼어놓기를 원했다. 불가촉천민이란 카스트, 즉 사™바르나 밖에 속하는 만큼, 불가촉천민에게 별도의 선거구를 주어 그들이 힌두 정통주의의 간섭 없이 그들 자신의 지도부를 갖춘 정치적 선거구로 발전할 수 있게 하자고 제안했다. 반면 특권 카스트는 불가촉성이란 개선되어야 할 잘못된 관행일 뿐 불가촉천민은 힌두교 밖에 놓을 수 있는 존재가 아니라는 주장을 굽히지 않았다. 불가촉천민을 힌두교 밖의 존재로 인정하는 것은 곧 힌두교의 파멸을 의미한다는 것이었다. 그래서 무슬림과 시크교도를 위한 별도의 선거구 마련에는 동의하면서 불가촉천민에 대해서는 거부했다. 간디는 단식으로 응대했고 결국 푸나협정이 맺어져 불가촉천민은 별도의 선거구 대신 일반 선거구에서 지정 의석을 얻었다.

암베드카르는 1947년 법무 장관이자 헌법위원회 위원장으로서 헌법 초안을 작성했다. 불가촉천민에 대한 몇 가지 보호 조치는 자리를 잡았으나 특권 카스트 위원들의 의견이 우위를 점했다. 1948년 간디는 힌두 급진주의자들에 의해 암살당했고 1956년 암베드카르는 불교로 개종했다.

오늘날 인도 전역에는 간디 동상과 암베드카르 동상이 이념처럼 서 있다. 간디 동상은 바가바드기타를, 암베드카르 동상은 인도 헌법을 손에 쥐고 있다. 독립 인도의 근간을 이루는 필수 요소를 무엇으로 볼 것인가라는 문제를 앞에 두고 대립했던 전근대와 근대의 입장, 전통과 반 전통의 태도는 국가 종교인 힌두교와 얽혀 불화의 최고조에 달하는데, 불가촉천민에 대한 처분을 해결하지 않고 신분제에 관한 개혁을 이룬다는 것이 얼마나 크나큰 망상인지, 그것을 본격적으로 다룬 것이 얼마나 급진적인 결심인지는 암살로 막을 내린 간디의 운명이나 불교로 간 암베드카르의 역정이 잘 보여주고 있다.

2024년 12월

옮긴이 서정

차례

박사와 성자

『카스트의 소멸』은 거의 80년 된, 전달되지 못한 연설문이다. 처음 읽었을 때 나는 마치 누군가가 어두운 방으로 걸어들어와 창문을 여는 듯한 느낌이 들었다. 빔라오 람지 암베드카르Bhimrao Ramji Ambedkar 박사 읽기는 인도사람들이 대부분 믿도록 교육받는 것과 우리가 삶에서 일상적으로 경험하는 현실 사이의 간극을 메운다.

　나의 아버지는 힌두교도에 브라마 사마지파[1] 였다. 나는 어른이 될 때까지 그를 한 번도 만난 적이 없었고 공산주의 세력이 우세한 케랄라Kerala의 작은 마을인 아예메넴Ayemenem의 시리아 기독교 가정에서 어머니와 함께 성장기를 보냈다. 내 주변에는 여전히 균열이, 카스트 제도의 틈이 있었다. 아예메넴에는 '파리아Pariah'[2] 사제들이 '불가촉천민' 회중에게 설교하는 별도의 '파리아' 교회가 있었다. 카스트는 사람들의 이름, 사람들이 서로를 부르는 방식, 그들이 하는 일, 입는 옷, 주선된 결혼, 그들이 말하는 언어에 다 암시되어 있었다. 그런데도 나는 학교 교과서에서 카스트라는 개념을 한 번도 접한 적이 없었다. 암베드카르를 읽으면서 그제야 우리 교육학적 우주에 커다란 구멍이 있다는 것을 알게 되었다. 또한 그의 글을 읽으면서 그 구멍이

1　근대 힌두교 개혁파 중 하나. 브라만을 가장 높은 현실로 숭배하는 사람들의 공동체를 뜻한다. 벵골 르네상스시대에 나타난 힌두교의 일신교 개혁운동.

2　인도의 타밀나두주, 케랄라주, 스리랑카 등지에 분포하는 지정 카스트 그룹, 불가촉천민.

존재하는 이유와 인도 사회가 급진적이고 혁명적인 변화를 겪을 때까지 계속 존재할 이유가 명확해졌다.

혁명은 독서와 함께 시작될 수 있고 또 종종 그렇게 시작된 바 있다. 만일 당신이 말랄라 유사프자이Malala Yousafzai에 대해서는 들어봤지만 수레카 보트망게Surekha Bhotmange에 대해서는 들어본 적이 없다면 암베드카르를 읽어 보라.

말랄라는 고작 열다섯 살이었지만 이미 여러 범죄를 저지른 셈이었다. 그녀는 소녀였고 파키스탄의 스와트 밸리에 살았으며 BBC 블로거였고 뉴욕타임스가 찍은 영상에 출연했으며 학교에 다녔다. 말랄라는 의사가 되고 싶었고 아버지는 딸이 정치인이 되기를 원했다. 말랄라는 용감한 아이였다. 탈레반이 학교는 소녀들을 위한 곳이 아니라고 선언하고 그녀가 탈레반에 반하는 발언을 중단하지 않으면 죽여버리겠다고 위협했을 때도 그녀 (그리고 그녀의 아버지)는 별로 신경 쓰지 않았다. 2012년 10월 9일, 한 총잡이가 말랄라를 통학버스에서 끌어내 머리에 총알을 박았다. 그녀는 영국으로 옮겨져 그곳에서 가능한 최고의 치료를 받은 후 살아남았다. 기적이었다.

미합중국 대통령과 국무장관은 지지와 연대의 메시지를 보냈다. 마돈나는 말랄라에게 노래를 헌정했고 안젤리나 졸리는 말랄라에 관한 기사를 썼다. 말랄라는 노벨평화상 후보로 지명되었고 타임지 표지를 장식했다. 암살 시도가 있은 지 며칠 만에 전 영국 총리 고든 브라운과 유엔 글로벌 교육 특사가 모든 여아에게 교육을 제공할 것을 파키스탄 정부에 촉구하는 '나는 말랄라다'라는 청원을 시작했다. 파키스탄에 대한 미국의 드론 공격은 여성혐오자, 이슬람 테러리스트를 '제거'하려는 페미니즘적 사명을 계속 이어가고 있다.

수레카 보트망게는 마흔 살이었고 마찬가지로 여러 범죄를 저질렀다. 그녀는 여성, 인도에 살았던 불가촉천민, 달리트 여성이었으나 더럽게[3] 가난하지는 않았다. 그녀는 남편보다 교육 수준이 높아 가족의 가장 역할을 했다. 암베드카르 박사는 그녀의 영웅이었다. 암베드카르와 마찬가지로 그녀의 가족도 힌두교를 버리고 불교로 개종했다. 수레카의 아이들은 교육받았다. 두 아들 수디르와 로샨은 대학에 다녔다. 딸 프리얀카는 17세였으며 고등학교를 졸업했다. 수레카와 남편은 마하라슈트라주의 카이를란지 마을에 작은 토지를 구매했다. 그곳은 수레카가 속한 마하르[Mahar] 카스트보다 스스로 우월하다고 생각하는 카스트에 속한 농장으로 둘러싸여 있었다. 그녀는 달리트였고 좋은 삶을 갈망할 권리가 없었으므로 마을 판차야트[panchayat][4]는 그녀에게 전기를 연결하는 것도, 초가를 얹은 진흙집을 벽돌집으로 바꾸는 것도 허락하지 않았다. 마을 사람들은 그녀의 가족이 운하에서 밭으로 물을 대는 것도, 공동 우물에서 물을 길어오는 것도 허락하지 않았다. 그들은 수레카의 토지를 가로질러 공용 도로를 건설

---

3   불가촉성은 불결함, 오염이라는 개념을 전제로 하는데 그녀가 불가촉천민이지만 (신분의 이름처럼) 더럽게 가난하지는 않았다며 상황을 위트있게 표현했다.

4   일종의 마을 회의이자 지방 자치의 보조 단위. "판차야트(Panchayat)"라는 단어는 다섯의 집합을 의미하고 보통 라지(raj)라는 말과 결합한다. 라지는 "통치"를 의미한다. 전통적으로 개인과 마을 간의 분쟁을 해결하는 데 사용되는 지역 사회에서 선택한 노인과 소위 '현명한 사람들'로 구성된다. 판차야티 라지(Panchayati Raj) 시스템은 대의민주주의의 일종이라는 대중적 통념과 달리 직접민주주의의 한 형태(즉, 마을 수준에서 정부의 모든 권한을 행사함)로 인식되기도 한다. 현대 인도에서 마하트마 간디는 그램 스와라지, 즉 마을이 자체 업무를 책임지는 마을 자치의 주요 옹호자 중 한 명이었다.

하려고 했고, 그녀가 이에 항의하자 소달구지를 그녀의 들판으로 몰았다. 그들은 가축을 풀어 수레카의 작물을 먹어 치우게 했다.

그래도 수레카는 물러서지 않았다. 수레카는 자신에게 관심을 기울이지 않은 경찰에 불만을 토로했다. 몇 달에 걸쳐 마을의 긴장감이 극도로 고조되었다. 수레카에 대한 경고로 마을 사람들은 그녀의 친척 한 사람을 공격하고 그를 죽게 내버려 두었다. 수레카는 또 다른 경찰에 고소장을 제출했다. 이번에는 경찰이 몇몇 사람들을 체포했으나 피고인들은 거의 즉시 보석으로 풀려나고 말았다. 그들이 풀려난 당일^{2006년 9월 29일} 저녁 6시쯤 분노한 마을 주민 남녀 70명이 트랙터를 타고 와서 보트망게의 집을 포위했다. 들에 나갔던 그녀의 남편 바이얄랄은 시끄러운 소리를 듣고 집으로 달려갔다. 그는 덤불 뒤에 숨어서 폭도들이 자기 가족을 공격하는 광경을 지켜보았다. 그는 가장 가까운 마을인 두살라로 달려가 친척을 통해 경찰에 신고했다. (경찰이 그저 전화를 받게 하려고만 해도 당신에겐 연락처가 필요하다) 경찰은 오지 않았다. 폭도들은 수레카와 딸 프리얀카 그리고 두 아들을 집 밖으로 끌고 나갔다. 아들 하나는 부분적으로 눈이 먼 상태였다. 소년들에게 자기 어머니와 여동생을 강간하라는 명령이 떨어졌다. 그들이 거절하자 그들의 성기는 절단되었고, 결국 그들은 린치당하고 말았다. 수레카와 프리얀카는 집단 성폭행을 당하고 구타당해 사망했다. 시신 네 구는 근처 운하에 버려져 다음날에야 발견됐다.^{1*}

초기에 언론은 수레카가 친척^{이전에 폭행당했던 남자}과 바람을 피웠기 때문에 마을 사람들이 분노했음을 암시하며 '도덕적' 살인으로 이를 보도했다. 그러나 달리트 조직의 대규모 시위는 결국 법률 시스템이 범죄를 인식하도록 자극했다. 진상 규명을 위한 시민 위원회는 증거가 어떻게 조작되고 무마되었는지 널리 알렸다. 하급심이 마침내 판결했을 때, 주요 가해자들에게 사형이 선고되었으나 지정 카스트 및 지정 부족 잔학행위 방지법 적용은 거부되었다. 판사는 카이를란지 학살이 '복수'에 대한 욕구에서 촉발된 범죄라고 판결했다. 그는 강간의 증거로 볼 만한 것은 없으며 살인에 카스트적 요인도 없다고 밝혔다.[2*] 판결이 범죄를 규정하는 법적 틀을 약화해 사형 선고를 내리면, 상급 법원이 결국 형량을 낮추거나 감형하는 일이 쉬워진다. 이는 인도에서 드문 일이 아니다.[3*] 법원이 사람들에게 사형을 선고하는 것은 아무리 극악한 범죄라 할지라도 정의롭다고 할 수 없다. 법원이 인도에서 카스트 편견이 여전히 끔찍한 현실임을 인정했더라면 이는 정의를 향한 몸짓으로 여겨졌을 테지만 그렇게 하는 대신 판사는 그저 이 그림에서 카스트를 싹 지워버렸다.

수레카 보트망게와 그녀의 아이들은 시장 친화적인 민주주의 사회에서 살았다. 그래서 유엔이 인도 정부에 청원하는 '나는 수레카다'도 없었고, 국가 수장의 어떤 명령이나 분노에 찬 메시지도 없었다. 다행이었달까. 단지 카스트 제도를 실천한다는 이유로 데이지 커터[5]가 투하되는 것을 우리는 원치 않았으니까.[4*]

암베드카르는 오늘날 인도의 지식인들이 좀처럼 소환하지 못하는 담대함을 어느 정도 지니고서 다음과 같이 말했다. "불가촉천민에게

---

5   미군이 보유한 재래식 폭탄으로 중량이 6.8t에 달한다. 베트남전에서 처음 사용되었고 걸프전에서도 사용된 바 있다. 이후 9·11테러 보복전쟁에서 10년 만에 재등장한 무기로 대형수송기인 C-130에서 투하하는 폭탄이다.

힌두교는 그야말로 공포의 방이다."[5]*

작가가 동료 인간을 묘사하기 위해 '불가촉천민', '지정 카스트', '후진 계급', '기타 후진 계급'[6]이라는 용어를 사용해야 한다면, 이는 공포의 방에 사는 것과 다름없다. 암베드카르가 차가운 분노를 품은 채 움츠러들지 않고 '불가촉천민'이라는 단어를 사용했기에 나 또한 그러함이 마땅하다. 오늘날 '불가촉천민'이라는 말은 마라티^{Marathi}어 '달리트^{Dalit : 부서진 사람들}'로 대체되었으며, 이는 결국 '지정 카스트'와 같은 의미로 사용된다. 학자 루파 비스와나트^{Rupa Viswanath}가 지적했듯이 이것은 잘못된 관행이다. 왜냐하면 '달리트'라는 용어는 카스트의 낙인을 피하기 위해 (우리 마을에서 기독교로 개종한 파리아인들처럼) 다른 종교로 개종한 불가촉천민을 포함하는 반면 '지정 카스트'는 그렇지 않기 때문이다.[6]* 편견의 공식적인 명명법은 모든 것을 편협한 관료의 파일 기록처럼 읽게 만드는 미로다. 이를 피하려고, 항상이랄 수는 없어도, 대체로 나는 과거에 대해서는 '불가촉천민'이라는 용어를 쓰고, 현재에 대해서는 '달리트'라는 단어를 쓴다. 다른 종교로 개종한 달리트에 관해 쓸 때도 달리트 시크교도, 달리트 무슬림, 달리트 기

---

6   대학 정원과 정부 일자리에 대해 할당제를 시행하기 위해 소수자 대상 집단을 다음과 같은 세 범주로 분류했다. 먼저 낮은 카스트 지위로 인해 차별받아 온 전(前) 불가촉천민을 지정 카스트(Scheduled Castes, SC)라는 명칭으로 범주화하였고, 지리적 고립성으로 인하여 카스트 사회로부터 오랫동안 격리되어 살아온 부족민들을 지정 부족(Scheduled Tribes, ST)이라는 보호 대상으로 정했다. 그 외에 불가촉천민은 아니지만 카스트 제도하에서 불가촉천민에 준하는 경제적 착취와 사회적 차별을 받았던 기타후진계급(Other Backward Classes, OBC)이 있다. 기타후진계급이라는 범주는 헌법에 나타난 '후진계급(backward classes)' 중 지정 카스트, 지정 부족을 제외한 나머지 후진적 계층을 말한다.

독교도라고 구체적으로 언급한다.

이제 공포의 방에 관한 암베드카르의 요점으로 돌아가 보자.

국립범죄기록보관소에 따르면, 16분마다 달리트가 아닌 사람이 달리트를 대상으로 범죄를 저지르고 있다. 매일 네 명 이상의 불가촉천민 여성이 가촉민에게 강간당하고 있고 매주 열세 명의 달리트가 살해되고 있으며 여섯 명의 달리트가 납치되고 있다. 델리 집단 성폭행과 살인 사건의 해인 2012년 한 해[7*]에 71,574명의 달리트 여성들이 강간당했고, 651명의 달리트가 살해되었다. (경험상 달리트에 대한 강간이나 기타 범죄 중 신고된 비율은 10%에 불과하다)[8*] 여기엔 단지 강간과 살육만 기록된다. 옷을 벗겨 알몸으로 행진하게 하는 것, (말 그대로) 강제로 똥을 먹게 하는 것,[9*] 토지 압류, 사회적 보이콧, 식수 접근 제한 등은 기록되지 않는다. 예를 들어, 이 통계에는 마자비Mazhabi 달리트 시크교도[10*]인 펀자브의 반트 싱은 포함되지 않는다. 그는 2005년 딸을 집단 성폭행한 남성들을 상대로 감히 소송을 제기했다는 이유로 두 팔과 다리 한쪽이 절단되었다. 삼중 절단 상해에 대한 별도의 통계는 없다.

"기본권이 공동체의 반대에 부딪힌다면, 어떤 법률도, 의회도, 사법부도 그 말의 진정한 의미에서 이를 보장할 수 없다"라고 암베드카르는 말했다. "미국의 흑인에게, 독일의 유대인에게, 인도의 불가촉천민에게 기본권의 사용이란 무엇일까? 버크가 말했듯이 다수를 처벌할 방법은 찾아볼 수 없다"[11*]라고 암베드카르는 말했다.

인도의 여느 마을 경찰관에게 하는 일이 무어냐고 물어보면 그는 아마도 '평화를 유지하는 것'이라고 대답할 것이다. 그것은 대부분 카스트 제도를 유지함으로써 이루어진다. 달리트의 열망은 평화를 깨는 일이다.

『카스트의 소멸』은 평화에 균열을 일으킨다.

*

아파르트헤이트, 인종차별, 성차별, 경제적 제국주의, 종교적 근본주의 같은 여타 현대적 혐오주의는 정치적으로나 지적으로나 국제 사회에서 도전에 직면해 왔다. 인류 사회에 알려진 가장 잔혹한 계층적 사회 조직 중 하나인 인도의 카스트 제도는 어떻게 이와 유사한 조사와 비난을 피할 수 있었나? 아마도 힌두교와 너무 융합되어 왔기 때문일 것이고, 더 나아가 친절하고 좋아 보이는 것, 즉 신비주의, 영성주의, 비폭력, 관용, 채식주의, 간디, 요가, 배낭여행자, 비틀스 같은 것이 많기 때문일 텐데, 적어도 외부자들이 그것을 풀어서 이해하려고 노력하기는 불가능한 것 같다.

문제를 더 복잡하게 만드는 건, 카스트가 아파르트헤이트와 달리 색깔로 구분되어 있지 않으므로 알아보기가 쉽지 않다는 점이다. 또한, 아파르트헤이트와 달리 카스트 제도는 저 높은 곳에 열성적인 추종자들이 있다. 그들은 카스트가 사람들과 공동체를 흥미롭고 전반적으로 긍정적인 방식으로 분리하기도 하고 결속하기도 하는 사회적 접착제라고 상당히 공개적으로 주장한다. 그것이 인도 사회가 직면해야 했던 많은 도전을 견딜 만한 힘과 유연성을 제공했다는 것이다.[12*] 인도의 지배층은 카스트를 기반으로 한 차별과 폭력이 인종차별이나 아파르트헤이트에 비유될 수 있다는 생각에 아연실색한다. 2001년 더반에서 열린 세계 인종차별 철폐 회의에서 카스트를 문제로 제기하려던 달리트들에게 그들은 카스트가 "내부 문제"라고 주장하면서 거세게 몰아붙였다. 그들은 카스트 제도가 인종차별과 같지 않으며, 카스트가 인종과 같지 않다고 오랫동안 주장한 유명한 사회학자들의 논문을 늘어놓았다.[13*] 암베드카르는 그들에게 동의했을 것이다. 그럼에도 더반 회의의 맥락에서 달리트 활동가들이 주장한 요점은 다음과 같다. 카스트가 인종과 같지는 않아도 카스트 제도와 인종차별은 실제로 비교할 수 있다는 것이다. 둘 다 혈통을 이유로 사람들을 표적으로 삼는 차별의 형태다.[14*] 그러한 정서에 연대하여 2014년 1월 15일 워싱턴 D. C. 미연방 의회에서 열린 마틴 루터 킹 목사 탄생 85주년을 기념하는 대중집회에서 아프리카계 미국인들은 "인도에서 달리트에 대한 억압을 종식"할 것을 촉구하는 "공감 선언"에 서명했다.[15*]

정체성과 정의, 성장과 발전에 관한 현시점의 논쟁에서, 많은 이름난 인도 학자들이 인식하는 카스트는 기껏해야 하나의 주제이자 부제, 그리고 종종 단지 각주일 뿐이다. 진보적이고 좌파적인 인도 지식인은 환원주의적 마르크스주의 계급 분석에 카스트를 강제 적용함으로써 카스트 보기를 더욱 어렵게 만들었다. 이 지워버리기, 이 보이지 않게 하기 프로젝트는 때로 의식적인 정치적 행위이기도 하고 때로 어둠 속에서도 카스트가 발견되지 않아 천연두처럼 근절되었다고 추정되는 매우 희귀한 특권이 있는 곳에서 비롯되기도 한다.

카스트의 기원에 대해서는 앞으로 수년간 인류학자들이 논쟁을 계속하겠지만, 그 조직 원리가 권리와 의무, 순결과 오염의 계급적 차등제를 기반으로 하며 예나 지금이나 단속하고 강제하는 방식으로 운영된다는 것을 이해하기는 그리 어렵지 않다. 카스트 피라미드의 꼭대기는 순결하고 많은 권리를 가지고 있다고 여겨진다. 바닥은 오염된 것으로 취급되며 권리는 없으나 의무는 많다. 오염과 순도의 행렬은 카스트를 기반으로 한 조상 직업의 정교한 시스템과 상관관계가 있다. 암베드카르는 1916년에 컬럼비아대학교 세미나를 위해 쓴 논문 「인도의 카스트」에서 카스트를 족내혼 단위, 즉 "폐쇄된 계급"으로 정의했다. 또 다른 경우에 그는 이 시스템을 "위로 갈수록 경외심이 높아지고 아래로 갈수록 경멸이 쌓이는 것"이라고 묘사했다.[16*]

오늘날 우리가 카스트 제도라고 부르는 것은, 힌두교의 창시 경전에 있는 바르나슈라마 다르마varnashrama dharma 또는 차투르바르나chaturvarna,[7] 즉 사四바르나 체계라고 알려져 있다. 힌두 사회의 대략 사천 개에 이르는 족내혼으로 인한 카스트와 하위 카스트자티스는 각각 고유한 유전적 직업을 가지고 있으며, 브라만사제, 크샤트리아무사, 바이샤상인, 수드라종라는 네 개의 바르나로 구분된다. 이 바르나 외부에는 아바르나 카스트, 즉 인간 이하의 존재인 아티슈드라가 있는데, 이들은 그

....

7   저자 강조.

들만의 계층 구조—만질 수 없는 자, 볼 수 없는 자, 접근할 수 없는 자—로 배열되어 있으며 그들의 나타남, 그들의 접촉, 그들의 그림자 자체가 힌두 특권 카스트에게는 오염되는 것으로 여겨진다. 일부 공동체에서는 근친혼을 방지하기 위해 각 족내혼 카스트를 여러 족외혼 고트라로 나눈다. 족외혼은 이후 지역 사회 원로들의 승인을 얻은 참수와 린치 등을 통해 족내혼만큼이나 잔인하게 단속된다.[17*] 인도 각 지역은 짐 크로법[8]보다 훨씬 더 나쁜 불문법에 기초한 카스트 기반 잔인함의 고유한 유형을 애정 어리게 완성했다. 불가촉천민은 분리된 거주지에서 살도록 강요받았을 뿐만 아니라, 특권 카스트가 사용하는 공용 도로를 이용하는 것이 허용되지 않았고, 공동 우물에서 물을 마시는 것도 허용되지 않았으며, 힌두교 사원에 들어가는 것도 허용되지 않았다. 그들은 특권 카스트 학교에 들어갈 수 없었고, 상체를 가리는 것도 허락되지 않았고, 특정 종류의 옷을 입고 특정 종류의 장신구를 하는 것만 허용되었다. 일부 카스트들, 예를 들면 암베드카르가 속한 카스트인 마하르는 오염된 자기 발자국을 없애기 위해 빗자루를 허리에 묶어야 했고, 어떤 카스트들은 오염된 자기 타액을 모으기 위해 목에 타구[9]를 걸어야 했다. 특권 카스트의 남성들은 불가촉천민 여성의 신체에 대해 반박의 여지가 없는 확실한 권리를 가졌다. 사랑은 오염시킨다. 강간은 깨끗하다. 인도의 많은 지

---

8   '공공시설에서 백인과 유색 인종 분리'를 핵심으로 한 법으로, 법의 명칭인 짐 크로는 1830년대 미국 코미디 뮤지컬에서 백인 배우가 연기해 유명해진 바보 흑인 캐릭터 이름에서 따온 것이자 흑인을 경멸하는 의미로 사용되어 왔다.
9   가래나 침을 뱉어 모으는 그릇.

역에서는 이러한 일이 오늘날까지 계속되고 있다.[18*]

그것이 인간적이든 신적이든 간에 이와 같은 사회적 장치를 생각해 낸 그 상상에 대해서 더 이상 무슨 할 말이 있겠는가.

마치 바르나슈라마의 다르마로는 충분하지 않다는 듯이 거기엔 카르마의 부담 또한 있다. 종속 카스트에서 태어난 사람들은 아마도 그들이 전생에 저지른 나쁜 짓에 대해 벌을 받는 것으로 추정된다. 실제로 그들은 징역형을 살고 있다. 불복종 행위는 강화된 형의 선고로 이어질 수 있으며, 이는 불가촉천민이나 수드라로 다시 태어나는 또 다른 순환을 의미한다. 그러니 기대되는 대로 행동하는 것이 가장 좋은 것이다.

"카스트 제도보다 더 타락한 사회 조직 시스템은 없을 것이다. 사람들을 도움이 되는 활동으로부터 무력하게 하고, 마비시키고, 불구로 만드는 것은 바로 이 시스템이다"[19*]라고 암베르카르는 말했다.

세계에서 가장 유명한 인도인인 모한다스 카람찬드 간디는 이에 동의하지 않았다. 그는 카스트가 인도 사회의 천재성을 대표한다고 믿었다. 1916년 마드라스에서 열린 선교 대회의 한 연설에서 그는 이렇게 말했다.

거대한 카스트 조직은 공동체의 종교적 요구에 부응했을 뿐 아니라 정치적 요구에도 부응했습니다. 마을 사람들은 카스트 제도를 통해 내부 문제를 관리했고, 이를 통해 지배 세력이나 권력의 탄압에 대처했습니다. 카스트 제도의 놀라운 조직력을 생산해낼 수 있었던 이 민족의 조직 역량을 부정할 수는 없습니다.[20*]

1921년에 그는 구자라트어 잡지 『나바지반*Navajivan*』에 다음과 같이 썼다.

> 힌두교 사회가 존재할 수 있었다면 그것은 카스트 제도 위에 세워졌기 때문이라고 생각한다. (…중략…) 카스트 제도를 무너뜨리고 서유럽 사회 제도를 채택한다는 것은 힌두교도들이 카스트 제도의 핵심인 세습적 직업 원칙을 포기해야 함을 의미한다. 세습의 원리는 영원한 원리다. 그것을 바꾼다는 것은 무질서를 만드는 일이다. 만약 내가 브라만을 브라만이라고 부를 수 없다면 브라만이라는 건 소용없는 것이 된다. 매일 브라만이 수드라로 변하고, 수드라가 브라만으로 변한다면 그것은 일대 혼란일 것이다.[21]*

간디는 카스트 제도를 숭배했지만, 카스트 사이에 계층 구조가 있어서는 안 된다고 믿었다. 그는 모든 카스트를 평등한 것으로 여겨야 하며, 아바르나 카스트인 아티슈드라가 바르나 체계에 편입되어야 한다고 믿었다. 이에 대한 암베드카르의 반응은 다음과 같다. "추방자는 카스트 제도의 부산물이다. 카스트가 있는 한 추방자도 있을 것이다. 카스트 제도를 파괴하는 것 외에는 그 무엇도 추방자를 해방할 수 없다."[22]*

1947년 8월 영국 제국 정부와 인도 정부 사이에 권력이 이양된 지 거의 70년이 지났다. 카스트는 과거인가? 바르나슈라마 다르마는 우리의 새로운 '민주주의'에서 어떻게 진행되고 있나?

많은 것이 바뀌었다. 인도에는 달리트 대통령이 있었고 심지어 달리트 대법원장도 있었다. 달리트와 기타 종속 카스트가 우세한 정당의 부상은 주목할 만하고, 어떤 면에서 이는 혁명적인 발전이기도 하다. 비록 적지만 눈에 띄는 소수, 즉 지도부가 거대한 다수의 꿈을 실현하는 형태를 취하고 있다고 하더라도, 우리의 역사를 고려할 때, 정치 분야에서 달리트의 자부심을 공격적으로 주장하는 것은 좋은 일일 수밖에 없다. 바후잔 사마지당[BSP][10]과 같은 정당에 대해 제기된 부패와 냉담함에 대한 불만은 더 오래된 정당에 대해서라면 훨씬 더 큰 규모로 적용될 것이다. 그러나 대중사회당에 대한 비난은 더 날카롭고 모욕적인 어조를 취한다. 왜냐하면 그 지도자가 달리트에 미혼 여성인데, 둘 다인 것에 대해 스스로 당당한 태도를 보이는, 우타르 프라데시주 수석장관을 네 번이나 역임한 마야와티 같은 사람이기 때문이다. 대중사회당의 실패가 무엇이든, 달리트의 존엄을 구축하는 데 대한 대중사회당의 기여는 결코 축소되어서는 안 되는 엄청난 정치적 과업이다. 우려되는 것은 종속 카스트가 의회 민주주의에서 무시할 수 없는 세력이 되고 있음에도 불구하고 민주주의 자체가 심각하고 구조적인 방식으로 훼손되고 있다는 것이다.

한때 비동맹운동의 선두에 있던 인도는 소련 붕괴 이후 미국과 이스라엘의 '자연적 동맹국'으로 위치를 바꿨다. 1990년대에 인도 정

---

10   대중사회당.

부는 극적인 경제 개혁 과정에 착수하여 기존에 보호 정책을 펴던 시장을 글로벌 자본에 개방하고 50년 넘게 공적 자금으로 개발해 왔던 천연자원, 필수 서비스 및 국가 기반 시설을 민간기업에 넘겼다. 20년 후, 괄목할 만한 GDP 성장률[최근 둔화함]을 보였음에도 불구하고 새로운 경제 정책으로 인해 부는 점점 더 소수의 손에 집중되었다. 오늘날 인도의 100대 부자들은 인도가 기념한 국내총생산[GDP]의 4분의 1에 해당하는 자산을 소유하고 있다.[23*] 12억 인구의 국가에서 8억 명 넘는 사람들이 하루 20루피 미만으로 생활하고 있다.[24*] 거대 기업이 사실상 국가를 소유하고 운영하는 셈이다. 정치인과 정당이 대기업의 자회사로 기능하기 시작했다.

이것은 전통적인 카스트 네트워크에 어떤 영향을 미쳤나? 어떤 사람들은 카스트가 인도 사회를 보호하고 산업 혁명 이후 서구 사회처럼 파편화하고 원자화하는 것을 막았다고 주장한다.[25*] 다른 사람들은 그 반대라고 주장한다. 그들은 전례 없는 수준의 도시화와 새로운 업무 환경의 창출이 낡은 질서를 뒤흔들었고, 카스트 위계를 쓸모없게까지는 아니더라도 상관없게 만들었다고 말한다. 두 주장 모두 진지하게 관심을 기울일 가치가 있다. 이어지는 다소 비문학적인 막간에 대해 양해를 구한다. 그러나 일반화가 사실을 대체할 수는 없다.

포브스지가 최근 발표한 억만장자 목록에는 인도인이 55명 포함되어 있다.[26*] 수치는 당연히 공개된 부를 기반으로 한다. 이들, 억만장자들 사이에서도 부의 분배는 상위 10명의 누적 부가 그 아래에 있는 45명의 부를 능가하는 가파른 피라미드 형태를 띤다. 상위 10명 중 7명은 바이샤이며, 이들 모두는 전 세계적으로 사업적 이해관계를 가지고 있는 주요 기업의 CEO들이다. 그들끼리 항구, 광산, 유전, 가스전, 해운 회사, 제약 회사, 전화망, 석유 화학 공장, 알루미늄 공장, 휴대전화 네트워크, 텔레비전 채널, 신선 식품 판매점, 고등학교, 영화 제작사, 줄기세포 보관 시스템, 전력 공급망 및 특별 경제 구역을 소유하고 운영한다. 다음과 같은 이들이다. 무케시 암바니Reliance Industries Ltd, 락시미 미탈Arcelor Mittal, 딜리프 샹그비Sun Pharmaceuticals, 루이아 형제Ruia Group, K. M. 버를라Aditya Birla Group, 사비트리 데비 진달O. P. Jindal Group, 고탐 아다니Adani Group, 수닐 미탈Bharti Airtel. 나머지 45명 중 19명 역시 바이샤다. 나머지는 대부분 파르시, 보흐라, 카트리모두 상업 카스트와 브라만이다. 이 목록에 달리트나 아디바시[11]는 없다.

대기업 외에도 바니아바이샤는 급증하는 부채의 덫에 빠진 인도 중부 숲 깊은 곳에 사는 사람들을 포함하여 수백만 명의 가난한 농민과 아디바시가 있는 도시의 소규모 무역과 전국의 전통적인 농촌 대부업을 계속해서 확고히 장악하고 있다. 부족이 지배하는 인도 북동부 주들인 아루나찰 프라데시, 마니푸르, 미조람, 트리푸라, 메갈라야, 나갈랜드, 아삼은 '독립' 이후 수십 년간 반란, 군사화 및 유혈 사태를 목격했다. 이 모든 과정을 통해 마르와리와 바니아 상인들은 그곳에 정착하여 눈에 띄지 않게 저자세로 지내면서 사업을 공고히 했다. 그들은 이제 이 지역의 거의 모든 경제 활동을 장악하고 있다.

카스트 제도가 조사 항목에 포함된 마지막 해였던 1931년 인구 조사에서 바이샤는 전체 인구의 2.7%를 차지했다.반면 불가촉천민은 12.5%를 차

---

11   토착 부족 집단.

지[27]* 더 나은 의료 서비스와 자녀를 위한 더 안전한 미래에의 접근성을 고려하면 바이샤의 숫자는 증가하기보다는 감소했을 것 같다. 어느 쪽이든, 새로운 경제에서 그들의 경제적 영향력은 엄청나다. 대기업과 중소기업, 농업과 산업 분야에서 카스트와 자본주의가 혼합되어 인도 특유의 불안한 합금이 되었다. 정실주의[12]는 카스트 제도에 내장되어 있다.

바이샤는 단지 신성하게 부여된 자신들의 의무를 수행할 뿐이다. 아르타샤스트라기원전 350년경는 고리대금업이 바이샤의 권리라고 말한다. 마누법전서기 150년경[13]은 더 나아가 브라만은 월 2%, 크샤트리아는 월 3%, 바이샤는 월 4%, 수드라는 월 5%의 이자율 차등제를 제안한다.[28]* 연간 기준으로 브라만은 24%의 이자를 지불하고 수드라와 달리트는 60%의 이자를 지급해야 한다. 오늘날에도 대금업자가 절박한 농부나 토지가 없는 노동자에게 대출해주고 연간 60% (또는 그 이상)의 이자를 청구하는 것은 매우 흔한 일이다. 현금으로 지급할 수 없으면 소위 '신체 이자'를 지급해야 하는데, 이는 그들이 불가능한 빚을 갚기 위해서는 대금업자를 위해 대대로 수고해야 한다는 것을

12 정실주의는 친분이 있는 동료들에게 편파적으로 더 좋은 기회를 주는 행동을 일컫는 말이다. 학연, 지연, 혈연 등의 지인을 고용하는 행동의 유형.

13 기원전 200~기원후 200년경에 만들어졌다는 인도 고대의 백과사전적 종교 성전으로 힌두인이 지켜야 할 법(다르마)을 규정하고 있다. 마누란 인류의 시조다. 우주의 개벽, 만물의 창조에서부터 인간이 일생을 통해 행하여야 할 각종 의례, 일상적인 행사, 조상에 대한 제사, 학문, 생명주기(生命週期)에 관한 규정, 국왕의 의무, 민법·형법·행정에 관한 규정, 카스트의 규칙 엄수와 속죄의 방법 및 윤회와 업, 해탈에 관한 논의 등이 상세히 기술되어 있다. 힌두교로 강하게 채색된 관습법의 집대성으로서 법전이라기보다 종교적 성전의 성격이 짙다.

의미한다. 마누법전에 따르면 누구도 '하위' 카스트에 속한 사람에게 강제로 봉사할 수 없다는 것은 말할 필요도 없다.

바이샤는 인도의 사업을 지배한다. 그러면 브라만, 즉 부데바^{땅의 신}는 무엇을 할까? 1931년 인구 조사에 따르면 이들 인구는 6.4%로 나타났지만, 바이샤와 유사하게, 그와 비슷한 이유로 그 비율도 감소했을 것이다. 개발도상국 연구 센터^{CSDS}의 조사에 따르면, 의회에 그간 불균형적으로 많은 수의 대표자가 있었기 때문에 브라만의 수는 급격한 감소세를 보였다.[29*] 이것은 브라만의 영향력이 감소했음을 의미할까?

암베드카르에 따르면, 1948년 마드라스 관구^{Madras Presidency} 인구의 3%에 불과했던 브라만이 정부 직책에서 공보 직위의 37%, 비 공보 직위의 43%를 차지했다.[30*] 1931년 이후 보이지 않게 하기 프로젝트가 시작되었기 때문에 이러한 추세를 추적할 수 있는 신뢰할 만한 방법이 더 이상 없다. 이용할 수 있어야 하는 정보가 없는 경우, 우리는 부족한 대로 찾을 수 있는 것을 가지고 파악해 보아야 한다. 작가 쿠슈완트 싱^{Khushwant Singh}은 1990년 「브라만 권력」이라는 글에서 다음과 같이 말했다.

브라만은 우리나라 인구의 3.5%도 채 되지 않는다. (…중략…) 그러나 오늘날 그들은 정부 일자리의 70%를 차지하고 있다. 나는 공보게시물이 언급하는 수치로 말하는 것이다. 차관급 이상의 공무원 고위 계층에서 500명 중 310명이 브라만인데 이는 63%에 해당한다. 26명의 장관 중 19명이 브라만이다. 27명의 주지사와 부지사 중 13명이 브라만이다. 16명의 대법원 판사 중 9명이 브라만이다. 고등법원 판사 330명 중 166명이 브라만이다. 대사 140명 중 58명이 브라만이다. 총 3,300 명의 인도 공무원 일자리 중 2,376명이 브라만이다. 그들은 선출직에 서도 똑같이 좋은 성적을 거두고 있다. 508명의 인도 하원Lok Sabha 의원 중 190명이 브라만이다. 인도 상원Rajya Sabha 의원 244명 중 89명이 브라만이다. 이러한 통계는 인도 브라만 공동체라는 이 3.5%가 인도에서 가능한 모든 알짜배기 일자리의 36%에서 63%를 차지하고 있음을 분명히 입증한다. 어떻게 이런 일이 일어났는지는 모르겠다. 그러나 이것이 전적으로 브라만의 IQ가 높기 때문이라고는 거의 믿을 수 없겠다.[31*]

쿠슈완트 싱이 인용한 통계에는 결함이 있을 수 있지만 심각한 결함이 있을 가능성은 없다. 이제 이 통계 자료들은 25년이 되었다. 일부 새로운 인구 조사 기반 정보가 도움이 될 수 있겠지만 곧 나올 것 같지는 않다.

개발도상국 연구 센터CSDS 연구에 따르면 1950년부터 2000년까지 전체 대법원장의 47%가 브라만이었다. 같은 기간 고등법원과 하급법원의 배심원 판사 중 40%가 브라만이었다. 후진 계급 위원회Backward Classes Commission는 2007년 보고서에서 인도 관료의 37.17%가 브라만으로 구성되어 있다고 밝혔다. 그들 대부분은 상위 직위를 점유했다.

브라만들은 또한 전통적으로 언론을 장악해 왔다. 암베드카르가 1945년에 말한 내용은 여전히 공명하고 있다.

불가촉천민에게는 언론이 없다. 『국민회의 프레스』는 이들에 대해 폐쇄적이며 그들에 대해 조금도 홍보하지 않을 것을 결정했다. 그들은 명백한 이유로 자신의 언론을 가질 수 없다. 광고 수익 없이는 어떤 신문도 살아남을 수 없다. 광고 수익은 기업으로부터만 나오고 인도에서는 크고 작은 모든 기업이 국민회의당에 결부되어 있으며 비 국민회의당 조직은 선호하지 않는다. 인도의 주요 뉴스 배포 기관인 인도 AP 통신의 직원은 모두 마드라스 브라만 출신이다. 실제로 인도의 언론 전체가 그들의 손에 있다. 그들은 잘 알려진 이유로 전적으로 국민회의당을 지지하며 의회당에 적대적인 뉴스가 공개되는 것을 허용하지 않는다. 이는 불가촉천민들이 통제할 수 없는 이유다.[32]*

2006년 CSDS는 뉴델리 미디어 엘리트의 사회적 프로필에 대한 조사를 벌였다. 델리에 본사를 둔 37개 힌디어 및 영어 간행물과 TV 채널에서 조사 대상이 된 315명의 주요 의사 결정자 중 영어 인쇄 매체 의사 결정자의 90% 가까이, TV의 79%가 '상위' 카스트인 것으로 나타났다. 그들 중 49%가 브라만이었다. 315명 중 누구도 달리트나 아디바시가 아니었다. 단지 4%만이 수드라로 지정된 카스트에 속해 있었고, 3%는 무슬림_{인구의 13.4%를 차지}이었다.

기자들, '언론계 인물들'의 구성은 바로 이렇다. 그들이 일하는 대형 미디어 하우스의 소유자는 누구인가? 가장 중요한 4개의 전국 영자 일간지 중 3개는 바이샤가 소유하고 1개는 브라만 가문이 소유하고 있다. 『더 타임스 오브 인디아^{The Times of India}』와 24시간 뉴스 채널인 '타임스 나우^{Times Now}'를 보유하고 있는 인도 최대의 대중 매체 기업인 타임스 그룹^{Bennett, Coleman Company Ltd}은 자인^{Jain} 가문^{바니아}이 소유하고 있다. 『힌두스탄 타임스 *Hindustan Times*』는 마르와리 바니아인 바르티야가 소유하고 있다. 『인디안 익스프레스 *Indian Express*』는 고엔카 가문이 소유하고 있는데 이들 역시 마르와리 바니아 카스트다. 『더 힌두 *The Hindu*』는 브라만 가문 출신의 소유다. 발행 부수가 5,500만 부에 이르는 인도 최대 판매 신문인 일간지 『다이니크 자그란 힌디 *Dainik Jagran Hindi*』는 칸푸르 출신 바니아인 굽타 가문이 소유하고 있다. 1,750만 부의 발행 부수를 자랑하는 가장 영향력 있는 힌디어 일간지 중 하나인 『다이니크 바스카르 *Dainik Bhaskar*』는 바니아인 아가르왈 소유다. 릴라이언스 인더스트리스 *Reliance Industries Ltd, 구자라트 바니아인 무케시 암바니 소유*는 27개 주요 전국 및 지역 TV 채널의 지분을 지배하고 있다. 최대 규모의 전국 TV 뉴스 및 엔터테인먼트 네트워크 중 하나인 지 티비 네트워크 *The Zee TV network*는 수바시 찬드라가 소유하고 있는데 이 역시 바니아다. (인도 남부에서는 카스트가 다소 다르게 나타난다. 예를 들어 신문, 세계 최대 영화 스튜디오 단지, 12개의 TV 채널 등을 소유한 이나두 그룹 *Eenadu Group*은 안드라 프라데시의 캄마 농민 계급 출신 라모지 라오가 이끌고 있는데 이는 거대 미디어의 브라만-바니아 위주 소유권 추세를 거스르는 것이다. 또 다른 주요 미디어 하우스인 썬 티비 그룹 *Sun TV group*은 '후진' 카스트로 지정되어 있지만 오늘날 정치적으로 강력한 마란족이 소유하고 있다)

독립 후, 역사적인 잘못을 바로잡기 위한 노력의 하나로 인도 정부는 대학과 국영 기관의 일자리에 대해 지정 카스트 및 지정 부족에 속한 사람들을 위한 지정고용 *reservation, 적극적 차별*[14] 정책을 시행했

14 　소외 계급 보호 정책. 하위 카스트와 소수 부족, 낙후 지역 출신에 대학 진학과 공무원 채용 등에서 혜택을 주고자 일정 비율로 자리를 배당하는 할당제.

다.[33]* 지정고용제는 지정 카스트가 주류에 진입할 수 있는 유일한 기회다. (물론 타 종교로 개종했으나 여전히 차별당하고 있는 달리트에게는 이 정책이 적용되지 않는다) 지정고용제를 적용받으려면 달리트는 고등학교를 끝마쳐야 한다. 정부 데이터에 따르면, 지정 카스트 학생의 71.3%가 졸업 전에 중퇴한다. 이는 낮은 수준의 정부 일자리에도 지정고용 정책이 달리트 4명 중 1명에게만 적용된다는 의미다.[34]* 화이트칼라 직업에 대한 최소 자격은 대학원 학위다. 2001년 인구 조사에 따르면 달리트 인구의 2.24%만이 대학원 졸업자다.[35]* 비록 적용되는 달리트 인구의 비율이 매우 적음에도 불구하고 지정고용 정책은 달리트에게 공공 서비스에 진출하여 의사, 학자, 작가, 판사, 경찰관, 공무원이 될 수 있는 기회를 제공했다. 그들의 수가 비록 적어도, 권력 계층에 달리트 대표가 있다는 사실은 오래된 사회 방정식을 변화시킨다. 말하자면 브라만 사무원이 달리트 공무원 밑에서 복무해야 하는 상황은 수십 년 전만 해도 상상할 수 없었던 상황을 만들어낸다.[36]* 달리트가 스스로 얻은 이 작은 기회조차도 특권 카스트의 적대감의 벽에 봉착한다.

예를 들어, 지정 카스트 및 지정 부족을 위한 국가 위원회는 중앙 공공 부문 사업체에서 A급 관리자(끔찍한 용어 사용에 양해를 구한다)의 8.4%만이 지정 카스트에 속한다고 보고한다. 수치는 15%가 되어야 함에도 말이다.

같은 보고서에는 인도 사법 서비스에서 달리트와 아디바시의 대표성에 대한 몇 가지 충격적인 통계가 나와 있다. 델리의 고등법원 판사 20명 중 지정 카스트에 속한 사람은 한 명도 없었고, 다른 모든 사법 직위에서 그 수치는 1.2%였다. 라자스탄에서도 비슷한 수치가 보고되었다. 구자라트에는 달리트나 아디바시 판사가 없었고, 사회 정의운동의 유산이 남아있는 타밀나두에는 고등법원 판사 38명 중 단 4명만이 달리트였다. 마르크스주의 유산을 지닌 케랄라에도 달리트 고등법원 판사는 25명 중 단 한 명 있었다.[37*] 수감자 수에 대한 조사는 아마도 역비례를 드러낼 것이다.

달리트 출신인 K. R. 나라야난 전 대통령은 2011년 인구 조사에 따라 인도 인구 12억 명 중 25%를 차지하는 지정 카스트와 지정 부족이 대법원 판사로서 비례 대표성을 얻어야 한다고 제안했다가 사법 협회로부터 조롱당했다. 그는 1999년에 "이러한 범주에 속하는 적격한 사람이 있으며 이들이 과소 대표되거나 대표되지 못하는 것은 정당화될 수 없다"라고 말한 바 있다. "사법부 내 어떤 지정고용 정책도 그 독립성과 법의 지배에 위협이 된다"라고 대법원 선임 변호사는 말했다. 또 다른 저명한 법률 전문가는 이렇게 말했다. "일자리 할당제는 이제 골치 아픈 주제다. 나는 능력 우선권이 유지되어야 한다고 믿는다."[38*]

'능력'은 신성으로 추정되는 권위로 시스템을 지배하고 수천 년 동안 종속 카스트에 속한 사람들에게 특정 종류의 지식을 부정해온 인도 엘리트가 선택한 무기다. 이제 이와 같은 행태가 도전에 직면하자, 정부 일자리 지정 정책과 대학 정원 할당제에 반대하는 특권 카스트의 열정적인 시위가 벌어졌다. '능력'은 비역사적인 사회적 진공 상태 속에 존재하며, 특권 카스트의 소셜 네트워킹에서 비롯되는 이점과 종속 카스트에 대한 기득권층의 확고한 적대감은 고려할 가치가 없는 요소라고 가정하는 것이다. 실제로 '능력'은 족벌주의의 완곡한 표현이 되었다.

진보적인 사회과학자들과 역사가들의 보루로 여겨지는 자와할랄 네루대학교[JNU]에도 교수진의 3.29%만이 달리트, 1.44%만이 아디바시다.[39*] 본래 할당량은 각각 15%와 7.5%이다. 지정고용 정책이 27년 동안 시행되어왔음에도 불구하고 그렇다. 2010년 이 문제가 제기됐을 때 일부 명예교수들은, 지정고용 정책의 헌법적 강제 시행이 "JNU가 최고의 우수 센터 중 하나로 남는 것을 방해"할 것이라고 말했다.[40*] 그들은 JNU 교수직에 지정제가 시행되면 "부유층은 외국 및 사립대학으로 이동할 것이며, 소외 계층은 JNU가 지금까지 그토록 자랑스럽게 제공하고 있는 세계적인 수준의 교육을 더 이상 받을 수 없게 될 것"이라고 주장했다.[41*] 생명과학 교수인 B. N. 말릭은 스스럼없이 이렇게 말했다. "일부 카스트는 유전적으로 영양실조에 시달리고 있어서 그들을 제대로 키울 수 있는 일이란 사실상 거의 없다. 그렇다고 보면, 지정고용 정책은 탁월함과 우수성을 없애는 것이 될 것이다."[42*] 해마다 특권 카스트 학생들은 인도 전역에서 지정고용 정책에 반대하는 대규모 시위를 벌였다.

이것이 저 꼭대기 층에서 전하는 소식이다. 신인도의 반대편에 있는 사차르 위원회[Sachar Committee] 보고서는 달리트와 아디바시가 그들이 늘 존재해왔던 경제 피라미드의 바닥, 무슬림 공동체 아래에 여전히 남아있음을 우리에게 말해준다.[43*] 우리는 달리트와 아디바시가 광산, 댐 및 기타 주요 기간산업 프로젝트로 인해 난민이 된 수백만 명의 사람들 대다수를 차지한다는 것을 알고 있다. 그들은 측은할 정도로 저임금에 시달리는 농장 노동자들과 도시 건설업에 종사하는 계약직 노동자들이다. 달리트의 70%는 대체로 토지가 없다. 펀자브Punjab, 비하르Bihar, 하리아나Haryana, 케랄라Kerala와 같은 주에서는 그 수치가 90%나 된다.[44*]

달리트가 6배나 과도하게 대표되는 정부 부서가 하나 있다. 거리를 청소하고, 맨홀로 내려가고, 하수를 처리하고 화장실을 닦고, 기타 잡역을 위해 청소부로 지정되어 인도 정부에 고용된 사람들의 거의 90%가 달리트다. (이 부문도 현재 민영화 대상이다. 이는 민간기업이 더 적은 임금으로 고용 보장 없이 일자리를 달리트에게 임시로 외주 맡길 수 있음을 의미한다)[45*]

손으로 오물을 퍼내는 '수작업 청소'가 필요 없는 멋진 화장실이 있는 쇼핑몰과 기업 사무실에서 청소부 일자리는 비非달리트에게 돌아가는 반면, (공식적으로) 130만 명대부분 여성이 물을 사용하지 않는 전통적인 방식의 화장실을 청소하면서 인간의 똥을 담은 바구니를 머리에 이고서 생계유지를 계속하고 있다.[46*] 법에 위배 되기는 하지만 인도 철도Indian Railways는 수작업 청소부를 가장 많이 고용하는 곳 중 하나다. 14,300대의 열차가 매일 65,000km를 이동하며 2,500만 명의 승객을 실어 나른다. 그들의 똥은 172,000개의 개방형 화장실을 통해 철도 선로로 곧장 흘러간다. 하루에 수 톤에 달하는 이 똥은 장갑이나 어떤 보호 장비도 없이 오로지 달리트가 손으로 청소한다.[47*] 수작업 청소부 고용 금지 및 재활 법안2012년이 2013년 9월 각각 내각과 상원Rajya Sabha에서 통과되었으나 인도 철도는 이를 무시했다. 빈곤이 심화하고 정부 일자리가 꾸준히 증발함에 따라 일부 달리트는 약탈적 침입자에 맞서 세습적인 똥 청소부로서 '영구적' 국가 고용을 맹렬히 보호해야만 한다.

소수의 달리트가 이러한 역경을 극복해냈다. 그들 개개인의 이야기는 비범하며 영감을 준다. 일부 달리트 사업가와 여성들이 함께 모여 자신들의 기관인 달리트 인도 상공회의소[DICCI]를 설립했다. DICCI는 대기업으로부터 칭송과 후원을 받고 있으며 텔레비전과 대형 미디어에서 많은 활약을 펼치고 있다. 열심히 일하는 한 자본주의는 본질적으로 평등주의적이라는 인상을 주는 데 도움이 되기 때문이다.[48*]

힌두교 카스트가 바다를 건너가면 카스트를 잃고 오염된다고 전하던 시절이 있었다. 이제 카스트 제도는 수출 대상이 되었다. 힌두교도들은 어디를 가든지 그것을 달고 다닌다. 그것은 스리랑카의 잔인한 타밀족 사이에도 존재한다. 그것은 미국뿐만 아니라 유럽, 소위 '자유세계'에서 입신출세를 꿈꾸는 인도 이민자들 사이에도 존재한다. 영국의 달리트가 이끄는 단체들은 지난 십여 년간 카스트 차별을 영국법에서 인종차별의 한 형태로 인정하도록 로비 활동을 벌여왔다. 카스트-힌두교 로비층은 얼마간 그것을 무산시키는 데 성공했다.[49*]

민주주의는 카스트를 근절하지 않았다. 오히려 그것을 확고히 하고 현대화했다. 이것이 바로 지금이 암베드카르를 읽어야 할 때라는 이유다.

∗

암베드카르는 다작 작가였으나 불행하게도 그의 저작은 간디나 네루 또는 비베카난다의 저작과는 달리 도서관이나 서점 서가에서 눈에 띄지 않는다.

그가 쓴 많은 책 중에서 『카스트의 소멸』은 가장 급진적인 저작이다. 이는 힌두 근본주의자나 극단주의자를 겨냥한 주장이 아니라, 자신을 온건하다고 생각하는 사람들, 즉, 암베드카르가 "최고의 힌두교도"라고 불렀던 사람들, 그리고 일부 학자들이 "좌파 힌두교도"라고 부르는 사람들을 겨냥한 주장이다.[50*] 암베드카르의 요점은 힌두 샤스트라를 믿으면서 동시에 자신을 진보적이거나 온건하다고 생각하는 것은 용어상 모순이라는 것이다. 『카스트의 소멸』이라는 책이 출판되자 흔히 '힌두교의 가장 위대한 인물'로 불리는 마하트마 간디가 암베드카르의 도발에 응답했다.

그들의 논쟁은 새로운 것이 아니었다. 두 사람 모두 오래전 시작되어 여전히 끝나지 않은 깊은 사회적, 정치적, 철학적 갈등을 전하는 자기들 세대의 특사였다. 불가촉천민 암베드카르는 기원전 200~100년으로 거슬러 올라가는 반카스트 지적 전통의 계승자였다. 리그베다Rig Veda, 기원전 1200~900년의 푸루샤 숙타Purusha Sukta 송가[51*]에서 기원했다고 믿어지는 카스트 제도는 불과 1,000년 후 불교도들이 어느 카스트에 속했든지 관계없이 모든 사람을 인정하는 승가를 만들어 카스트와 결별하면서 첫 번째 도전에 직면했다. 그러나 카스트는 지속되었고 진화했다. 12세기 중반, 바사바가 이끄는 비라샤이바는 인도 남부의 카스트에 도전하여 무너졌다. 14세기부터 사랑받아온 박티Bhakti 시인-성자들, 즉 코카멜라Cokhamela, 라비다스Ravidas, 카비르Kabir, 투카람Tukaram, 미라Mira, 자나바이Janabai 같은 이들은 반카스트 전통의 시인이 되었고 지금도 여전히 그렇다. 19세기와 20세기 초에 조티바 풀Jotiba Phule과 그의 사티야쇼다크 사마지Satyashodhak Samaj15가 인도 서부에 왔다. 아마도 인도 최초의 페미니스트일 판디타 라마바이Pandita Ramabai는 힌두교를 거부하고 기독교또한 그것에도 도전했다로 개종한 마라티 브라만이었다. 아디 힌두Adi Hindu 운동을 이끌었던 스와미 아추타난드 하리하르Swami Achhutanand Harihar는 인도 불가촉천민 의회Bharatiya Achhut Mahasabha를 창설하고 최초의 달리트 잡지인 아추트Achhut를 편집했다. 말라바르Malabar와 트라반코르Travancore의 기존 질서를 뒤흔든 아얀칼리Ayyankali와 스리 나라야나 구루Sree Narayana Guru도 있다. 우상 파괴자 이요티 타스Iyothee Thass와 그의 사키야Sakya16 불교도들은 타밀 세계에서 브라만의 패권을 조롱했다. 반카스트 전통 속에 있는 암베드카르의 동시대인 중에는 마드라스 관구에서 '페리야르'로 알려진 E. V. 라마사미 나이커Ramasamy Naicker, 벵골의 요겐드라나트 만달Jogendranath Mandal, 그리고 펀자브에서 시크교와 힌두교를 모두 거부하는 아드 다름Ad Dharm운동을 창시한 바부 망구 람Babu Mangoo Ram이 있다. 이들은 모두 암베드카르의 사람들이었다.

구자라트 바니아 가문에서 태어난 바이샤 간디는 특권 카스트의 힌두 개혁가와 그 조직의 오랜 전통에서 나온 가장 최근 인물이었다. 라자 람 모한 로이Raja Ram Mohan Roy는 1828년 브라모 사마지Brahmo Samaj를 창설했다. 1875년 스와미 다야난다 사라스와티Swami Dayananda Saraswati는 아리야 사마지Arya Samaj를 설립했다. 1897년에 스와미 비베카난다Swami Vivekananda는 라마크리슈나 선교단과 그보다 현대적인 여

---

15   진리 탐구자들의 모임.
16   티베트 불교의 4대 종파 중 하나.

타 개혁주의 조직들을 설립했다.[52]*

역사와 그 주인공들에 익숙하지 않은 사람들을 위해 암베드카르-간디 논쟁을 어떤 맥락 위에 놓으려면 매우 다른 정치적 궤적으로 우회해야 한다. 왜냐하면 이것은 결코 단순히 서로 다른 의견을 가진 두 사람 사이의 이론적 논쟁이 아니었기 때문이다. 각각은 완전히 서로 다른 이익 집단을 대표했으며 그들의 전투는 인도 민족운동의 중심에서 전개되었다. 그들이 말하고 행한 것은 현대 정치에 계속해서 엄청난 영향을 미치고 있다. 그들의 차이점은 화해할 수 없었고 지금까지도 그렇다. 둘 다 깊이 사랑받고 추종자들에 의해 종종 신격화된다. 그 둘이 서로 떼려야 뗄 수 없이 연결되어 있음에도 불구하고 상대방의 이야기를 듣는 것은 두 지지층 모두를 기쁘게 하지 않는다. 암베드카르는 간디의 가장 강력한 적수였다. 그는 정치적으로나 지적으로뿐만 아니라 도덕적으로도 그에게 도전했다. 우리가 모두 듣고 그것과 더불어 자란 이야기인 간디의 이야기에서 암베드카르를 삭제한다는 건 코미디다. 마찬가지로, 암베드카르에 대해 글을 쓰면서 간디를 무시하는 것은 암베드카르에 몹쓸 짓을 하는 것이다. 간디가 무수히 많이, 그다지 멋지지 않은 방식으로 암베드카르의 세계에서 떠오르기 때문이다.

*

우리가 알고 있듯이 인도 민족운동에는 뛰어난 출연진이 있었다. 이는 심지어 8개의 오스카상을 수상한 할리우드 블록버스터의 주제이기도 했다.[17] 인도에서 우리는 여론 조사를 실시하고, 우리 건국의 아버지들(어머니는 선정되지 않았다)을 다양한 계층과 구조로 배열하고 재배치하는 책과 잡지를 출판하는 오락을 즐겼다. 마하트마 간디는 신랄한 비판을 받고 있지만 여전히 차트 꼭대기를 차지하고 있다. 다른 사람들은 그저 살펴만 보려고 해도 국가의 아버지를 분리하여 별도의 범주에 넣어야 한다. 마하트마 간디 다음으로 가장 위대한 인도인은 누구일까?[53*]

암베드카르 박사는 거의 항상 최종심에 진출한다. (그는 리처드 애튼버러가 출연한 영화 〈간디〉 쪽으로는 우연하게라도 발조차 들여놓지 않았다. 그 영화에 인도 정부가 공동으로 자금을 지원했음에도!) 그는 자기 삶과 사고의 핵심이었던 정치와 열정보다는 인도 헌법 초안을 작성하는 데 그가 맡은 역할 때문에 선정된다. 목록에 그가 있다는 것은 긍정적인 차별, 즉 정치적으로 올바르기를 바라는 열망의 결과임을 당신은 확실히 느낄 수 있을 것이다. 이런 경고들이 계속 웅얼거린다. (그가 1942~1946년 영국 총독의 집행위원회에서 노동위원을 역임했기 때문에) '기회주의자', (국회의원들이 소금법 위반으로 투옥되었던 1930년 제1차 원탁회의에 그가 영국 정부의 초대를 받아들였기 때문에) '영국의 앞잡이', (그가 불가촉천민을 위한 별도의 선거구를 원했기 때문에) '분리주의자', (그가 파키스탄에 대한 무슬림 연맹의 입장을 지지하면서 잠무와 카슈미르를 세 갈래로 나눠야 한다고 제안했기 때문에) '반국가적'.[54*]

온갖 비방에도 불구하고, 우리가 보게 될 사실은 암베드카르에게

....

17   리처드 애튼버러가 감독한 벤 킹슬리 주연의 영화 〈간디〉(1982년 제작, 1989년 개봉)를 가리킨다.

나 간디에게나 '친제국주의' 또는 '반제국주의'라는 쉬운 꼬리표를 붙이게끔 허용하지 않는다. 그들의 갈등은 제국주의와 그에 반대하는 투쟁에 대한 우리의 이해를 복잡하게 만들고 아마 더욱 풍성하게도 할 것이다.

역사는 간디에게 친절했다. 그는 평생 수백만 사람들에 의해 신격화되었다. 간디의 경건함은 보편적인 것이 되었고 이는 영원한 현상으로 보인다. 그 은유가 인간을 뛰어넘었다는 것만은 아니다. 그것은 그를 전적으로 재창조했다. (이것이 간디에 대한 비판을 자동으로 모든 간디주의자에 대한 비판으로 받아들일 필요가 없는 이유다) 간디는 모든 사람에게 모든 것이 되었다. 오바마가 그를 사랑하고 점거운동Occupy movement[18]도 마찬가지다. 무정부주의자들이 그를 사랑하며 기득권층도 마찬가지다. 나렌드라 모디Narendra Modi가 그를 사랑하며 라훌 간디Rahul Gandhi도 마찬가지다. 가난한 사람들도 그를 사랑하고 부자들도 그를 사랑한다.

그는 현상 유지의 성자다.

간디의 생애와 그의 저서48,000페이지에 달하는 98권의 전집는 사건별로, 문장별로, 분리되어 옮겨졌다. 일관된 이야기가 남지 않을 때까지. 실제로 그런 이야기가 있었다면 말이다. 문제는 간디가 실제로 온갖 것을 말했으나 그 반대되는 것도 말했다는 것이다. 체리 따는 사람들에게 그는 나무에 무슨 문제가 있는 게 아닐까 당신이 의심할 정도로 당혹스러우리만큼 다양한 체리를 제안한다.

....
18   신자유주의로 인한 불평등을 지적하며 2011년 뉴욕 월가에서 진행된 시위.

예를 들어, 1946년에 쓴 『피라미드 대 해양권』*The Pyramid vs. the Oceanic Circle*』에는 아르카디아 낙원에 대한 그의 유명한 설명이 있다.

독립은 바닥에서부터 시작된다. 따라서 모든 마을은 완전한 권한을 갖는 공화국 또는 판차야트panchayat가 될 것이다. 그러므로 모든 마을은 자립해야 하며, 전 세계로부터 자신을 방어할 수 있을 정도로 자체 업무를 관리할 수 있어야 한다. (…중략…) 수많은 마을로 구성된 이 구조에는 점점 넓어지되 결코 오름차순이 아닌 권역들이 있을 것이다. 삶은 밑바닥이 꼭대기를 지탱하는 피라미드가 아닐 것이다. 그러나 그것은 마을을 위해 항상 소멸할 준비가 되어 있는 개인이 그 중심인 해양 권역이 될 것이다. (…중략…) 그러므로 가장 바깥쪽 둘레는 내부 권역을 무너뜨리는 힘을 행사하지 않고, 내부의 모두에게 힘을 주고 그로부터 자체의 힘을 끌어낼 것이다.[55]*

또 1921년 『나바지반*Navajivan*』지에는 그가 카스트 제도를 지지하는 글이 실렸다. 이것은 암베드카르가 구자라트어에서 번역한 것이다(그는 간디가 사람들을 "기만"했으며 영어와 구자라트어로 된 그의 글을 생산적으로 비교할 수 있다고 여러 번 제안했다).[56]*

카스트는 통제의 또 다른 이름이다. 카스트는 즐기는 것에 제한을 둔다. 카스트는 개인이 자기 즐거움을 추구하기 위해 카스트의 한계를 넘어서는 것을 허용하지 않는다. 이것이 바로 카스트 내 식사, 카스트 간 결혼과 같은 카스트 제한의 의미다. 이것이 나의 견해이므로 나는

카스트 제도를 파괴하려는 모든 사람에 반대한다.[57]*

이것은 "점점 넓어지되 오름차순이 아닌 권역"과 정반대가 아닌가? 이 진술이 25년의 간격을 두고 이루어진 건 사실이다. 그것은 간디가 교화되었다는 뜻인가? 그는 카스트에 대한 견해를 바꾸었나? 그는 그렇게 했다, 아주 더디게. 그는 카스트 제도의 모든 세부 사항까지 믿는 것으로부터, 4,000개의 분리된 카스트가 사四바르나ᵃ암베드카르가 카스트 제도의 '모체'라고 불렀던 것로 '융합'되어야 한다고 말하는 것으로 옮겨갔다. 간디의 삶이 끝을 향해갈 무렵 그는 더 이상 카스트 간 식사와 카스트 간 결혼에 반대하지 않는다고 말했다.(그의 견해는 단지 견해일 뿐이었고 정치적 행동으로 전환할 위험을 무릅쓰지는 않았다) 그는 자신이 바르나 시스템을 믿었음에도 사람의 바르나는 출생이 아니라 가치에 따라 결정되어야 한다고 때때로 말하곤 했다. (이는 아리야 사마지의 입장이기도 하다) 암베드카르는 이 생각의 부조리함을 지적했다. "출생에 따라 더 높은 지위를 획득한 사람들에게 자신의 가치에 상관없이 그 지위를 버리도록 어떻게 강요할 것인가? 출생에 기초해 낮은 지위에 있는 사람이 그 사람의 가치에 따라 그 지위를 인정받도록 사람들을 어떻게 강제한다는 것인가?"[58]* 그는 계속해서 여성에게 무슨 일이 일어날지, 여성의 지위가 자신의 가치에 따라 결정될 것인지 아니면 남편의 가치에 따라 결정될 것인지 질문했다.

불가촉천민에 대한 간디의 사랑과 그가 참석한 카스트 간 결혼식에 대한 간디 추종자들의 이야기와 일화에도 불구하고, 간디는 98권의 책에서 결정적이고 확실하게 사四바르나 체계인 차투르바르나에 대한 자신의 믿음을 포기하지 않았다. 자기 자신의 성적 욕망에 대한 조절이 때때로 실패하는 등의 일들에 대해서는 공개적으로나 사적으로 사과하고 괴로워했지만,[59*] 자신이 카스트 계급에 대해 말하고 행한 극도로 해로운 일들에 대해서는 절대 괴로워하지 않았다.

그렇기는 해도, 부정적인 면을 피하고 그 대신 간디의 좋은 점에 집중하고 그것을 사용하여 사람들 안에 있는 최고의 것을 펼칠 수 있도록 하는 것은 어떨까? 이것은 타당한 질문이며 아마도 간디를 기리는 성지를 지은 사람들이 스스로 대답했을 만한 것이다. 어쨌든 우리 자신과 반대되는 견해를 가진 위대한 작곡가, 작가, 건축가, 운동선수, 음악가들의 작품에 감탄할 수는 있다. 차이가 있다면, 간디는 작곡가도, 작가도, 음악가도, 스포츠맨도 아니라는 점이다. 그는 자신을 선지자, 신비주의자, 도덕주의자, 위대한 인도주의자, 진리와 정의로만 무장한 채 강력한 제국을 무너뜨린 사람으로 우리 앞에 제시했다. 비폭력적인 간디, 권력에 진실을 말한 간디, 불의의 천적 간디, 온화한 간디, 중성적인 간디, 어머니 간디, (아마도) 정치를 여성화하고 여성이 정치 무대에 들어갈 수 있는 공간을 만든 간디, 환경친화적인 간디, 재치와 한 줄 명언을 장착한 간디, 우리는 어떻게 이 모두를 화해시킬 수 있나? 이 모든 것을 카스트에 대한 간디의 견해 (그리고 행동)와 어떻게 조화시킬 수 있을까? 전적으로 잔인하고 제도화된 불의의 기초 위에 그토록 편안하게 자리 잡은 도덕적 정의의 구조를 우리는 어떻게 해야 할까? 간디는 복잡하다고 말하고 그냥 내버려 두는 것만으로 충분한가? 간디가 비범하고 매혹적인 사람이라는 것은 의심할 여지가 없다. 하지만 인도가 자유를 위해 투쟁하는 동안 그는 정말로 권력에 진실을 말했나? 그는 정말 가난한 사람 중 가장 가난한 사람들, 그의 사람 중 가장 취약한 사람들과 동맹을 맺었나?

암베드카르는 "국민회의가 인도의 자유를 위해 싸우고 있으니 이는 곧 인도 국민의 자유와 가장 낮은 계층의 자유를 위해서도 싸우고 있다는 얘기라면서 이를 위안 삼는 것은 어리석은 일"이며, "국민회의가 자유를 위해 싸우는가의 문제는 국민회의가 누구의 자유를 위해 싸우는가의 문제에 비하면 그다지 중요하지 않다"라고 말했다.[60*]

1931년 암베드카르가 간디를 처음 만났을 때 간디는 국민회의에 대한 암베드카르의 날카로운 비판에 대해 그에게 이의를 제기했다. (그 비판은 조국을 위한 투쟁을 비판하는 것과 마찬가지라고 여겨졌다) "간디지,[19] 내게 조국은 없습니다." 이것이 암베드카르의 유명한 대답이었다. "그 이름에 걸맞게 불가촉천민은 이 땅을 자랑스러워하지 않을 것입니다."[61*]

역사는 암베드카르에게 불친절했다. 처음에는 그를 통제했고, 그 다음에는 그를 미화했다. 그렇게 역사는 그를 인도 불가촉천민의 지도자이자 게토의 왕으로 만들었다. 그것은 그의 글들을 숨겨버렸다. 그것은 급진적인 지성과 타오르는 오만함을 벗겨냈다.

그래도 암베드카르의 추종자들은 그의 유산을 창의적인 방식으로 지켜왔다. 그중 하나가 그를 백만 개의 동상으로 대량 생산해내는 것이다. 암베드카르 동상은 급진적이고 살아 움직이는 물체다.[62*] 그것은 공간, 즉 물리적 공간과 가상 공간, 공적 공간과 사적 공간 모두를

---

19 인도 문화에서는 존경심을 표현하기 위해 이름 끝에 지(ji)를 붙임.

요구하기 위해 전 세계로 파견되었다. 그것은 달리트의 의무다. 달리트는 암베드카르의 동상을 이용해 시민권을 주장했다. 그들에게 빚진 땅, 그들의 소유인 물, 접근이 거부된 공유지를 요구하는 것이다. 공유지에 세워 사람들을 그 주변에 모여들게 하는 암베드카르 동상은 항상 손에 책을 들고 있다. 의미심장하게도 그 책은 해방을 고무하고 혁명적인 분노를 담은 『카스트의 소멸』이 아니다. 그것은 암베드카르가 개념화에 결정적인 역할을 한 인도 헌법으로, 이 문서는 이제 좋든 나쁘든, 모든 인도 시민의 삶을 지배한다.

헌법을 전복적 목적으로 사용하는 것이 하나이고, 헌법으로 제한되는 것이 또 다른 하나다. 암베드카르의 상황은 그를 혁명가로 만드는 동시에 기회가 있을 때마다 기득권층의 문 안에 발을 들여놓도록 강요했다. 그의 천재성은 자신의 이러한 양 측면을 모두 민첩하게 이용하고 큰 효과를 발휘하는 능력에 있었다. 그러나 현재의 프리즘을 통해 보면 이는 그가 이중적이고 때로는 혼란스러운 유산을 남겼다는 것을 의미한다. 급진주의자 암베드카르와 인도 헌법의 아버지 암베드카르가 그것이다. 입헌주의는 혁명을 방해할 수 있다. 그리고 달리트 혁명은 아직 일어나지 않았다. 우리는 아직도 그것을 기다리고 있다. 그렇게 되기에 인도 외 다른 곳이 있을 수 없다.

이는 헌법을 작성하는 것이 급진적인 행위가 될 수 없다는 뜻이 아니다. 그렇게 될 수 있고, 그렇게 될 수 있었고, 또 암베드카르는 이를 위해 최선을 다했다. 그러나 자신이 인정한 바로, 그는 전적으로 성공하지는 못했다.

인도가 독립을 향해 돌진하면서 암베드카르와 간디는 소수집단,

특히 무슬림과 불가촉천민의 운명에 대해 심각하게 우려했지만 다가오는 새로운 국가의 탄생에 매우 다른 방식으로 대응했다. 간디는 국가 건설 사업에서 점점 더 멀어졌다. 그는 국민회의당의 일이 끝났다고 보았다. 그는 당이 해산되기를 원했다. 그는 국가가 집중되고 조직적인 형태로 폭력을 대표하며, 국가는 인간 개체가 아니고 영혼이 없기에 그 존재 자체가 폭력에 빚지고 있다고 (아주 옳게) 믿었다.[63]* 간디가 이해하기로, 스와라지^{자치}는 국민의 도덕적 중심에 살지만, 그는 '그의 국민'이 다수 공동체만을 의미하지는 않는다는 점을 분명히 밝혔다.

> 인도의 스와라지가 다수 공동체, 즉 힌두교의 지배가 될 것이라고 한다. 이보다 더 큰 오류는 없을 것이다. 그것이 사실이라면 나는 그것을 스와라지라고 부르기를 거부하고 내 명령에 따라 온 힘을 다해 싸울 것이다. 나에게 힌두 스와라지는 모든 국민의 지배이고 정의의 지배이기 때문이다.[64]*

암베드카르에게 "국민"은 타고난 정의로움의 장밋빛 색조로 빛나는 동질적인 범주가 아니었다. 그는 간디가 무슨 말을 했는지에 관계없이 스와라지가 어떤 형태를 취할 것인지 결정하는 것은 필연적으로 다수 공동체가 될 것임을 알고 있었다. 인도의 불가촉천민이 다름 아닌 인도를 차지하는 대다수인 힌두 국민의 도덕적인 마음에 의해 통치될 것이라는 전망은 그를 불길한 예감으로 가득 채웠다. 암베드카르는 제헌의회 의원이 되기 위한 방법 찾기를 열망하게 되었고 심지어 이에 필사적이기까지 했는데, 그 자리를 통해 신흥 국가 헌법의 형태와 정신에 실질적이고 실용적인 방식으로 영향을 미칠 수 있었기 때문이다. 이를 위해 그는 자신의 숙적이었던 국민회의당에 대한 자존심과 염려를 제쳐 놓을 준비도 되어 있었다.

암베드카르의 주요 관심사는 카스트 제도의 전통적, 사회적 도덕보다 "헌법적 도덕"에 특권을 부여하고 그것을 합법화하는 것이었다. 그는 1948년 11월 4일 제헌의회에서 이렇게 말했다. "헌법적 도덕은 자연스러운 감정이 아닙니다. 그것은 길러내야 하는 것입니다. 우리는 우리 국민이 아직 그것을 배우지 못했다는 것을 깨달아야 합니다. 인도의 민주주의는 본질적으로 비민주적인 인도 토양 위에 주는 거름에 불과합니다."[65*]

암베드카르는 헌법 최종안에 심각하게 실망했다. 그래도 그는 종속 카스트에 관한 한 이 문서가 초안이 작성된 사회보다 더 계몽된 문서가 되도록 특정 권리와 보호 장치를 마련하는 데 성공했다. (그러나 다른 사람들, 즉 인도의 아디바시 같은 사람들의 경우 헌법은 식민 관행의 연장일 뿐이었다. 이에 대해서는 나중에 다루겠다) 암베드카르는 헌법을 진행 중인 작업으로 생각했다. 토머스 제퍼슨처럼 그도 모든 세대가 스스로 새로운 헌법을 만들 권리가 없다면 세상은 "산 자가 아닌 죽은 자"의 것이 될 것이라고 믿었다.[66*] 문제는 산 사람이 반드시 죽은 사람보다 더 진보적이거나 깨우친 것은 아니라는 점이다. 오늘날 완전히 퇴행적인 방식으로 헌법을 다시 쓰기 위해 로비를 벌이고 있는 정치적, 상업적 세력이 많다.

암베드카르는 변호사였지만 입법에 대한 환상이 없었다. 독립 이후 인도의 법무부 장관으로서 그는 몇 달 동안 힌두법전 초안 작성에 참여했다. 그는 카스트 제도가 여성을 통제함으로써 발전한다고 믿었으며, 그의 주요 관심사 중 하나는 힌두교의 개인법을 여성에게 더 공정하게 만드는 것이었다.[67*] 그는 이 법안에서 이혼을 허용하고 과부와 딸의 재산권을 확대할 것을 제안했다. 제헌의회는 4년[1947년부터 1951년까지] 동안 이 문제를 질질 끌다가 끝내 이를 막았다.[68*] 라젠드라 프라사드 대통령은 법안 통과를 지연시키겠다고 위협했다. 힌두 은둔 성자들이 의회를 포위했다. 산업가들과 대지주들인 자민다르들은 다가오는 선거에서 지지를 철회할 것이라고 경고했다.[69*] 결국 암베드카르는 법무 장관직을 사임했다. 사임 연설에서 그는 이렇게 말했다. "힌두 사회의 영혼인 계급과 계급, 성별과 성별 사이의 불평등을 방치하고 경제 문제와 관련된 법안을 계속 통과시키는 것은, 우리 헌법을 웃음거리로 만드는 것이며 똥 더미 위에 궁전을 짓는 것입니다."[70*]

암베드카르가 종파주의, 반계몽주의, 속임수가 얽힌 복잡하고 다면적인 정치적 투쟁에 가져온 것은 무엇보다도 지성이었다.

＊

『카스트의 소멸』을 종종 (심지어 일부 암베드카르 추종자들까지도) 암베드카르의 유토피아, 즉 그의 실행 불가능하고 실현 불가한 꿈이라고들 부른다. 그는 절벽 위로 바위를 굴려 올리고 있었던 것이라고 그들은 말한다. 신앙과 미신에 그토록 흠뻑 젖은 사회가 어떻게 그 사회의 가장 뿌리 깊은 믿음에 대해 그토록 맹렬히 공격하는 것에 열려 있으리라 기대할 수 있을까? 결국, 불가촉천민을 포함하여 모든 카스트에 속한 수백만 명의 힌두교도들에게 힌두교는 출생, 죽음, 전쟁, 결혼, 음식, 음악, 시, 춤 등 모든 것에 스미는 삶의 방식이다. 그것은 그들의 문화이고, 그들의 정체성이다. 그러니, 카스트 관행이 인가되어 있다는 그 힌두교 기초 문헌을 사람들 대부분이 전혀 읽어본 적도 없다는 이유만으로 힌두교가 어떻게 포기될 수 있겠는가?

암베드카르의 요점은, 어떻게 그렇지 않을 수 있는가? 하는 것, 신이 정한 것이라 할지라도 그런 제도화된 불의가 어떻게 누구에게나 받아들여질 수 있나? 하는 것이었다.

> 사소한 트집 잡기에서 피난처를 찾아봐야 소용없다. 샤스트라가 문법적으로 읽히거나 논리적으로 해석된다면, 그들이 말해야 한다고 믿는 것을 샤스트라가 말하지 않는다고 사람들에게 말하는 것은 소용이 없다. 중요한 것은 사람들이 샤스트라를 어떻게 이해했는가 하는 것이다. 당신은 붓다가 취한 입장을 취해야 한다. 당신은 샤스트라를 폐기해야 할 뿐만 아니라 붓다와 나나크가 그랬던 것처럼 그 권위를 부인해야 한다. 당신은 힌두교도들에게 그들의 문제는 그들의 종교, 즉 그들에게 카스트의 신성함이라는 개념을 만들어낸 종교라고 말할 수 있는 용기가 있어야 한다. 당신은 그 용기를 보여 주겠는가?[71]*

간디는 암베드카르가 목욕물과 함께 아기를 버리고 있다고[20] 믿었

----

20 '빈대 잡으려다 초가삼간 태운다'와 같은 인도식 속담.

다. 암베드카르는 아기와 목욕물이 하나의 융합된 유기체라고 믿었다.

『카스트의 소멸』이 사실 유토피아적 사고의 일부라는 점에 대해서는 그럴 수 있다고 인정은 하되 절대 수용하지는 말자. 만일 그렇다면, 이 분노, 이 대담한 비난마저도 우리 가운데 존재하지 않는다면, 우리가 한 국민으로서 얼마나 쇠약하고, 얼마나 고갈되고, 얼마나 딱할지를 인정하고 받아들이자. 암베드카르의 분노는 우리 모두에게 작은 안식처와 약간의 존엄을 제공한다.

암베드카르가 비난받은 유토피아주의는 반카스트운동 전통의 상당 부분을 차지했다. 박티운동의 시가 그것으로 가득 차 있다. 간디의 '람 라쟈라마 신의 통치'의 향수로 들끓는 신화적인 마을 공화국과는 달리, 하위 계층인 박티 성자들은 마을을 노래했다.[72*] 그들은 불가촉천민들이 곳곳에 만연한 두려움, 상상할 수 없는 모욕, 다른 사람들의 땅에 대한 끝없는 수고로부터 해방될, 시대를 초월한 곳에 있는 마을에 대해 노래했다. 라비다스라이다스, 라히다스, 로히다스라고도 알려져 있다[21]에게 그곳은 베 감 푸라Be-gham-pura, 슬픔이 없는 도시, 인종차별이 없는 도시, 사람들이 원하는 곳이면 어디든 자유롭게 갈 수 있는 곳이었다.

> 고난도 괴로움도 없는 곳
>
> 거긴 불안도 두려움도 세금도 자본도 없고
>
> 어떤 위협도, 공포도, 굴욕도 없네

---

21 15세기에서 16세기 박티운동 계보를 잇는 인도 신비주의 시인이자 성인이다. 지금의 비하르, 라자스탄, 구자라트, 펀자브 등지에서 정신적 스승으로 추앙받는 그는 사회 개혁가이기도 했다.

해방된 차마르 라이다스는 이렇게 말하네

그 도시를 나와 공유하는 사람이 내 친구라고.[73*]

투카람에게 그 도시는 판다르푸르Pandharpur였고, 거기서는 다들 평
등했고, 거기서는 수장도 다른 사람들만큼 열심히 일해야 했고, 사람
들이 자유롭게 춤추고 노래하고 섞이던 곳이었다. 카비르에게 그곳
은 사랑의 도시, 프렘나가르Premnagar였다.

암베드카르의 유토피아는 꽤 냉철한 것이었다. 말하자면 그것은
정의, 즉 세속적 정의의 도시였다. 그는 유럽 계몽주의의 최고 사상
과 불교 사상을 융합한 계몽된 인도, 프라붓다 바라트Prabuddha Bharat[22]
를 상상했다. 사실 프라붓다 바라트는 그가 평생 편집한 네 개의 신
문 가운데 마지막 신문에 붙인 이름이었다.

서구 근대성에 대한 간디의 급진적 비판이 인도 특유의 목가적 행
복에 대한 향수를 불러일으키는 것에서 나왔다면, 그 향수에 대한 암
베드카르의 비판은 실용적인 서구 자유주의와 그것이 내리는 진보
와 행복에 대한 정의를 포용하는 것에서 나왔다. (그리고 그것은 바로 지
금, 회복할 수 없는 위기를 겪고 있다)

간디는 현대 도시를 "바로 지금 마을의 정혈을 고갈시키는 사악
한 목적을 수행하는 이상 물체"라고 불렀다.[74*] 암베드카르와 달리
트 대부분에게 간디의 이상적인 마을은 당연히 "지역주의의 침전물,
무지와 편협함과 공동체주의의 소굴"이었다.[75*] 정의를 향한 추동력

....

22   '깨어난 인디아'라는 뜻.

은 암베드카르의 시선을 마을에서 도시로, 도시화, 모더니즘 및 산업
화—대도시, 큰 댐, 대규모 관개 프로젝트—로 돌렸다. 아이러니하
게도 이것은 오늘날 수십만 명의 사람들이 불의와 연관시키는 바로
그 '개발' 모델, 환경을 황폐화하고 사람들 수백만 명을 광산, 댐 및
기타 주요 인프라 프로젝트로 마을과 집에서 강제 이주시키는 모델
이다. 한편, 아이러니하게도, 끔찍하고 본질적인 불의에 대해 너무나
눈이 먼 신화 속 마을을 주창한 간디는 정의를 위한 이런 투쟁의 부
적이 되었다.

간디는 자신의 마을 공화국을 장려하는 한편, 그의 실용주의 또는
일부 사람들이 그의 이중성이라고 부르는 것을 통해 대규모 산업과
대형 댐을 지원하고 그들의 지원을 얻게 되었다.[76]*

간디와 암베드카르의 라이벌 유토피아는 전통과 현대 사이의 고전
적인 전투를 대표했다. 유토피아를 두고 '옳다'거나 '그르다'라고 말할
수 있다면, 둘 다 옳았고 둘 다 심각하게 글렀다. 간디는 서구 근대성
프로젝트에 심긴 대재앙의 씨앗을 인식할 만큼 선견지명이 있었다.

신은 인도가 서구의 방식을 따라 산업주의를 취하는 것을 금했다.
작은 섬나라 하나의 경제적 제국주의가 오늘날 세계를 사슬에 묶어 놓
고 있다. 3억 명 국민 전체가 그와 비슷한 경제적 착취를 따른다면 그
것은 세계를 메뚜기 떼처럼 벌거벗길 것이다.[77]*

지구 온도가 상승하면서, 빙하가 녹고 숲이 사라지면서, 간디의 말
은 예언적인 것으로 드러났다. 그러나 현대 문명에 대한 그의 공포로

인해 그는 신화적인 인도의 과거를 찬미하게 되었는데, 그의 말에 따르면 그것은 공정하고 아름다웠다. 암베드카르 편에서 본다면, 그는 과거의 죄악을 뼈저리게 인식하고 있었지만, 그 과거에서 벗어나고자 하는 긴급함 속에서 서구 근대성이 지니는 파멸적인 위험을 인식하지는 못했다.

암베드카르와 간디의 매우 다른 유토피아는 '최종 제품', 즉 그 마을이나 도시로만 감정하거나 평가해서는 안 된다. 마찬가지로 중요한 것은 그런 유토피아를 이끈 추동력이다. 암베드카르주의자들이 근대 개발 모델에 반대하는 대중 투쟁을 생태 낭만주의적이라고 부르고, 간디주의자들이 간디를 정의와 도덕적 미덕의 상징으로 내세우는 것은 두 사람을 이끈 매우 다른 열정에 대한 피상적인 해석이다.

박티 시인-성자들이 꿈꾸던 도시인 베감푸라Beghampura, 판다푸르 Pandharpur, 프렘나가르Premnagar에는 한 가지 공통점이 있었다. 그것들은 모두 브라만교의 속박에서 해방된 시공간에 존재했다. 브라만교는 반카스트운동이 '힌두교'보다 선호한 용어였다. 브라만교라는 지칭에서 그들은 브라만을 카스트나 공동체로 의미하지 않았다. 그들은 암베드카르가 "모방의 감염"이라고 불렀던 도미노 효과를 의미했다. 즉, 처음으로 자신을 "폐쇄"한 카스트인 브라만이 시작되었다. "어떤 사람들은 문을 닫았다. 다른 사람들은 자기들에게 그 문이 닫혀 있는 것을 발견했다"라고 그는 썼다.[78*]

방사성 원자의 반감기와 같은 "모방의 감염"은 계급 사다리를 따라 내려갈수록 기하급수적으로 쇠퇴하지만 아주 사라지지는 않는다. 이는 암베드카르가 "등급별 불평등" 시스템이라고 설명하는 것을 만들어냈다. 그에 따르면, "사회 피라미드의 맨 아랫부분에 있는 계층 외에는 완전히 특권 없는 계층 같은 건 없다. 나머지 계층의 특권에는 등급이 매겨져 있다. 낮은 사람도 더 낮은 사람에 비해 특권을 얻는다. 각 계층은 특권을 갖고 있으며 모든 계층은 시스템 유지에 관심이 있다."[79]*

카스트의 방사성 원자가 기하급수적으로 쇠퇴한다는 것은, 브라만이 크샤트리아에 맞서고, 바이샤가 수드라에 맞서고, 수드라가 불가촉천민에 맞설 뿐만 아니라, 만질 수 없는 자가 접근할 수 없는 자에 맞서고, 접근할 수 없는 자가 볼 수 없는 자에 맞섬으로써 이 브라만교가 실천됨을 의미한다. 이는 어느 카스트에 속해 있는지에 관계없이 모든 사람에게 브라만교의 몫이 있다는 것을 의미한다. 그것은 오염과 순결의 개념, 그리고 억압적인 계층 구조를 관리하는 데 불가피한 부분인 사회적, 육체적 폭력의 행사를 외부에 위탁할 뿐만 아니라 계층 구조의 맨 아래에 있는 사람들을 포함한 모든 사람의 상상 속에 이식하는 궁극적인 통제 수단이다. 이는 모든 사람이 모든 사람을 감시하는 정교한 집행 네트워크와 같다. 접근할 수 없는 자가 볼 수 없는 자를 감시하고, 말라는 마디가에 분개하고, 마디가는 렐리 위에 앉은 다칼리를 공격한다. 반니야르는 파라이야르와 다투는데, 파라이야르는 이번엔 아룬다티야르를 때려눕힐 수 있다.

브라만교는 카스트 체계로 피해자와 억압자가 존재함을 더 분명하게 보여 주지만 피해자와 억압자 사이의 명확한 선 긋기는 불가능하게 한다.(예를 들어, 가촉민과 불가촉민 사이의 경계는 매우 명확하다) 브라만교는 카스트 경계를 넘어서는 사회적, 정치적 연대의 가능성을 배제한다. 행정 시스템으로서는 정말 천재적이다. "불꽃 하나가 초원에 불을 붙일 수 있다"라는 말은 마오쩌둥이 게릴라군에게 남긴 유명한 메시지였다. 아마도 그럴 것이다. 그러나 브라만교는 인도의 우리에게 초원 대신에 미로를 주었다. 그리고 불쌍한 작은 불꽃 하나가 방화벽 미궁 속에서 길을 잃고 방황한다. 암베드카르는 말했다. "브라만교는 자유, 평등, 박애 정신의 부정이다."[80]*

✳

『카스트의 소멸』은 암베드카르가 1936년 라호르에서 특권 카스트 힌두교도 청중에게 전달하기로 되어 있던 연설을 위한 텍스트다. 의장 연설을 하도록 대담하게도 그를 초대한 조직은 아리야 사마지 Arya Samaj의 '급진적' 분파인 라호르의 자트-파트 토다크 만달카스트 해체를 위한 포럼이었다. 회원 대부분은 특권 카스트의 힌두교 개혁가들이었다. 그들은 미리 인쇄하여 배포할 수 있도록 사전에 연설문을 제공해 달라고 요청했다. 그들은 그것을 읽고서 암베드카르가 베다와 샤스트라, 힌두교 자체에 대한 지적 공격을 시작하리라는 것을 깨닫자 그에게 다음과 같이 썼다.

불미스러운 사건 없이 회의가 종료되기를 원하는 우리는 적어도 '베다'라는 단어는 당분간 빼는 것을 선호할 것입니다. 이것은 물론 당신의 현명한 판단에 맡기는 바입니다. 그러나 연설에 표현된 견해는 귀하자신의 것이며 책임은 만달에 있지 않다는 점을 끝맺는 문단에서 분명

히 밝히기를 바랍니다.[81*]

암베드카르는 연설문 변경을 거부했고 이에 행사는 취소되었다. 그의 연설문은 만달에게 그렇게 놀라운 일이 되어서는 안 되었다. 불과 몇 달 전인 1935년 10월 13일, 봄베이[현 뭄바이] 관구[현 마하라슈트라주]의 욜라[Yeola]에서 열린 침체 계급 회의[Depressed Classes Conference]에서 암베드카르는 만 명이 넘는 청중에게 다음과 같이 말했다.

우리 자신을 힌두교도라고 부르는 불행을 지녔기에, 우리는 그런 대우를 받습니다. 우리가 다른 신앙을 지니고 있다면 누구도 우리를 그렇게 대하지 않을 것입니다. 평등한 지위와 대우를 제공하는 종교를 선택하십시오. 이제 우리는 우리의 실수를 바로잡을 것입니다. 나는 불가촉천민이라는 낙인을 안고 태어나는 불행을 겪었습니다. 그것은 내 잘못이 아닙니다. 하지만 나는 힌두교도로 죽지는 않을 것입니다. 그것은 내 능력에 달렸기 때문입니다.[82*]

바로 그 특별한 순간, 암베드카르와 같은 불가촉천민 지도자의 개종 위협은 힌두 개혁가들에게 최악의 소식으로 다가왔다.

개종은 결코 새로운 것이 아니었다. 불가촉천민과 기타 하층 노동 카스트는 카스트라는 낙인에서 벗어나기 위해 이미 수 세기 전 다른 종교로 개종하기 시작했다. 무슬림 통치 기간에 수백만 명이 이슬람으로 개종했고 이후엔 또 수백만 명이 시크교와 기독교를 받아들였다. (슬프게도 인도 아대륙에서는 카스트 편견이 종교적 믿음에 우선한다. 비록 그들의 경전에서는 이를 승인하지 않으나 인도의 엘리트 무슬림, 시크교도, 기독교도는 모두 카스트에 따른 차별을 실천한다.[83]* 파키스탄, 방글라데시, 네팔에는 모두 불가촉천민 청소부 공동체가 있다. 카슈미르도 마찬가지다. 그러나 그것은 또 다른 이야기이다)

피억압 카스트에 속한 힌두교도의 대규모 개종, 특히 이슬람교로의 개종은 이슬람 통치의 잔인함과 파괴 행위로 인해 무너진 힌두교의 황금시대를 다루고 있는 힌두 우월주의 역사 서술에 계속해서 불편함을 주고 있다.[84]* 파괴 행위와 잔악 행위는 확실히 존재했다. 그러나 그것은 사람에 따라 다른 의미를 지녔다. 여기 근대 최초의 반카스트 지식인인 조티바 풀레Jotiba Phule, 1827~1890이 이슬람 통치와 소위 아리아 바츠브라만에 속하는 종족의 황금시대를 다룬 글을 보자.

교활한 아리아 바츠의 조각 석상을 파괴한 무슬림들은 강제로 그들을 노예로 삼았고 수많은 수드라와 아티 수드라를 그들의 손아귀에서 꺼내 자신들의 종교에 포섭함으로써 그들을 무슬림으로 만들었다. 그뿐만 아니라, 그들은 자기들과 함께 식사하고 서로 결혼하는 것을 확실히 하고 그들 모두에게 동등한 권리를 부여했다. 무슬림들은 이들 모두를 그들 자신처럼 행복하게 만들었고 아리아 바츠가 이 모든 것을 기어이 보도록 만들었다.[85]*

그러나 세기가 바뀌면서 개종은 인도에서 완전히 다른 의미를 지니게 되었다. 익숙하지 않은 새로운 고려 사항이 들어와 혼합된 것이다. 인기 없는 정권에 반대하는 것은 더 이상 정복군이 수도로 진입하여 군주를 타도하고 왕좌를 차지하는 문제가 아니었다. 제국이라는 낡은 개념은 국민국가라는 새로운 개념으로 변모하고 있었다. 이제 현대의 통치는 대표권이라는 휘발성의 문제, 즉 '인도 국민을 대표할 권리가 누구에게 있는가?' 하는 문제를 다루게 되었다. 힌두교도, 무슬림, 시크교도, 기독교도, 특권층, 피억압 카스트, 농민, 노동자? 자치의 '자기', 즉 스와라지의 '스와'는 어떻게 구성될 것인가? 누가 결정하는 건가? 갑자기 엄청나게 다양한 인종, 카스트, 부족, 종교에 속한 사람들(그들 사이에서 천 개 이상의 언어가 사용된다)이 현대 국가의 현대 시민으로 변모해야 했다. 합성 균질화 과정은 반대 효과를 내기 시작했다. 현대 인도 국가는 구성되자마자 균열이 생기기 시작했다.

새로운 체제하에서 인구통계는 매우 중요해졌다. 영국 인구 조사의 경험적 분류법은 경직되어 있지만 완전히 융통성 없지는 않았던 카스트 위계를 굳히고 동결 건조시켰으며, 그 자체의 편견과 가치 판단을 혼합에 추가하고 전체 공동체를 '범죄자'와 '전사' 등으로 분류했다. 불가촉천민 카스트가 회계장부의 제목인 '힌두' 아래 등재되었다. (암베드카르에 따르면 1930년에 불가촉천민의 수는 약 4,450만 명이었다.[86*] 같은 시기 미국 내 아프리카계 미국인 인구는 880만 명이었다) '힌두족'에서 불가촉천민이 대규모로 탈출했다면 그것은 '힌두' 대다수에 재앙이었을 것이다. 예를 들어, 분할 전 펀자브에서는 1881년부터 1941년 사이에 힌두교 인구가 43.8%에서 29.1%로 감소했는데, 이는 주로 종속 카스트가 이슬람교, 시크교, 기독교로 개종했기 때문이다.[87*]

힌두 개혁가들은 이러한 이동을 막으려 서둘렀다. 다야난다 사라스와티 본래 이름은 물 산카르, 카티아와르 출신의 구자라트 브라만가 1875년 라호르에서 설립한 아리아 사마지Arya Samaj는 초기 힌두 개혁운동 중 하나로 불가촉성의 실행불가촉천민에 대한 차별 행위을 반대하고 우상 숭배를 금지했다. 다야난다 사라스와티는 '불순한 자들을 정화'하기 위해 1877년에 슈디Shuddhi 프로그램에 착수했고, 20세기 초에 그의 제자들은 이 프로그램을 북인도에서 대규모로 계속 이어 나갔다.

1899년에 라마크리슈나 선교회의 스와미 비베카난다사두 복장을 하고 1893년 시카고 세계 종교회의에서 연설하면서 유명해진 사람는 이렇게 말했다. "힌두 세계에서 벗어나는 모든 이는 인간으로서는 덜하고 적으로서는 더하다."[88]* 불가촉천민의 '마음과 정신'을 얻어 힌두교를 구하기 위해 헌신하는 새로운 개혁주의 조직이 펀자브에 대거 등장했다. 슈라다난다 달리투다르 사바, 전인도 아추토다르 위원회, 펀자브 아추트 우다르 만달,[89]* 아리아 사마지의 일부인 자트-파트 토다크 만달 등.

개혁가들이 '힌두'와 '힌두교'라는 단어를 사용한 것은 새로운 것이었다. 그때까지 무굴 제국뿐만 아니라 영국인들도 이 단어를 사용했지만, 힌두교도라고 묘사되는 사람들이 자신을 묘사하는 방식은 그렇지 않았다. 인구통계에 대한 공황이 시작될 때까지 그들은 항상 자신의 카스트 정체성인 자티[23]를 전면에 내세웠다. "가장 먼저 인식해야 할 것은 힌두 사회가 하나의 신화라는 점이다. 힌두교라는 이름 자체가 외국식 명명이다"라고 암베드카르는 말했다.

....

23 자티(Jati, 출생)는 전통적으로 내려오는 고착화된 가문의 직업과 그 신분을 말한다. 자티는 각 개인이 속한 직업군이 족벌화되어 온 족벌 사회의 연장선이며, 그 카스트 족벌들을 브라만, 크샤트리아, 바이샤, 수드라, 불가촉천민 등등으로 구분해 놓은 것이 바로 바르나다.

그것은 인더스강 동쪽에 살았던 토착민들에게 그들을 구별할 목적으로 무함마드교도이슬람교도[24]들이 준 것이다. 무함마드주의자들이 침공하기 이전 그 어떤 산스크리트어 작품에도 이런 내용이 나오지 않는다. 그들은 자신들이 공동체를 구성하고 있다는 개념이 없었기 때문에 통칭의 필요성을 느끼지 못했다. 그런 힌두 사회는 존재하지 않는다. 그것은 단지 카스트의 집합일 뿐이다.[90]*

개혁가들이 자신과 그 조직을 설명하기 위해 '힌두'라는 단어를 사용하기 시작했을 때, 그것은 종교와 관련이 있는 것이 아니라 분열된 사람들로부터 통일된 정치적 헌법을 구축하려는 노력과 관련이 있었다. 이것은 개혁가들이 '힌두 민족'이나 '힌두 인종'에 대해 끊임없이 언급하는 것을 설명해 준다.[91]* 이 정치적 힌두교는 나중에 힌두트바Hindutuva라고 불리게 되었다.[92]*

인구통계 문제는 공공연하게 정면으로 다루어졌다. 1921년 1월 10일 칸푸르Kanpur 신문인 『프라탑Pratap』의 편집자는 "이 나라에서 통치는 숫자에 기반을 두고 있다"라고 썼다.

슈디Shuddhi[25]는 힌두교도들에게 삶과 죽음의 문제가 되었다. 무슬림의 수는 마이너스에서 7천만으로 늘어났다. 기독교도는 4백만 명이다.

....
24 이슬람 예언자 무함마드의 추종자를 일컫는 말이다. 오늘날에는 이슬람교도나 무슬림이라는 말이 더 일반적이나 예전에는 창시자의 이름을 따 그렇게 불렀다.
25 정화를 뜻하는 산스크리트어. 인도 출신의 비(非)힌두인을 힌두교로 개종시키는 것을 목표로 하는 힌두교 종교 운동을 설명하는데 사용되는 용어.

2억 2천만 명의 힌두교도들이 7천만 명의 무슬림 때문에 힘든 삶을 살고 있다. 그들의 수가 늘어나면 무슨 일이 일어날지는 오직 신만이 아신다. 슈디가 종교적인 목적만을 위해 존재해야 한다는 것은 사실이지만, 힌두교도들은 다른 고려 사항들로도 다른 형제들을 포용해야 할 의무가 있다. 힌두교도들이 지금 깨어나지 않으면 그들은 최후를 맞이할 것이다.[93]*

힌두 마하사바Hindu Mahasabha와 같은 보수적인 힌두 조직은 수사적 표현을 넘어서서 과업을 수행했고 자신들의 뿌리 깊은 신념과 관행에 반하여 불가촉성에 맞서면서 적극적으로 개종 전도를 시작했다. 불가촉천민의 이탈은 막아야 했다. 그들은 동화해야 했고, 그들의 단백질은 분해되어야 했다. 그들은 저택으로 모셔야 했으나 하인 숙소로 몰아넣었다. 이 문제에 대해 암베드카르는 다음과 같이 썼다.

힌두교가 많은 것을 흡수할 수 있는 것은 사실이다. 쇠고기를 먹던 힌두교엄밀히 말하면 브라만교, 즉 초기 힌두교의 마땅한 이름는 불교의 비폭력 이론을 흡수하여 채식주의 종교가 되었다. 그러나 힌두교가 결코 할 수 없었던 일이 하나 있다. 바로 불가촉천민들을 흡수하기 위해 스스로 적응하거나 불가촉성이라는 장벽을 제거하는 것.[94]*

힌두 개혁가들이 자기들 사업으로 분주히 움직이는 동안 불가촉천민이 이끄는 반카스트운동도 조직화하기 시작했다. 스와미 아추타난드 하리하르Swami Achhutanand Harihar는 웨일스 왕자에게 토지 개혁,

불가촉천민 아동을 위한 별도의 학교, 별도의 선거구를 포함한 17가지 요구 사항을 담은 헌장을 제시했다. 잘 알려진 또 다른 인물로는 바부 망구 람Babu Mangoo Ram이 있다. 그는 미국과 캐나다의 펀자브 출신 이민자들이 주축이 되어 1913년에 설립한 혁명적이고 반제국주의적인 가다르Ghadar당의 일원이었다. 가다르봉기는 1차 독립전쟁이라고도 불리는 1857년 봉기[26]에서 영감을 얻은 펀자브 인도인들의 국제적인 운동이었다. 그 목적은 무장투쟁을 통해 영국을 전복시키는 것이었다.(어떤 면에서는 인도 최초의 공산당이라 할 수 있었다. 도시 특권층 지도부가 있었던 국민회의와 달리, 가다르당은 펀자브 농민과 밀접하게 연결되어 있었다. 지금은 존재하지 않으나 그에 대한 기억은 계속해서 펀자브의 여러 좌파 혁명 정당들의 집결지가 되고 있다) 그러나 바부 망구 람이 미국에서 10년을 보낸 뒤 인도로 돌아왔을 때 그를 기다리고 있던 것은 카스트 제도였다. 그는 자신이 불가촉천민이라는 사실을 다시 깨달았다.[95*] 1926년에 그는 박티 산트[27]인 라비다스를 영적 영웅으로 삼아 아드 다름Ad Dharm운동을 창설했다. 아드 다름운동가들은 자신들이 시크교도도 힌두교도도 아니라고 선언했다. 많은 불가촉천민이 아리아 사마지를 떠나 아드 다름운동에 합류했다.[96*] 바부 망구 람은 계속해서 암베드카르의 동지가 되어갔다.

인구통계에 대한 불안은 격동의 정치를 만들었다. 다른 치명적인 게임도 진행 중이었다. 영국 정부는 제국의 명령에 따라 인도를 통치할 권리를 스스로 부여했고 인도 엘리트와 긴밀히 협력하여 권력을

----

26   세포이의 항쟁(1857~1858). 인도 농민, 병사가 일으킨 반영(反英) 봉기.
27   시크교 지도자.

강화했으며 결코 현상 유지를 방해하지 않도록 주의했다.[97]* 그것은 한때 부유했던 아대륙의 부를 고갈시켰다. 아니 한때 부유했던 아대륙에서 엘리트들의 부를 고갈시켰다고 해야 할지도. 영국 정부가 영국으로 식량을 수출하는 동안 수백만 명이 사망하는 기근이 발생했다.[98]* 그 어느 것도 카스트와 공동체의 긴장을 촉발하는 교활한 불꽃의 점화를 막지 못했다. 이는 1905년 공동 분계선에 따른 뱅골 분할로 이어졌다.[28] 1909년에는 몰리-민토 개혁안을 통과시켜 무슬림들에게 중앙 및 지방 입법위원회에서 별도의 선거구를 부여했다. 이에 반대하는 사람의 도덕적, 정치적 타당성에 의문이 제기되기 시작했다. 불가촉성 같이 원시적인 것을 실행하는 사람들이 어떻게 자치에 관해 이야기할 수 있나? 엘리트, 특권 카스트 힌두교도들이 운영하는 국민회의당이 어떻게 무슬림을, 아니면 불가촉천민을 대변한다고 주장할 수 있나? 영국 정부에서 나온 말이라 확실히 사악했지만, 사악한 질문에도 답은 필요하다.

점점 더 커지는 공백을 대신해서 채운 사람은 아마도 현대 세계가 알고 있는 가장 유능한 정치인일 모한다스 카람찬드 간디일 것이다. 영국에게 싸움터에서 그들을 일으켜 세우는 제국의 권한이 있었다면, 간디에게는 마하트마 칭호가 있었다.

---

28 20세기 초엽 인도의 반영(反英)운동을 분열시키려는 의도로 영국령 인도 정청에서 시행한 분할 정책. 뱅골 지역 종래의 영구 토지 설정을 폐지해 토지세를 증액한다는 재정상의 속셈 외에 반영운동이 가장 치열한 뱅골 지역을 힌두 및 무슬림이 각기 많이 거주하는 지역이라는 종교적 척도로 분단해서 독립을 위한 민족 운동 자체에 분열을 초래하려는 정치적 의도가 있었다.

간디는 20년간의 남아프리카 정치활동을 마치고 1915년 인도로 돌아와 민족운동에 뛰어들었다. 여느 정치인과 마찬가지로 그의 첫 번째 관심사는 인도 국민회의가 신흥 국가의 합법적이고 유일한 대표자라고 주장할 수 있도록 다양한 선거구를 하나로 묶는 것이었다. 그것은 실로 엄청난 일이었다. 힌두교도, 무슬림, 기독교도, 시크교도, 특권 카스트, 종속 카스트, 농민, 농장주, 농노, 자민다르, 노동자, 산업가 등 모든 사람을 대표하려는 유혹과 모순은 전혀 딴 세상에 기원을 둔 간디의 마하트마라는 호칭에 모두 흡수되었다.

사무드라 만탄Samudra Manthan의 이야기에서 세상을 구하기 위해 우유의 바다를 휘저으면서 독을 삼킨 신화 속 시바처럼, 간디는 자신과 마찬가지로 열심히 휘젓는 동료들 사이에서 가장 먼저 우뚝 서 새로운 국가의 탄생을 도우며 바다 깊은 데서 솟아오르는 독을 삼키려고 했다. 불행하게도 간디는 시바가 아니었고 결국 독이 그를 압도했다. 국민회의의 패권 충동이 커질수록 여러 문제가 더욱 폭력적으로 불거졌다.

자기편으로 끌어들이기 위해 설득해야 했던 주요한 세 유권자층은 보수적인 특권 카스트 힌두교도, 불가촉천민 그리고 무슬림이었다.

국민회의의 전통적 지지층이라 할 수 있는 보수적인 힌두교도들에게 간디는 람 라쟈Ram Rajya와 그의 "영적 사전"인 『바가바드기타Bhagvad Gita』의 유토피아를 높이 쳐들었다.(대부분의 간디 동상이 쥐고 있는 책이다) 그는 자신을 "사나타니 힌두교도"라고 불렀다. 사나탄 다르마는 '영원한 법'의 힘으로 모든 것의 근원이자 모든 것을 '담는 자'로 자리매김

한다. 영적으로 그것은 관대하고 아름다운 생각이며, 관용과 다원주의의 전형이다. 정치적으로는, 이슬람교, 불교, 자이나교, 시크교, 기독교 등 모든 종교의 흡수를 추구하면서 동화와 지배라는 매우 협소한 목적을 위해 정반대 방향으로 사용된다. 그 종교들은 더 큰 지주 회사의 우산 아래 있는 작은 관심사처럼 작동할 것으로 기대된다.

두 번째 주요 유권자층인 불가촉천민을 달래기 위해 인도 국민회의는 1917년 불가촉성 폐지 결의안을 통과시켰다. 국민회의 창립 구성원이었던 신지학협회의 애니 베전트Annie Besant가 회의를 주재했다. 암베드카르는 이를 "이상한 사건"이라고 불렀다.[99*] 그는 1909년 『인디언 리뷰Indian Review』에 게재되었던 베전트의 에세이를 재출판했는데, 여기서 그녀는 학교에서 불가촉천민 아동과 '더 순수한' 카스트 아동을 분리해야 한다고 주장했다.

현재 그들의 몸은 수 세대에 걸쳐 그들을 구성해 온 술과 강한 냄새가 나는 음식으로 인해 악취가 나고 더러워졌다. 섬세한 개인 청결 습관으로 훈련된 몸을 얻고 순수한 음식을 섭취한 아이들과 함께 교실에서 가깝게 이웃해 앉을 수 있도록 몸을 적합하게 만들기 위해서는 몇 세대에 걸쳐 더 순수한 음식과 생활이 필요할 것이다. 침체 계급을 비슷한 수준의 순수함으로 끌어올려야지, 깨끗한 것을 더러운 것의 수준으로 끌어내려서는 안 된다. 그리고 그렇게 되기 전까지 긴밀한 교제를 나누는 것은 바람직하지 않다.[100*]

국민회의당이 다루어야 할 세 번째 큰 유권자층은 무슬림이었다.(힌두 카스트의 순도-오염 척도로 볼 때, 그들은 믈레카$^{mleccha, 불순}$함으로 여겨졌으며 그들과 음식이나 물을 공유하는 것은 금지되었다) 1920년 국민회의는 제1차 세계대전 후 연합군에 의한 오스만 영토 분할에 반대하는 범이슬람 선동을 주도하고 있던 보수적인 인도 무슬림과의 동맹을 결정했다. 패배한 오스만 제국의 술탄은 수니파 이슬람의 영적 지도자인 칼리프였다. 수니파 무슬림은 오스만 제국의 분할을 이슬람 칼리프 국가 자체에 대한 위협과 동일시했다. 간디가 이끄는 국민회의당은 이 싸움에 뛰어들어 킬라파트^{칼리프국}운동[29]을 최초의 전국적 사티아그라하$^{satyagraha[30]}$에 포함했다. 사티아그라하는 영국 정부가 전시 비상 권한을 확대하기 위해 1919년에 통과시킨 롤래트 법$^{Rowlatt Act}$에 항의하기 위해 계획되었다.

　킬라파트운동에 대한 간디의 지지가 그저 평범한 정치적 기회주의였는지 여부는 끝없이 논쟁이 되어온 주제다. 역사가 파이살 데브지$^{Faisal Devji}$는 이 시점에서 간디가 일종의 국제주의적 관점에서 행동하고 있었다고 설득력 있게 주장한다. 책임감 있는 '제국적 주체'$^{남아프리카에서 자신을 본 방식}$로서 그는 제국을 도덕적으로 변화시키고 제국의 모든 주체에 대해 책임을 지려고 노력했다.[101]* 간디는 킬라파트를 "이상"이라고 부르면서 "비협력의 투쟁을 '종교 대 무종교'의 투쟁으로

....

29　영국령 인도의 무슬림들이 전개한 범이슬람주의 저항운동. 제1차 세계대전 이후 세브르 조약에 따라 오스만 제국이 축소된 것이 주된 이유다.

30　마하트마 간디에 의해 시작된 비폭력 저항운동의 철학이다. '사트야'는 진리를 뜻하는 산스크리트어이며, '아그라하'는 노력, 열정을 나타낸다. 그러므로, '사트야그라하(사티아그라하)'라는 말 자체는 '진리를 찾으려는 노력'으로 해석될 수 있다.

인식"할 것을 요청했다.[102*] 이는 간디가 보기에 도덕적 핵심을 잃어가고 있는 기독교를 변화시키기 위해 힌두교와 이슬람교가 힘을 합쳐야 한다는 뜻이었다. 간디가 종교와 종교적 상징주의를 정치의 중심 교리로 삼은 건 최초의 비협력운동 기간이었다. 아마도 그는 자신이 순례자들의 영혼을 따뜻하게 데워주기 위해 길가에 곁불을 피우고 있다고 생각했을 것이다. 하지만 그것은 대화재가 되고 말았고 아직도 꺼지지 않고 활활 타고 있다.

범이슬람운동에 대한 연대감을 표현함으로써 간디는 자기 터번을 훨씬 더 큰 고리 속에 던져넣고 있었다. 그는 자신의 '힌두교도다운 자질'을 강조하기 위해 엄청난 노력을 기울였음에도 단순한 힌두교도나 심지어 인도인 지도자 이상의 권리를 주장하고 있었다. 그는 대영제국의 모든 주체의 지도자가 되기를 열망하고 있었다. 그러나 킬라파트에 대한 간디의 지지는 곧바로 힌두 극단주의자들의 손에 넘겨지게 되었는데, 그들은 무슬림이 보이는 충성의 무게 중심이 인도 밖에 있으므로 무슬림은 '진정한' 인도인이 아니라고 주장하기 시작했다. 보수적인 무슬림과 국민회의당의 동맹은 온건한 무슬림뿐 아니라 보수적인 힌두교도 또한 화나게 했다.

비협력운동이 최고조에 달했던 1922년에는 사태가 걷잡을 수 없이 커졌다. 성난 군중은 영국령 인도 연합주의 차우리 차우라[현 우타르프라데시]에 있는 경찰서에 불을 지르고 경찰 22명을 살해했다. 간디는 이러한 폭력을 사람들이 아직 진정한 사티아그라히[31]로 진화하지 않

....

31   사티아그라하를 행하는 자.

았으며, 비폭력과 비협력에 대한 준비가 되어 있지 않다는 신호로 보았다. 간디는 다른 지도자들과 상의도 하지 않고 일방적으로 사티아그라하를 중단해버렸다. 비협력운동과 킬라파트운동이 합쳐졌기 때문에 그것은 킬라파트운동의 종말을 의미하기도 했다. 이러한 자의성에 분노한 킬라파트운동의 지도자들은 국민회의와 결별했다. 대오가 흐트러지기 시작했다.

1925년에 K. B. 헷지와르Hedgewar는 힌두 민족주의 조직인 RSSRashtriya Swayamsevak Sangh를 설립했다. RSS의 초기 이념가 중 한 사람인 문제B. S. Moonje는 1931년 이탈리아를 여행하고 무솔리니를 만났다. 유럽의 파시즘에서 영감을 얻은 RSS는 자체 돌격 부대를 창설하기 시작했다.(현재 그 수는 수백만에 이른다. RSS 회원 중에는 아탈 비하리 바지파이Atal Bihari Vajpayee 전 총리, 랄 크리슈나 아드바니L.K. Advani 전 내무 장관, 구자라트주 수석장관직을 네 번이나 역임한 나렌드라 모디Narendra Modi도 있다) 제2차 세계대전이 발발할 무렵, 히틀러와 무솔리니는 RSS의 정신적, 정치적 지도자들이었다.(그리고 그들은 여전히 그렇게 남아있다) 이후 RSS는 인도가 힌두교 국가이며 인도의 무슬림은 독일의 유대인과 같다고 선언했다. 1939년에 헷지와르의 뒤를 이어 RSS의 수장을 맡은 골왈카르M.S. Golwalkar는 RSS 경전으로 여겨지는 『우리, 또는 우리 민족성의 정의We, or Our Nationhood Defined』에서 다음과 같이 썼다.

인종과 문화의 순수성을 유지하기 위해 독일은 셈족인 유대인을 숙청함으로써 세계를 충격에 빠뜨렸다. 최고의 인종적 자부심이 여기서 발현되었다. (…중략…) 힌두스탄[32]에 사는 우리가 배우고 유익을 얻을

수 있는 좋은 교훈이다.[103]*

1940년에는 M. A. 진나^{Jinnah}가 이끄는 무슬림 연맹이 파키스탄 결의안을 통과시켰다.

역사상 가장 냉담하고 불법적인 행위 중 하나로 여김에 마땅한 사건이 있었던 1947년, 영국 정부는 온 나라 안에 서둘러 국경을 그었다. 지역 사회들과 사람들, 마을들과 집들 사이로 양고기 다리를 저미는 것보다도 덜 조심스럽게.

평화와 비폭력의 사도 간디는 자신이 이끌었다고 생각했던 운동이 대량 학살을 초래하는 폭력의 발작으로 해체되는 것을 지켜보며 살았다. 그 결과 50만 명^{『인도의 새 역사(A New History of India)』의 스탠리 월퍼트(Stanley Wolpert)에 따르면 100만 명}이 목숨을 잃었고 거의 1,200만 명이 집과 과거, 그리고 그들이 알고 있던 모든 것을 잃었다. 분할의 공포 속에서도 간디는 광기와 피의 욕망을 진정시키기 위해 최선을 다했다. 그는 폭력의 심장으로 깊숙이 들어갔다. 그는 기도하고, 애원하고, 단식했지만, 악령은 풀려나 다시 불러들일 수 없게 되었다. 증오가 넘쳐나서 그 앞을 가로막는 모든 것을 삼켜버렸다. 그것은 계속해서 지상과 지하로 뻗어나가고 있다. 그것은 아대륙에 위험하고 깊게 상처 입은 정신을 물려주었다.

양측이 살인, 인종 청소, 호언장담하는 종교 근본주의의 광란에 휩

....

32 인도의 북, 서, 동쪽을 둘러싼 산지와 반도부와의 사이에 가로놓여 있는 광대한 평야. 북인도 평야, 갠지스 평야라고도 한다. 힌두스탄이란 이란계 언어로 '인도의 땅'이라는 의미다.

싸인 상황에서도 파키스탄 정부는 한 가지에 있어 침착을 잃지 않았다. 그들은 불가촉천민 도시 청소부들이 국가 '필수 서비스'의 일부라고 선언하고는 그들을 감금했으며 그들의 인도 이주 허가를 거부했다. (순수의 땅에서 다른 누가 사람들의 똥을 청소하겠는가?) 암베드카르는 1947년 12월 자와할랄 네루Jawaharlal Nehru 총리에게 쓴 편지에서 이 문제를 제기했다.[104]* 암베드카르는 큰 어려움을 겪으면서도 '필수 서비스'의 일부라도 국경을 통과할 수 있도록 도왔다. 오늘날에도 파키스탄에서는 다양한 이슬람 종파들이 누가 더 낫고, 더 정확하고, 더 충실한 무슬림인지를 놓고 서로를 학살하고 있지만, 비 이슬람적인 불가촉천민 관행에 대해서는 별로 마음의 상처를 받는 것 같지 않다.

분할 5개월 후인 1948년 1월, 간디는 델리 방문시 주로 머물렀던 비를라 하우스Birla House 잔디밭에서 열린 기도 모임 중 총에 맞아 사망했다. 암살자는 브라만이자 힌두 마하사바Hindu Mahasabha와 RSS의 전 활동가인 나투람 고드세Nathuram Godse였다. 고드세는, 이런 표현이 가능할지 모르겠지만, 가장 존경심을 보이는 암살자였다. 먼저 그는 사람들을 일깨우기 위해 간디가 한 일에 대해 그에게 경의를 표한 다음 그를 쏘았다. 방아쇠를 당긴 후 그는 자리에 그대로 서 있었다. 그는 탈출이나 자살을 시도하지 않았다. 그는 자신의 저서 『내가 마하트마 간디를 암살한 이유』에서 이렇게 말했다.

(그러나) 인도에서는 공동 선거권, 개별 선거구 등이 이미 국가의 결속을 약화했고, 그러한 일이 더 많아질 위기에 처해 있었으며, 영국인들은 어떤 거리낌도 없이 극도의 끈기로 공동 편애라는 불길한 정책을

추구하고 있었다. 따라서 간디는 남아프리카에서처럼 힌두교도와 이슬람교도에 대한 확실한 지도력을 얻기가 매우 어렵다는 것을 깨달았다. 그러나 그는 모든 인도인의 지도자라는 데 익숙해져 있었다. 그리고 상당히 솔직하게도 그는 분단된 국가의 지도력이라는 것을 도대체 이해할 수 없었다. 그의 정직한 마음이 스스로에 맞서 분열된 군대의 장군직을 받아들일 생각을 한다는 것은 터무니없는 일이었다.[105*]

간디의 암살자는 자신이 마하트마를 마하트마 자신으로부터 구하고 있다고 느끼는 것 같았다. 고드세와 그의 공범인 나라얀 압테 Narayan Apte는 사프란 깃발, 분할되지 않은 인도지도, 그리고 아이러니하게도 간디의 "영적 사전"인 『바가바드기타』 사본을 들고 교수대에 올랐다.

본질적으로 (형제들이 형제들과 싸웠던) 마하바라타전투 동안 크리슈나가 아르주나에게 한 조언인 『바가바드기타』는 전쟁터에서의 헌신과 윤리적 실천에 관한 철학적, 신학적인 지침서다. 암베드카르는 『바가바드기타』에 매혹되지 않았다. 그의 견해는 기타가 "살인에 대한 전례 없는 변호"를 담고 있다는 것이었다. 그는 이 책을 "차투르바르나 이론을 인간의 타고난 선천적 자질 이론과 연결함으로써 철학적 기초를 제공하는" 책이라고 불렀다.[106*]

마하트마 간디는 슬프고 패배한 사람으로 죽었다. 암베드카르는 망연자실했다. 그는 자기 적수가 죽임을 당하는 것이 아니라 그의 실체가 드러나기를 원했다. 나라는 충격에 빠졌다. 그러나 이 모든 것은 나중 얘기다. 우리는 이야기를 앞질러 가고 있다.

＊

그 이전 35년이 넘는 기간 동안 간디의 마하트마 칭호는 민족운동이라는 바람에 돛처럼 펄럭였다. 그는 세상의 상상력을 사로잡았다. 그는 수십만 명의 사람들을 불러일으켜 직접적인 정치적 행동을 취하게 했다. 그는 모든 이의 시선을 사로잡는 사람이었고, 국가의 목소리였다. 1931년 런던에서 열린 제2차 원탁회의에서 간디는 자신이 인도 전체를 대표한다고—완전히 평정심을 갖고—주장했다. 암베드카르와의 첫 번째 공개 대립에서 (암베드카르의 불가촉천민 분리 선거구 제안에 대해) 간디는 다음과 같이 말할 수 있다고 느꼈다. "나는 나 자신이 거대한 불가촉천민 집단을 대표한다고 주장합니다."[107]＊

특권 카스트인 바니아가 자신이 실제로 마하트마라고 믿지 않는 한, 어떻게 자신이 4,500만 명의 인도 불가촉천민을 대표한다고 주장할 수 있겠는가? 마하트마라는 이름은 간디에게 보통의 인간에게는 불가능한 진폭을 제공했다. 이를 통해 그는 자신의 '내면의 목소리'를 감정적으로, 효과적으로, 자주 사용할 수 있었다. 그 덕분에 그는 자신의 위생 상태, 식습관, 배변 상태, 관장, 성생활 등을 매일 보도할 수 있고 대중을 음란한 친밀감의 그물로 끌어들일 수 있는 대역폭을 얻을 수 있었고 그가 단식과 기타 공개적인 자기 처벌 행위에 착수했을 때 이를 이용하고 조작할 수 있었다. 그로 인해 그는 끊임없이 자기 자신에 모순되게 다음과 같이 말할 수 있었다. "나의 목표는 주어진 질문에 대한 나의 이전 진술과 일치하는 것이 아니라 주어진 순간에 나에게 나타날 진리와 일치하는 것이다. 그 결과 나는 진리에서 진리로 성장했다."[108]*

일반 정치인들은 정치적 편의에서 정치적 편의로 오간다. 어떤 마하트마는 진리에서 진리로 성장할 수 있다.

간디는 어떻게 마하트마로 불리게 되었나? 그는 성자의 연민과 평등주의적 본능으로 시작했는가? 아니면 그런 것들이 과정 중에 생겼나?

역사가 라마찬드라 구하Ramachandra Guha는 최근에 쓴 간디 전기에서 간디를 마하트마로 만든 것은 그가 남아프리카에서 보낸 20년의 활동이었다고 주장한다.[109]* 그의 대관식, 즉 그가 공개적으로 마하트마로 처음 불린 것은 1915년, 그가 남아프리카에서 인도로 돌아와 활동을 시작한 직후 그의 고향인 구자라트의 포르반다르와 가까운 곤달에서 열린 모임에서였다.[110]* 당시 인도에서는 그가 참여했던 투쟁에 대해 매우 개략적이고 다소 부정확한 설명 이상을 아는 사람이 거의 없었다. 그를 마하트마로 만들었든 아니든 확실히 카스트, 인종, 제국주의에 대한 그의 견해를 형성하고 정의했기 때문에 이 남아프리카에서의 20년은 어느 정도 자세히 조사될 필요가 있다. 인종에 대한 그의 견해는 카스트에 대한 그의 견해를 예고했다. 남아프리카에서 일어난 일은 그곳의 인도인 공동체에 계속해서 심각한 영향을 미치고 있었다. 다행스럽게도 우리에게는 그 시절의 세부 사항과 질감을 알려주는 마하트마 자신의 언급들 (그리고 그와 볼 일치하는 정황들)이 있다.[111]* (나를 포함해) 간디에 대한 찬양 일색의 전기를 매일 섭취하다시피 하며 자란 세대에게 남아프리카에서 무슨 일이 일어났는지 배우는 것은 마음을 불편하게 할 뿐 아니라, 깜짝 놀라 얼이 빠지게 한다.

빛나는 길

24세의 간디는 런던의 이너 템플에서 변호사 훈련을 받았으며 1893년 5월 남아프리카에 도착했다. 그는 부유한 구자라트 무슬림 상인의 법률 고문으로 일했다. 대영제국은 아프리카 대륙에 대해 지배력을 강화하고 있었다. 간디는 도착한 지 몇 달 만에 불친절하게 정치적 각성을 맞이하게 되었다. 이야기의 절반은 전설에 가깝다. 간디는 피터마리츠버그에서 열차의 '백인 전용' 일등석 객차로부터 쫓겨났다. 이야기의 나머지 절반은 덜 알려져 있다. 간디는 인종차별에 불쾌감을 느낀 게 아니었다. 그는 사업을 위해 남아프리카에 온 '승객 인도인'[1]—주로 무슬림이지만 특권 카스트의 힌두교도이기도 한 인도 상인—이 아프리카 흑인 원주민과 동등한 대우를 받고 있다는 사실에 기분이 상했다. 간디의 주장은 승객 인도인들이 영국민으로서 나탈에 왔으며 모든 제국민의 평등을 확고히 한 빅토리아 여왕의 1858년 선언에 기초하여 그에 걸맞게 대우받을 자격이 있다는 것이었다.

1894년에 그는 부유한 인도 상인들과 무역업자들이 설립하고 자금을 지원하는 나탈 인도인 회의Natal Indian Congress의 서기가 되었다. 3 파운드의 회비는 NIC가 엘리트 클럽으로 남을 수 있음을 의미하는

---

1 일반 이민법에 따라 자비로 입국한 사람들을 뜻하는 말로, 인도인 계약 노동자와 구분된다. 승객 인도인들은 대부분 중동 복장을 한 이슬람교도였기 때문에 백인들은 '아랍인'을 대신하는 말로도 사용했다.

엄청난 액수였다. (비례감을 위해서 언급하자면, 12년 후, 줄루족은 그들에게 감당할 수 없는 1파운드 인두세를 부과한 영국에 대항하여 반란을 일으켰다)[1]*

NIC의 초기 정치적 승리 중 하나는 1895년 더반 우체국 문제로 알려진 문제에 대한 '해결책'이었다. 우체국에는 출입구가 두 개밖에 없었다. 하나는 흑인용이고 다른 하나는 백인용이었다. 간디는 당국에 청원하여 인도인들이 '카피르'와 같은 입구를 사용할 필요가 없도록 세 번째 입구를 열게 했다.[2]* 1894년 12월 19일 나탈 주의회에 보낸 공개서한에서 그는 영국인과 인도인 모두 "인도-아리아인이라고 불리는 공통 혈통에서 유래했다"라고 말하고 막스 뮐러Max Müller, 아르투르 쇼펜하우어Arthur Schopenhauer 및 윌리엄 존스William Jones를 인용하여 자신의 주장을 뒷받침했다. 그는 "인도인이 발가벗은 깜둥이 카피르의 위치로 끌려 내려가고 있다"라고 불평한다.[3]* 인도 공동체의 대변인으로서 간디는 항상 승객 인도인과 계약 노동자를 구별하고 거리를 두는데 주의를 기울였다.

그들이 힌두교도든 무함마드교도든 그들에겐 그 이름에 걸맞은 도덕적, 종교적 교육이 전혀 없다. 그들은 외부의 도움 없이 스스로 가르칠 만큼 충분히 배우지 못했다. 이렇게 되면 그들은 거짓말을 하려는 사소한 유혹에도 굴복하기 쉽다. 시간이 좀 지나면 그들과 함께 누워있는 것이 하나의 습관이 되고 또 질병이 된다. 그들은 아무런 이유도 없이, 물질적으로 더 나아질 가능성도 없이, 실제로 자신이 무엇을 하고 있는지도 모른 채 거짓말을 할 것이다. 그들은 태만으로 인해 도덕적 능력이 완전히 무너져내린 인생의 한 단계에 도달하고 만다.[4]*

"도덕적 능력"이 그러한 붕괴 상태에 있었던 인도의 계약 노동자들은 대부분 종속 카스트 출신이었으며 사탕수수 농장에 감금되어 사실상 노예 상태로 살고 일했다. 그들은 채찍질을 당하고, 굶주리고, 투옥되고, 종종 성적으로 학대당하고, 대단히 많이들 죽었다.[5*]

간디는 곧 승객 인도인 문제의 가장 이름난 대변인이 되었다. 1896년에 그는 인도를 여행하여 남아프리카에서 인도인들이 겪고 있는 인종차별에 대해 여러 모임에서 연설했다. 모임은 사람들로 가득 차 점점 더 분개해 갔다. 당시 백인 정권은 급속히 늘어나는 인도인 인구에 대해 점점 더 불안해하고 있었다. 그들에게 간디는 모든 인도인을 일컫는 '쿨리'의 지도자였다.[6*] 삐딱한 의미에서 그들의 인종차별은 포괄적이었다. 간디가 그토록 엄청난 노력을 기울여 구별한다는 사실은 눈치채지 못했다.

간디가 1897년 1월 더반으로 돌아왔을 때 그의 캠페인 소식이 그보다 먼저 와있었다. 그가 탄 배는 적대적인 백인 시위자 수천 명과 만났고 그들은 배의 정박을 거부했다. 간디에게 하선을 허용하기까지는 며칠간의 협상이 필요했다. 1897년 1월 12일 집으로 돌아오는 길에 간디는 공격받고 구타당했다. 그는 용기와 위엄으로 공격을 견뎌냈다.[7*] 이틀 후 일간지 『나탈 애드버타이저』*Natal Advertiser*와의 인터뷰에서 간디는 다시 한번 '쿨리'와 거리를 두었다.

나는 팸플릿이나 다른 어디에서도, 인도인 계약 노동자들이 나탈에서 받는 대우가 그들이 세계의 다른 지역에서 받는 대우보다 더 좋지도 나쁘지도 않다는 점을 가장 강조하여 이야기해 왔습니다. 나는 인도인

계약 노동자들이 잔인한 대우를 받고 있다는 것을 보여 주려고 한 적이 없습니다.[8*]

1899년 영국은 남아프리카의 전리품을 놓고 네덜란드인 정착민들과 전쟁을 벌였다. 다이아몬드는 1870년 킴벌리에서, 금은 1886년 위트워터스랜드에서 발견되었다. 당시 앵글로-보어전쟁이라고 불렸던 이 전쟁은 오늘날 남아프리카전쟁 또는 백인전쟁으로 더 잘 알려져 있다. 수천 명의 아프리카 흑인들과 인도인 계약 노동자들이 양쪽 군대에 끌려갔다. 인도인들은 무기를 받지 못했기 때문에 허드렛일을 하거나 들것 운반자로 일했다. 간디와 승객 인도인들은 그것이 제국민으로서 감당할 책임이라고 여겨 영국에 봉사하기 위해 자원했다. 간디는 구급차 부대에 입대했다.

영국군이 보어 게릴라와 싸운 잔혹한 전쟁이었다. 영국군은 수천 개의 보어인 농장을 불태웠고, 땅을 휩쓸고 다니며 사람과 소 떼를 학살했다. 대부분 여성과 어린이였던 수만 명의 보어 민간인이 강제 수용소로 이송되었으며, 그곳에서 거의 3만 명이 사망했다. 많은 사람이 단순히 굶어 죽었다.[9*] 이 강제 수용소는 히틀러의 유대인 학살 수용소의 조상이라 할 만한 유형으로 최초의 강제 수용소였다. 몇 년 후 인도로 돌아온 간디는 회고록에 남아프리카전쟁에 대해 쓰면서, 수용소에 있는 수감자들이 유쾌한 형태의 사티아그라하를 실행하고 있었음을 암시했다. (이것은 그가 독일의 유대인들에게도 처방한 행동 방침이었다)[10*]

보어 여성들은 자신들의 종교가 그들의 독립 유지를 위해 자신들에게 고통을 요구한다는 것을 이해했으므로 모든 고난을 인내하고 유쾌하게 견뎌냈습니다. 그들은 굶주렸고, 매서운 추위와 타는 듯한 더위를 겪었습니다. 때로는 술에 취하거나 정욕에 사로잡힌 군인이 무방비 상태의 여성들을 폭행할 수도 있습니다. 그래도 용감한 여성들은 움츠러들지 않았습니다.[11]*

전쟁이 끝난 후 영국은 영국 군대가 보인 용맹함에 대한 보상으로 그들에게 "여왕의 초콜릿" 한 조각을 주겠다고 발표했다. 간디는 식민 장관에게 편지를 써서, 무급으로 자원한 구급차 부대 지도자들에게까지 선물을 확대해 달라고 요청했다. "폐하께서 은혜를 베푸셔서 인도 지도자들에게도 선물이 분배될 수 있게 된다면 그들은 크게 감사하며 이를 보물로 소중히 여길 것입니다."[12]* 식민 장관은 퉁명스럽게 대답하길 초콜릿은 부사관들만을 위한 것이라고 했다.

보어전쟁이 끝난 1901년에 간디는 나탈 인도인 의회의 목적이 영국인과 인도인 사이의 더 나은 이해를 달성하는 것이라고 말했다. 그는 "제국의 친구라면 누구나 목표로 삼아야 할" "제국의 형제애"를 고대하고 있다고 말했다.[13]*

사정은 그렇지 않았다. 보어인들은 간디를 노련하게 능가하고 형제애를 벗어나는 데 성공했다. 1902년에 그들은 영국과 「베리니깅 조약Treaty of Vereeniging」을 체결했다. 조약에 따르면 트란스발의 보어 공화국과 오렌지 자유국은 영국 왕실의 통치 아래 대영제국의 식민지가 되었다. 그 대가로 영국 정부는 식민지에 자치권을 주기로 동의했다. 보어인들은 영국 정부의 잔인한 부관이 되었다. 한때 두려운 보어인 '테러리스트'였던 얀 스뮈츠Jan Smuts는 편을 바꿔 결국 제1차 세계대전에서 남아프리카의 영국군을 이끌었다. 이로써 백인들은 평화를 이루었다. 그들은 다이아몬드, 금, 땅을 서로 나누었다. 흑인, 인도인, '유색 인종'은 방정식에서 제외되었다.

간디는 단념하지 않았다. 남아프리카전쟁이 끝나고 몇 년 후, 그는 다시 한번 현역 군 복무를 자원했다.

1906년, 줄루족의 밤바타 카만친자Bambatha kaMancinza 추장은 영국 정부가 새로 부과한 1파운드 인두세에 반대하는 봉기를 일으켰다. 줄루족과 영국인은 오랜 적이었고 이전에도 서로 싸운 적이 있었다. 1879년, 줄루족은 줄루 왕국을 공격한 영국군을 궤멸시켰고, 이 승리로 줄루족은 세계 지도에 이름을 올렸다. 수년이 지나고 결국 영국군의 화력에 미치지 못하여 그들은 정복당하고 자기들의 땅에서 쫓겨나게 되었다. 그래도 그들은 백인의 농장에서 일하기를 거부했다. 이것이 바로 인도로부터 담보, 계약 노동이 선적된 이유다. 줄루족은 몇 번이고 들고 일어섰다. 밤바타 봉기 당시 반군은 창과 소가죽 방패로만 무장하고 현대식 포병대를 갖춘 영국군과 싸웠다.

봉기 소식이 전해지자 간디는 1903년에 창간한 구자라트어-영어 신문인 『인디언 오피니언Indian Opinion』에 일련의 편지를 게재했다.(이 신문의 주요 후원자 중 한 사람이 타타 산업 제국의 라탄지 잠셋지 타타 경이었다) 1905년 11월 18일 자 편지에서 간디는 이렇게 말했다.

보어전쟁 당시 인도인들이 자신에게 맡겨진 일이라면 무엇이든 자원해서 수행했다는 것, 그리고 구급차 작업에조차 복무를 허락받기까지 많은 어려움을 겪었다는 것은 두고두고 기억될 것입니다. 버틀러 장군은 나탈 인도인 자원 구급차 부대가 어떤 종류의 활동을 했는지 인증했습니다. 정부가 어떤 예비군이 낭비되고 있는지 깨닫기만 하면 이를 활용하고 인도인들에게 실제 전쟁에 대비한 철저한 훈련을 제공할 것입니다.[14*]

1906년 4월 14일, 간디는 『인디언 오피니언』구자라트어에서 번역에 다시 다음과 같이 썼다.

식민지에서 이 재난의 시기에 우리가 할 바는 무엇입니까? 카피르줄루족의 봉기가 정당한지 아닌지를 말하는 것은 우리가 할 일이 아닙니다. 우리는 영국의 힘 덕분에 나탈에 있습니다. 우리의 존재 자체가 그것에 달려 있습니다. 그러므로 우리가 할 수 있는 모든 도움을 제공하는 것이 우리의 의무입니다. 실제로 전쟁이 발발할 경우, 인도인 공동체가 어떤 역할을 할 것인지에 대해 언론에서 논의가 있었습니다. 우리는 이미 이 잡지의 영문 칼럼에서 인도인 공동체가 그 역할을 할 준비가 되어 있음을 선언했습니다. 그리고 우리는 보어전쟁 중에 우리가 했던 일이 지금도 이루어져야 한다고 믿습니다.[15*]

봉기는 결국 진압되었다. 밤바타 추장은 체포되어 참수되었다. 줄루족 사천 명이 살해당했고, 그 이상 되는 수천 명이 채찍질을 당하고 투옥되었다. 전쟁의 대가이자 당시 자유당 내각의 식민차관이었던 윈스턴 처칠조차도 폭력 사태에 동요했다. 그는 이렇게 말했다. "이 역겨운 도살 행위가 더 계속되면 그것은 아마도 하원에서 큰 반대를 불러일으킬 것이라고 장관에게 경고하는 것이 나의 의무입니다. 현재 흑인과 백인 사이의 스코어는 약 3,500 대 8입니다."[16*]

간디는 백인전쟁과 밤바타 봉기에서 자신이 맡은 역할을 절대로 후회하지 않았다. 그는 단지 그것을 재구성했을 뿐이다. 몇 년 후인 1928년, 예라와다 중앙 교도소에서 그가 쓴 회고록『남아프리카의 사티아그라하』[17*]에서 저 두 이야기는 모두 진화했다고 말할 수 있다. 그때쯤 체스판 위의 장기 말은 움직이고 있었다. 간디는 영국에 반대했다. 그의 새로운 기록에서 밤바타 봉기의 들것 운반 부대에 대한 '진실'은 또 다른 '진실'로 '성장'했다.

> 줄루족의 '봉기'는 트란스발에서 인도인들에게 추가적인 제한을 두려는 시도가 이루어지던 중에 발생했다. (…중략…) 그러므로 나는 군대에 봉사할 들것 운반 부대를 창설하자고 정부에 제안했다. (…중략…) 부대는 한 달간 현역으로 복무했는데 (…중략…) 우리는 5~6일 동안 치료받지 못해 지독한 악취를 풍기는 몇몇 줄루족의 상처를 씻어내야 했다. 우리는 그 일이 좋았다. 줄루족은 우리에게 말을 할 수 없었지만, 그들의 몸짓과 눈빛을 보면 그들은 마치 신이 그들에게 우리의 구원을 보내주셨다고 느끼는 것 같았다.[18*]

채찍질을 당하고 패배한 줄루족신이 보내신 평화의 선교사들에게 감사를 전하는 말 못하는 동물에 대해 회고적으로 구성된 이미지는 우리가 앞으로 살펴보겠지만 그 기간에 그가 신문에 게재한 줄루족 관련 글에서 보인 그의 견해와 완전히 다르다. 밤바타 봉기 이야기의 간디식 재구성에서 부서진 줄루족은 그의 또 다른 명분인 금욕주의에 영감을 주었다.

부대에서 활동하는 사이, 오랫동안 머릿속에 떠돌던 두 가지 생각이 확고히 자리 잡았다. 첫째, 오직 봉사에만 전념하는 삶을 추구하는 사람은 금욕적인 삶을 살아야 한다. 둘째, 가난을 평생의 동반자로 받아들여야 한다. 그는 가장 낮은 임무나 가장 큰 위험을 수행하는 것을 방해하거나 위축되게 만드는 어떤 직업도 취해서는 안 된다.[19]*

가난과 금욕 생활에 대한 간디의 실험은 그가 1904년에 설립한 코뮌인 피닉스 정착지에서 시작되었다. 이 정착지는 인도 계약 노동자가 일하던 사탕수수밭 가운데 나탈 중심부의 100에이커 부지에 건설되었다. 코뮌의 구성원으로 소수의 유럽인과 (계약 노동자가 아닌) 인도인이 포함되어 있었으나 아프리카 흑인은 포함되지 않았다.

밤바타 봉기가 일어난 지 불과 몇 달 뒤인 1906년 9월, 간디는 우정을 제안하고 충성심을 보여 주었음에도 다시 한번 실망하고 말았다. 영국 정부는 트란스발 아시아인 등록법 개정안을 통과시켰다. 그 목적은 인도인 상인^{백인 상인과의 경쟁자로 간주}의 트란스발 출입을 통제하는 것이었다.[20]* 모든 아시아인 남성은 자신을 등록하고 요구에 따라 언제든지 지문이 찍힌 신분증을 제시해야 했다. 등록되지 않은 사람은 추방될 수 있었다. 항의할 권리는 없었다. 갑자기, 그 지도자가 "제국의 형제애"를 꿈꾸던 공동체는 다시 한번 "남아프리카 원주민, 유색

인종보다 낮은 지위"로 전락했다.[21]*

간디는 승객 인도인들의 투쟁을 정면에서 용감하게 이끌었다. 2천 명이 모여 모닥불을 피우고 공개적으로 출입증을 태웠다. 간디는 무자비하게 폭행당하고 체포되어 투옥되었다. 그리고 그가 그린 최악의 악몽은 현실이 되었다. 우체국 출입구조차 '카피르'와 공유할 수 없었던 사람은 이제 그들과 감옥을 공유해야 했다.

우리는 매번 고난에 대비해 왔지만, 이번 경험에는 전혀 대비하지 못했다. 백인과 함께 분류되지 않은 것은 이해할 수 있었지만 원주민과 같은 수준에 놓인다는 건 참기 힘들어 보였다. 우리 인도인들이 소극적인 저항을 너무 늦게 시작했음을 그때 나는 느꼈다. 그 불쾌한 법이 인도인들을 무력화하려는 의도가 있었다는 추가 증거가 분명 있었다. (…중략…) 이것이 모멸을 의미하는지 아닌지의 여부를 떠나, 그것은 상당히 위험하다고 말해야만 할 것이다. 카피르들은 대체로 미개한 사람들이다. 거기에 죄수들은 더욱 그렇다. 그들은 골칫거리이고, 매우 더럽고, 거의 동물처럼 산다.[22]*

1년 후, 남아프리카에서 보낸 20년 중 16번째 해에 그는 『인디언 오피니언Indian Opinion』 1909년 1월 16일 자에 「나의 두 번째 감옥 체험My Second Experience in Gaol」을 실었다.

나는 대부분 병들어 누워있던 카피르 수감자들이 있는 감방에 침대를 배정받았고 이 감방에서 큰 비참함과 두려움 속에 밤을 보냈다. 나는 가지고 다니던 바가바드기타를 읽었다. 내 상황과 관련이 있는 구절들을 읽고 묵상하면서 마음을 가라앉혔다. 내가 그토록 불안했던 이유는 카피르들과 중국인 수감자들이 야만적인데다 사람을 죽이려 들고 부도덕한 짓에 여념이 없는 것처럼 보였기 때문이다. (…중략…) 그어느 중국인는 더 나빠 보였다. 그는 내 침대 가까이 다가와 나를 자세히 바라보았고 나는 가만히 있었다. 그런 다음 그는 침대에 누워있는 어느 카피르에게 갔다. 둘은 음란한 농담을 주고받으며 서로의 음부를 드러냈다. (…중략…) 나는 인도인 수감자들이 카피르나 다른 수감자들의 손에 맡겨지지 않도록 요구하겠다고 마음속으로 다짐했다. 그들과 우리 사이에는 공통되는 기반이 없다는 사실을 무시할 수 없다. 더욱이 그들처럼 같은 방에서 자고 싶어 하는 사람들에게는 그렇게 하려는 숨은 동기가 있다.[23*]

간디는 감옥에 있으면서도 감옥 안에 별도의 구역을 마련해 달라고 백인 당국에 청원하기 시작했다. 그는 여러 면에서 분리를 요구하는 전투를 주도했다. 그는 "가장 더러운 카피르들이 사용한 담요가 나중에 인도인의 몫으로 떨어질 수 있다"고 걱정했기 때문에 별도의 담요를 원했다.[24*] 그는 인도인들에게 특별히 적합한 감옥 식사—ghee를 곁들인 밥—를 원했고,[25*] '카피르'들이 좋아하는 듯 보이는 '밀리 팝'[2] 먹기를 거부했다. 그는 또 인도인 수감자들을 위한 별도의 화장실도 요구했다.[26*]

....
2   남아프리카식 옥수수죽.

20년 후인 1928년, 이 모든 것에 대한 '진실'은 완전히 다른 이야기로 변형되었다. 남아프리카의 인도인과 아프리카인에 대한 분리교육 제안에 응답하여 간디는 다음과 같이 썼다.

인도인들은 아프리카인들과 공통점이 너무 많아서 그들로부터 분리될 생각을 하지 않는다. 아프리카인들의 적극적인 동정과 우정 없이는 그들이 남아프리카에서 오랫동안 존재할 수 없다. 나는 인도인 전체가 그들의 아프리카 형제들에 대해 우월감을 채택한 적이 있는지 알지 못하며, 그러한 운동이 남아프리카의 인도인 정착민들 사이에 자리 잡게 된다면 그것은 비극이 될 것이다.[27*]

그러다가 1939년에 간디는 아프리카 흑인과 인도인이 남아프리카의 백인 정권에 함께 맞서야 한다고 믿었던 자와할랄 네루의 의견에 동의하지 않고 다시 한번 자기모순을 초래했다. "아무리 반투스Bantus에게 동정심을 갖는다 해도 인도인들은 그들과 공동의 목적을 이룰 수 없다."[28*]

간디는 교육을 많이 받았으며 여행을 많이 한 사람이었으니 세계 다른 지역에서 부는 변화의 바람을 알고 있었을 것이다. 아프리카인에 대한 그의 부끄러운 말은 윌리엄 듀 보이스W.E.B. Du Bois가 『흑인의 영혼The Souls of Black Folk』을 썼을 때와 거의 같은 시기에 쓰였다. "그는 언제든 미국인이면서 또 흑인이라는 이중성을 느끼며 살아간다. 두 영혼, 두 가지 생각, 두 개의 화해할 수 없는 투쟁이 거기 있다. 하나의 어두운 몸속에 서로 전쟁하는 두 가지 이상이 존재하며, 바로 그

끈질긴 힘이 한 몸을 산산이 찢기지 않게 한다."[29]*

식민 정권과 협력하려는 간디의 시도는 무정부주의자 엠마 골드
면Emma Goldman이 다음과 같이 말한 것과 같은 시기에 이루어졌다.

> 권력의 중앙 집중화는 세계의 억압받는 국가들 사이에 국제적인 연
> 대감을 불러일으켰다. 이는 미국 광부와 그를 착취하는 동포 사이보다
> 미국 노동자와 그의 해외 노동자 형제 사이에서 더 큰 이해의 조화가
> 나타나는 연대다. 이 연대가 두려워하는 것은 외국의 침략이 아니다.
> 그것은 모든 노동자가 그들의 주인에게 '가서 스스로 살인하라. 우리는
> 당신들을 위해 충분히 오랫동안 그 일을 해왔다'라고 말하는 지점까지
> 이르게 하기 때문이다.[30]*

간디와 동시대 인도인인 판디타 라마바이Pandita Ramabai, 1858~1922에
게는 유감스러운 본능이 없었다. 그녀는 브라만으로 태어났지만 가
부장제와 카스트 제도 때문에 힌두교를 버리고 기독교인이 되었으
며 성공회와도 논쟁을 벌여 인도의 반카스트 전통에 대한 자부심을
얻어냈다. 그녀는 1886년 미국을 여행했고, 그곳에서 한때 노예였던
해리엇 터브먼Harriet Tubman을 만났다. 판디타는 자신이 만난 누구보다
도 그녀를 존경했다. 아프리카 사람들에 대한 간디의 태도를 해리엇
터브먼과의 만남에 대한 판디타 라마바이의 묘사와 대조해 보라.

> 해리엇은 아직도 일합니다. 그녀는 자그마한 자기 집을 갖고 있는데,

거기서 남편과 함께 살면서 자기 사람들을 위해 일합니다. 해리엇은 매우 크고 강합니다. 그녀는 나를 곰처럼 껴안고 나의 불쌍한 작은 손이 아플 때까지 악수했습니다![31]*

1873년에 조티바 풀Jotiba Phule은 저서 『굴람기리Gulamgiri, 노예제』에 다음과 같은 헌사를 썼다.

흑인 노예 제도를 둘러싼 문제를 두고 그들이 보인 숭고하고 사심 없고 자기희생적인 헌신에 대한 존경의 표시로서 미국의 선한 사람들에게 이 글을 바친다. 그리고 간절히 바라건대 나의 동포들이 브라만 노예의 속박에서 수드라 형제들을 해방하는 데 있어서 이들의 고귀한 모범을 자신들의 안내자로 삼을 수 있게 되기를.[32]*

무엇보다도 미망인의 재혼과 소녀 교육을 위한 캠페인을 벌이고 불가촉천민을 위한 학교를 시작했던 풀은 어떻게 "노예의 주인이 노예를 짐 나르는 짐승으로 대하고, 항상 발길질과 구타를 퍼붓고, 그들을 굶주리게 만드는지", 또 그들이 어떻게 "노예들을 황소처럼 이용하여 뜨거운 태양 아래 밭을 갈게" 하는지 설명했다. 풀은 수드라와 아티-수드라가 누구보다 노예 제도를 더 잘 이해할 것이라 믿었다. 그 이유를 풀은 이렇게 말한다. "그들은 노예 제도를 경험해 본 적 없는 다른 사람들에 비해 노예제에 대한 직접 경험을 갖고 있기 때문이다. 수드라는 브라만에 의해 정복되고 노예가 되었다."[33]*

인종주의와 카스트 제도 사이의 연결은 2001년 더반 회의가 열리기 무려 100여 년 전에 이루어졌다. 공감은 때때로 학문이 할 수 없는 일을 성취한다.

*

분리되지 않은 남아프리카 감옥에서 간디가 겪었던 모든 고통에도 불구하고, 통행법에 반대하는 사티아그라하는 큰 견인력을 얻지 못했다. 등록과 지문 채취에 반대하는 수많은 시위를 주도한 후, 간디는 돌연 그것이 자발적인 한, 인도인들이 지문 채취에 동의할 것이라고 발표했다. 그가 애초의 투쟁 내용과 모순되는 거래를 한 것이 이번이 처음은 아닐 것이다.

이 무렵 간디의 부유한 건축가 친구인 헤르만 칼렌바흐Hermann Kallenbach는 요하네스버그 바로 외곽에 있는 1,100에이커 규모의 농지를 그에게 선물했다. 여기에 그는 천 그루의 과일나무가 있는 두 번째 공동체인 톨스토이 농장을 세웠다. 톨스토이 농장에서 그는 순수성과 영성에 대한 실험을 시작했고, 사티아그라하 수행을 위한 자체 의례를 발전시켰다.

남아프리카의 식민지화에 있어 영국과 협력하겠다는 간디의 제안이 있었고 영국이 그 협력을 받아들이기를 꺼렸다는 점을 고려하면, 진리와 사랑의 힘으로 적에게 호소하는 사티아그라하는 완벽한 정치적 도구였다. 간디는 지배 구조를 압도하거나 파괴하려고 하지 않았다. 그는 단지 그것과 친구가 되고 싶었을 뿐이다. "벌거벗은 카피르"에 대해 그가 가지는 혐오감의 강도는 영국인에 대한 애정과 존경심의 강도와 일치했다. 사티아그라하는 다음과 같이 말하면서 그들을 안심시키는 방법 같다. "우리를 믿으셔도 됩니다. 우리를 보십시오. 우리는 당신을 해치느니 차라리 우리 자신을 해치는 편이 낫습니다." (이는 사티아그라하가 특정 상황에서 효과적인 정치적 저항 수단이 아니며 그럴 수도 없다는 것을 의미하는 게 아니다. 나는 단지 간디가 사티아그라하 실험을 시작한 정황을 설명할 뿐이다)

본질적으로 그의 사티아그라하 개념은 포기와 정화 요법을 중심으로 전개되었다. 포기는 자연스럽게 정치에 대한 선교적 접근으로 이어졌다. 순수함과 정화에 대한 강조는 명백히 카스트 제도에서 유래했음에도 간디는 골대를 바꿔 불가촉천민에 대한 그의 후기 사역을 '자기 정화'의 과정이라고 불렀다. 전체적으로 그것은 자기식 힌두교와 난해한 채식주의가 결합한 헤어셔츠[3] 기독교 브랜드였다. (이는 결국 달리트, 무슬림 및 나머지 모든 육식주의자, 즉 인도 인구 대다수의 '불순함'을 강조하게 되었다) 또 다른 매력은 브라마차리아brahmacharya, 즉 금욕이었다. 정액의 보유와 완전한 성적 금욕의 실천은 '순수한' 사티아그라히를 위한 최소한의 자격이 되었다. 육체의 십자가형, 쾌락과 욕망의 거부, 그리고 결국 거의 모든 정상적인 인간의 본능이 주요 주제가 되었다. 먹는 것조차 심각한 문제가 되었다. "음식을 먹는다는 것은 자연의 부름에 응답하는 것, 즉 대소변을 보는 것만큼이나 더러운 행위다."[34*]

배고픈 사람이 먹는 것을 '더러운 행위'라고 생각할까?

....
3   과거 종교적인 고행을 하던 사람들이 입던, 털이 섞인 거친 천으로 만든 셔츠.

간디는 가난한 사람 중에 가장 가난한 사람처럼 살고 싶다고 늘 말했다. 문제는 가난을 모의 실험할 수 있느냐는 것이다. 결국 가난은 단지 돈이 없거나 소유물이 없다는 문제가 아니다. 가난은 힘이 없는 것이다. 정치인으로서 힘을 축적하는 것이 간디의 임무였으며 그는 이를 효과적으로 수행했다. 사티아그라하는 그의 유명세가 아니었다면 그만큼 효과가 없었을 것이다. 힘이 있으면 단순하게 살 수는 있으나 가난할 수는 없다. 남아프리카에서는 간디를 가난하게 유지하기 위해 많은 농지와 유기농 과일나무가 필요했다.

가난한 자들, 힘없는 자들의 싸움은 회복의 싸움이지 포기의 싸움이 아니다. 그러나 많은 성공한 신인神人들처럼 간디도 기민한 정치가였다. 그는 포기할 것이 많은 사람의 포기 행위가 항상 대중의 상상력에 호소한다는 것을 알았다(간디는 결국 가난한 사람 중 가장 가난한 사람들처럼 옷을 입기 위해 자신의 서양식 양복을 버리고 도티⁴를 입었다. 반면에 돈 없이 불가촉천민으로 태어나 특권 카스트 사람들처럼 옷 입을 권리를 부정당했던 암베드카르는 쓰리피스 정장을 입고 반항적인 모습을 보여 주기도 했다).

아이러니한 점은 간디가 톨스토이 농장에서 빈곤 예식을 거행하는 동안 그는 자본의 축적이나 부의 불평등한 분배에 대해 의문을 제기하지 않았다는 점이다. 그는 계약 노동자들의 근로 조건 개선도, 땅을 빼앗긴 사람들에게 땅을 돌려줄 것도 요구하지 않았다. 그는 인도 상인들이 트란스발로 사업을 확장하고 영국 상인과 경쟁할 권리

---

4   너비 1미터, 길이 5미터 내외의 천으로 허리에 둘러 입는다. 시골의 서민들은 바지보다 경제적이라는 이유로 평상복처럼 입는다. 금욕을 상징하기도 해 힌두교 수행자의 복장으로 많이 사용된다.

를 위해 싸우고 있었다.

간디 이전 수 세기에 걸쳐, 그리고 그 이후 수년 동안 힌두교 고행자들과 요가수행자들은 간디보다 훨씬 더 힘든 포기의 위업을 실천해 왔다. 그러나 그들은 대개 눈 덮인 산기슭이나 깎아지른 절벽에 있는 동굴에서 혼자 그 일을 해왔다. 간디의 천재성은 모크샤moksha[5]에 대한 초자연적인 탐구를 매우 세속적이고 정치적인 목적에 얽어매고 라이브 극장에서 라이브 관객을 위해 추는 퓨전 댄스처럼 그 두 가지를 모두 공연했다는 것에 있다. 수년에 걸쳐 그는 이 이상한 실험을 자기 아내와 다른 사람들을 포함하면서 확장해 나갔다. 그들 중 일부는 너무 어려서 자신이 어떤 일을 당하고 있는지 알지 못했다. 70대 노인이 되어 생애 말년에 이른 그는 두 명의 어린 소녀, 즉 17세의 종손녀였던 마누Manu, 그리고 그의 "지팡이"로 알려졌던 아바Abha와 함께 잠을 잤다.[35*] 그는 성적 욕망에 대한 정복의 성공 여부를 측정하기 위해 이렇게 했다고 말했다. 동의와 타당성에 관한 매우 논쟁적이고 혼란스러운 문제는 제쳐두고, 또 소녀들에게 미친 영향은 차치하더라도, 이 '실험'은 또 다른 고통스럽고 거의 소름 끼치는 질문을 불러일으킨다. 간디가 이성애적 욕망을 정복했거나 정복하지 못한 두 명 (또는 세 명, 네 명)의 여성과 함께 잤던 '결과'를 기반으로 추정했다는 것은 그가 여성을 개인이 아니라 하나의 범주로 보았음을 암시한다. 그에게는 자기 종손녀를 포함한 몇몇 물리적 표본 중 아주 작은 표본이 전체 종을 대신할 수 있다는 것이다.

----

5   산스크리트어로 해탈(解脫)을 뜻한다. 다르마 계통의 종교(힌두교, 자이나교, 불교)에서 몸과 마음의 번뇌로부터 해방되는 것 또는 해방된 상태를 말한다.

간디는 톨스토이 농장에서 수행한 실험에 대해 상세히 적었다. 그의 설명에 의하면, 한번은 그가 어린 소년 소녀들을 자기 주변에 펴져 있게 하고 함께 잠을 잤는데 "침대 순서를 정하는 데 주의를 기울였다"라고 하면서도 "사악한 마음의 경우에는 제아무리 주의를 기울이더라도 소용이 없을 것"이라는 것을 충분히 잘 알고 있었다고 했다. 그래서,

짓궂기로 소문난 소년들과 순진한 소녀들을 동시에 같은 장소에서 목욕하도록 보냈습니다. 나는 나의 사티아그라하 교리를 잘 알고 있는 아이들에게 자기 절제의 의무를 충분히 설명했습니다. 나도 알았고 아이들도 마찬가지였습니다. 내가 어머니의 사랑으로 그들을 사랑한다는 것을. (…중략…) 아이들을 그곳에서 만나 목욕하게 하면서 그들이 여전히 순결할 것이라 기대하는 것은 어리석은 일이었습니까?

간디가 어머니의 예지력으로 예상했던실제로는 망쳐버린 **'문제'가 발생했다.**

어느 날 소년 중 하나가 두 소녀를 희롱했는데, 그 소녀들 자신이었던가 어떤 아이였던가가 내게 알려주었습니다. 그 소식으로 나는 떨렸습니다. 조사해보니 그 말이 사실이라는 것을 알게 되었습니다. 나는 소년들을 권면했으나 그것만으로는 충분하지 않았습니다. 나는 두 소녀가 몸에 어떤 표식을 가지기를 원했습니다. 악한 눈이 그들에게 쏠리지 않도록 모든 소년에게 경고하기 위해, 그리고 누구도 감히 그들의

순결을 공격하지 않는다는 교훈을 모든 소녀에게 전하기 위해. 열정적인 라바나는 라마가 수천 마일 떨어져 있는 동안에도 악한 의도로 시타를 만질 수 없었습니다. 소녀들은 자신들에게 안도감을 주고 동시에 죄인의 눈을 씻기 위해 어떤 표를 받아야 할까? 이 질문은 나를 밤새 잠못 이루게 했습니다.

아침이 되자 간디는 결정을 내렸다. 그는 "소녀들에게 그 아름답고 긴 머리카락을 자를 수 있게 해주겠느냐고 부드럽게 제안"했다. 처음에 그들은 꺼렸다. 그는 계속 압력을 가해 농장의 나이 든 여성들을 자신의 편으로 끌어들이는 데 성공했다. 결국 소녀들은 돌아왔다. "이 사건을 서술하고 있는 바로 그 손이 즉시 그 소녀들의 머리카락을 자르기 시작했습니다. 그 후 수업 전에 내 절차를 분석하고 설명하여 훌륭한 결과를 얻었습니다. 나는 그러한 농담을 다시는 들어 본 적이 없습니다."[36*]

소녀들의 머리카락을 자르려 생각했던 바로 그 마음이 소년들에 대해 어떤 처벌을 생각했는지에 대한 언급은 없다.

간디는 실제로 여성들이 민족운동에 참여할 수 있는 공간을 만들었다. 그러나 그 여성들은 덕이 있어야 했다. 말하자면 그들은 "죄인의 눈을 씻을" "표"를 자기 몸에 지녀야 했다. 그들은 전통적인 가부장제 구조에 전혀 도전하지 않는 순종적인 여성이어야 했다.

간디는 자신의 '실험'을 통해 많은 것을 즐기고 배웠을 것이다. 그러나 그는 이제 떠났고 추종자들에게는 기쁨도 없고 농담도 없는 세상이라는 유산을 남겼다. 욕망도 없고, (그가 뱀에게 물린 것보다 더 나쁜 독이라고 표현한) 섹스[37*]도 없고, 음식도 없고, 구슬 장식도 없고, 멋진 옷도 없고, 춤도 없고, 시도 없다. 그리고 음악도 거의 없다. 간디가 수백만 사람들의 상상력을 자극한 것은 사실이다. 그가 정치적 참여를 위한 최소한의 조건으로 '순수'와 의로움이라는 불가능한 기준을 제시함으로써 수백만 명의 정치적 상상력을 약화한 것도 사실이다.

순결은 이것 없이는 마음이 필수적인 견고함을 얻을 수 없는 가장 위대한 훈련 중 하나다. 원기를 잃은 남자는 쇠약해지고 소심해진다. (…중략…) 몇 가지 질문이 제기된다. 그러면 어떻게 아내를 지닐 수 있을까? 하지만 위대한 일에 참여하고자 하는 사람은 반드시 이 수수께끼를 풀어야만 한다.[38*]

남편을 어떻게 지녀야 하는가에 대해서는 아무런 의문도 제기하지 않은 듯 보인다. 예를 들어, 부부간 강간이라는 진부한 전통에 맞서기에 사티아그라하가 효과적인지에 대한 사유도 없다.

＊

1909년에 간디는 그의 첫 번째이자 가장 유명한 정치 팸플릿인 『힌두 스와라지*Hind Swaraj*』를 출판했다. 이 책은 구자라트어로 쓰였고 간디가 직접 영어로 번역했으며 진정 독창적인 사고를 지닌 작품, 하나의 고전으로 여겨진다. 간디 자신도 생애가 끝날 때까지 이에 만족했다. 『힌두 스와라지』는 『카스트의 소멸』이 암베드카르를 정의하는 방식으로 간디를 정의한다. 출판된 지 얼마 되지 않아 봄베이에서 책들이 모두 압수되었고, 선동적이라는 이유로 금지되었다. 금지령은 1938년에야 해제되었다.[39*]

그것은 런던에서 만난 인도인 사회주의자들, 참을성 없는 젊은 허무주의자들, 민족주의자들에 대한 간디의 반응으로서 구상되었다. 『바가바드기타』(및 조티바 풀의 『굴람기리』)와 마찬가지로 『힌두 스와라지』는 두 사람 간의 대화 형식으로 쓰였다. 가장 훌륭하고 현실에 기반한 구절은 그가 스와라지 이후에 힌두교도와 무슬림이 어떻게 서로를 수용하는 법을 배워야 하는가에 관해 쓴 구절이다. 힌두교도와 무슬림 사이의 관용과 포용에 대한 이러한 메시지는 인도 사상에 바친 간디의 실제적이고 지속적이며 가장 중요한 공헌이다.

그렇다고 하더라도 『힌두 스와라지』에서 간디는 (미래의 많은 우파 힌두 민족주의자들이 그렇게 하듯이)[40*] 힌두교의 영적 지도, 즉 성지의 지도를 인도의 영토 지도에 겹쳐 놓고 이를 사용하여 국가의 경계를 정한다. 그렇게 함으로써 그는 의식적으로든 무의식적으로든 고국을 분명하게 힌두로 제시한다. 그러나 그는 계속해서 선한 주인의 태도로 "국가는 동화 능력을 가져야 합니다"라면서 "인도를 자신들의 나라로 삼은 힌두교도, 무함마드교도, 파르시 조로아스터교도, 기독교도는 동포입니다"라고 말한다.[41*] 간디는 남아프리카에서 보낸 시간을 통해 다른 무엇보다 무슬림 문제에 더 주의를 기울이게 된 것 같다.(그가 상대한 고객 대부분과 나중에 그의 정치적 지지층이 된 이들은 부유한 무슬림 사업가들이었다) 이 세심함의 죄, 이 명백하게 용서받을 수 없는 복잡성 때문에 그는 목숨을 바쳤다.

『힌두 스와라지』의 나머지 부분은 현대성에 대한 신랄한[어떤 이들은 서정적이라고도 한다] 비난이다. 러다이트[Luddites6]와 비슷하나 기계를 파괴하라는 요구 없이 산업 혁명과 현대적 기계장치를 기소한다. 영국 의회를 "불임 여성", "매춘부"라고 부른다. 의사, 변호사, 철도를 규탄하고 서구 문명을 "사악한" 문명으로 일축한다. 식민지 프로젝트의 양도할 수 없는 부분이었던 아메리카, 호주, 콩고, 서아프리카에서 벌어진 수천만 명의 대량 학살이라는 관점에서 사용하기에 이 형용사들은 조잡하거나 심지어 과도하지 않을 수도 있다. 그러나 "제국의 동포애"에 대한 간디의 제안을 고려하면 그것은 좀 이상했다. 그리고 영국인에 대한 그의 존경심과 미개하고 "벌거벗은 카피르"에 대한 그의 경멸을 고려하면 더욱 이상하다.

"그럼 문명이란 무엇입니까?" '독자'는 결국 '편집자'인 간디에게 묻는다. 그러면 그 편집자는 신화 속 인도에 대한 난처하고 국수주의적인 몽상을 시작한다. "인도가 발전시킨 문명은 세계에서 패할 수 없다고 믿습니다."[42]* 장 전체를 재현하고 싶으나 그것이 불가능한 이유로 몇 가지 주요 구절을 소개한다.

사람이 부자라고 해서 반드시 행복한 것은 아니며, 가난하다고 꼭 불행한 것도 아닙니다. 부자도 종종 불행하게 보이고, 가난한 사람이

....

6   러다이트운동(Luddite Movement)은 19세기 초 영국에서 일어난 기계 파괴운동이다. 당시 나타나기 시작한 방직기가 노동자의 일거리를 줄인다는 생각이 그 배경이 되었다. 노동자들이 자본가에 맞서 계급투쟁을 벌인 노동운동으로 본다. 산업화, 자동화, 신기술에 반대하는 사람을 의미하는 일반 용어로도 쓰인다.

행복하게 보이기도 합니다. 수백만 명의 사람들은 항상 가난한 상태로 남을 것입니다. (…중략…) 이 모든 것을 관찰한 우리 조상들은 우리가 사치와 즐거움을 누리지 못하도록 단념시켰습니다. 우리는 수천 년 전에 존재했던 것과 같은 종류의 쟁기를 사용해 왔습니다. 우리는 예전에 가졌던 것과 같은 종류의 오두막을 유지해 왔으며, 우리의 토착 교육은 이전과 같이 유지되었습니다. 우리는 생명을 갉아먹는 경쟁 시스템을 가지고 있지 않습니다. 각자는 자신의 직업이나 사업을 따랐습니다. 그리고 규정 임금을 청구했습니다. 우리가 기계를 발명하는 방법을 모르는 것은 아니지만, 우리 조상들은 우리가 그런 것을 마음에 품으면 노예가 되고 도덕적 강단을 잃게 되리라는 것을 알고 있었습니다. (…중략…) 이런 헌법을 가진 나라는 남에게 배우기보다는 가르치는 것이 더 적합합니다. 이 나라에는 법원, 변호사, 의사가 있었지만, 그들은 모두 한도 내에 있었습니다. (…중략…) 정의는 상당히 공정했습니다.[43*]

신화적인 마을에 대한 간디의 가치 평가는 그가 인도 마을을 심지어 방문한 적도 없는 것 같은 인생의 어느 시점에 이루어졌다.[44*] 그렇지만 그의 믿음에는 어떠한 의심도 주의사항도 없다.

보통 사람들은 독립적으로 생활하며 농업에 종사했습니다. 그들은 진정한 자치를 누렸습니다. 그리고 이 저주받은 현대 문명이 도달하지 못한 인도는 예전 그대로 남아 있습니다. (…중략…) 나는 여러분, 또 조국을 사랑하는 여러분과 같은 분들에게 아직 철도로 오염되지 않은 내륙으로 들어가 그곳에서 적어도 반년이라도 살아보라고 확실히 권하고 싶습니다. 그러면 당신은 애국심을 가지게 되고 자치에 관해 이야기할 수도 있을 것입니다. 이제 내가 진정한 문명으로 여기는 게 무엇인지 알 수 있게 될 것입니다. 내가 설명한 것과 같은 상황을 바꾸려는 사람들은 나라의 적이며 죄인입니다.[45*]

"규정 임금"으로 보상받는 조상의 직업이나 사업을 따르는 사람들에 대한 모호한 암시 외에 간디의 몽상에는 카스트가 없다. 간디는 나중에 밝히길 어렸을 때부터 불가촉성이 자신을 괴롭혔다고 주장했지만,[46*] 『힌두 스와라지』에서는 이에 대해 전혀 언급하지 않았다.

『힌두 스와라지』가 출판될 무렵, 간디의 첫 번째 전기들도 출판되었다. 요하네스버그 침례교회 목사인 조셉 독이 쓴 『남아프리카의 애국 인도인 간디 *M.K. Gandhi : An Indian Patriot in South Africa* 』1909, 그리고 간디의 가장 가까운 친구이자 가장 아끼는 제자 중 한 명인 헨리 S. L. 폴락이 쓴 『1910년 간디의 삶과 업적에 대한 스케치 *M.K. Gandhi : A Sketch of His Life and Work in 1910* 』가 그것이다. 여기에는 다가올 마하트마 칭호에 대한 최초의 암시가 담겨 있었다.

1910년, 나탈 Natal, 케이프 Cape, 트란스발 Transvaal, 오렌지 자유국 Orange Free State 으로 분리되었던 영국 식민지들이 연합하여 남아프리카 연방 Union of South Africa 이 되었고, 영국 왕실 하의 자치령이 되었으며 루이스 보타 Louis Botha 가 초대 총리가 되었다. 분리 차별가 심해지기 시작했다.

그 무렵, 남아프리카를 떠나기 3년 전에야, 간디는 아프리카인들이 그 땅의 본래 주민임을 거들먹거리며 가르치듯 인정하게 되었다.

흑인들만이 이 땅의 원래 주민이다. 우리는 그들에게서 땅을 강제로 빼앗지 않았다. 우리는 그들의 선의를 가지고 여기에 사는 반면, 백인들은 나라를 강제로 점령하고 자신들의 소유로 삼았다.[47]*

이제 그는 국가를 강제로 점령하고 땅을 제 것으로 만들고 아프리카인을 노예로 만들기 위해 벌인 전쟁에서 자신이 백인과 적극적으로 협력했다는 사실을 잊어버린 것 같다. 간디는 자기 주변에서 벌어지고 있는 잔혹 행위의 규모와 범위를 무시하기로 했다. 인도 상인들에게 남아프리카에서 무역을 할 수 있도록 허용한 것이 인종 차별적 법에도 불구하고 영국 식민주의가 아니라 "흑인의 선의"라고 그는 정말로 믿었나? 1906년 줄루족의 반란이 벌어졌을 때 그는 "선의"와 같은 것에 관해 덜 두루뭉술하게 다음과 같이 말했다. "우리는 영국의 힘으로 나탈에 있습니다. 우리의 존재 자체가 그것에 달려 있습니다."

1911년에는 급증하는 인도인 인구에 대한 백인들의 불안이 인도로부터 노동력 수입을 중단하는 법안을 주도했다.[48]* 그렇게 1913년이 되었다. 마르셀 프루스트의 『잃어버린 시간을 찾아서』 제1권이 처음 출판된 해이자 라빈드라나트 타고르Rabindranath Tagore가 노벨문학상을 수상한 해였고 남아프리카 피의 해였다. 그 해는 아파르트헤이트의 기초가 놓인 해이자, 남아프리카 주민 대다수의 토지 소유권을 박탈하는 토지 소유 제도를 만든 법률인 토지법이 제정된 해였다. 아프리카 여성들이 자신들을 흑인 거주 구역으로 몰아넣고 지방과 지방 사이의 이동을 제한하는 통행법에 반대하여 가두시위를 벌인 해였고, 백인 광산 노동자와 철도 노동자, 그리고 아프리카 광산 노동자들이 파업에 돌입한 해였다. 그해는 인도 노동자들이 3파운드의 새로운 세금과 기존 결혼을 불법으로 만들고 그들의 자녀를 불법적 존재로 만드는 새로운 결혼법에 반대하여 일어선 해였다. 고용 계약에 따른 의무를 다하고서 이제는 남아프리카에서 자유 시민으로 계속 살아가기를 원하는 사람들에게 3파운드의 세금이 부과된 해였다. 세금을 감당할 수 없다면 근로자는 재계약을 맺도록 내몰리고 노예 생활의 순환 고리에 갇히게 되는 것이었다.

20년 만에 처음으로, 간디는 이전에 거리를 두려고 노력했던 사람들과 정치적으로 협력했다. 그는 인도인 노동자들의 파업을 '지도'하기 위해 개입했다. 사실 그들에게는 '지도 행위'가 필요치 않았다. 간디 이전, 도중, 이후 수년 동안 그들은 자신들만의 영웅적인 저항을 벌였다. 그들이 간디의 관심을 피한 것은 행운이었다고 주장할 수도 있다. 그들은 저항했을 뿐만 아니라, 카스트가 무너질 수 있는 유일한 방법으로 카스트를 무너뜨렸기 때문이다. 그들은 카스트 장벽을 뛰어넘어 서로 결혼하고 사랑을 나누고 아기를 낳았다.

간디는 이 마을 저 마을을 돌아다니며 석탄 광산 광부들과 플랜테이션 농장 노동자들에게 연설했다. 파업은 탄광에서 사탕수수 농장으로 확산했다. 비폭력적인 사티아그라하는 실패했다. 폭동, 방화, 유혈 사태가 발생했다. 수천 명이 새로운 이민법을 무시하고 경계를 넘어 트란스발로 가다가 체포되었다. 간디도 체포됐다. 그는 파업에 대한 통제력을 잃었다. 결국 그는 얀 스뮈츠^{Jan Smuts}와의 합의에 서명했다. 이 합의는 인도 사회의 많은 이들을 언짢게 했다. 너무 많은 대가를 치르고 얻은 승리로 여겨졌기 때문이다. 가장 논란이 많은 조항 중 하나는 인도로 영구히 돌아가기를 원하는 인도인들에게 정부가 무료 통행을 제공하기로 약속한 조항이었다. 이는 인도인이 본국으로 송환될 수 있는 체류자라는 생각을 강화하고 공식화했다. (1948년 선거 선언문에서 아파르트헤이트 국민당은 모든 인도인의 송환을 요구했다. 인도인들은 남아프리카가 공화국이 된 1960년에야 자격 조건을 완전히 갖춘 시민이 되었다)

간디의 숙적이었던 아이야르$^{P. S. Aiyar}$는 간디가 주로 승객 인도인들의 권리에만 관심 있다고 비난했다. (1911년 이민법 초안의 첫 번째 제안에 반대하는 투쟁 중에 아이야르를 포함한 일부 인도인들이 모든 인도인의 모든 지역으로의 자유로운 이동을 위해 시위를 벌이는 동안 간디와 헨리 폴락은 트란스발에 매년 6명이 새로 들어가도록 허용해 줄 것을 청원했다)[49*] 아이야르는 계약 노동자들이 일하고 생활하는 끔찍한 사정을 보도하는, 주로 타밀 독자층을 보유한 신문인 『아프리칸 크로니클$^{African Chronicle}$』의 편집자였다. 간디와 스뮈츠 사이의 합의에 대해 아이야르는 간디가 "인도에서 누린 일시적인 명성과 인기는 그의 동포들을 위한 영광스러운 업적이 아니라 끝없는 비참함, 부의 손실 및 기존 권리 박탈을 초래한 일련의 실패에 기초한다"라고 말했다. 그는 지난 20년 동안 간디의 지도력이 "누구에게도 실질적인 이득을 가져다주지 못했다"라고 덧붙였다. 오히려 간디와 그의 소극적 저항 세력은 자신들을 "남아프리카 지역 사회의 모든 부분에서 조롱과 증오의 대상"으로 만들었다.[50*] (일부 흑인들과 인도인들 사이에 이런 농담들을 한다. 1893년 당시에는 그래도 상황이 좋았지. 간디는 기차에서 쫓겨났을 뿐이니까. 1920년이 되자 우리는 기차에 탈 수도 없잖아)[51*]

서면으로 기록되지는 않았으나 간디-스뮈츠 합의 중에는 간디가

남아프리카를 떠나야 한다는 내용도 있었던 것 같다.[52*]

남아프리카에 있는 동안 간디는 인도인들이 아프리카인들보다 더 낮게 대우받을 자격이 있다고 주장했다. 배심원단은 간디의 정치활동이 장기적으로 인도 사회에 도움이 되었는지, 해가 되었는지 그 여부를 아직 판단하지 않는다. 그러나 영국 정부와 협력하려는 그의 일관된 시도는 확실히 아프리카 민족주의가 부상하는 동안 인도 사회를 취약하게 만들었다. 인도의 정치 활동가들이 1950년대 아프리카인이 이끄는 해방운동에 참여하고 자신들의 자유가 아프리카 사람들의 자유와 연결되어 있음을 알았을 때 그들은 간디의 유산을 계승하는 것이 아니라 그의 정치와 결별하고 있었다. 인도인들이 1970년대에 더 폭넓은 흑인 정체성을 구축하기 위해 흑인 의식운동Black Consciousness Movement에 참여했을 때 그들은 실제로 간디의 정치를 뒤집고 있었다. 넬슨 만델라 및 기타 아프리카 동지들과 함께 로벤섬[7]에서 시간을 보낸 사람들이 바로 이들이다. 이들은 남아프리카 인도인 공동체가 1972년 우간다의 인도인들처럼 협력자 종족으로 낙인찍혀 고립되거나 추방당하는 상황에서 구해냈다.

간디가 남아프리카에서 영웅이라는 사실은 당혹스럽게도 부인할 수 없다. 가능한 설명을 하나 해보자면, 남아프리카를 떠난 간디가 이번에는 인도 자유 투쟁의 빛나는 별이 되어 재수입되었다는 것이다. 남아프리카의 인도인 공동체는 이미 그 뿌리에서 잘려 나가 있었고, 간디가 떠난 후 아파르트헤이트 정권에 의해 더욱 고립되고 잔혹

----

7   남아프리카공화국 케이프타운항구 근처의 섬. 20세기에는 정치범 수용소였으며 남아공의 자유와 억압, 그리고 인간 정신의 승리를 상징.

하게 다루어졌다. 인도에서 간디가 오른 숭배적 지위와 그의 남아프리카와의 연관성은 남아프리카 인도인들에게 자신들의 역사와 조국에 대한 연결 고리를 제공했을 것이다.

간디가 남아프리카의 영웅이 되기 위해서는 그를 과거에서 구출하고 과거를 다시 써야 했다. 간디 자신이 그 프로젝트를 시작했고 일부 역사가들이 이를 완성했다. 간디의 남아프리카 체류가 끝나갈 무렵, 처음 몇 편의 전기가 그 소식을 퍼뜨렸고, 메시아 전선에서는 상황이 빠르게 움직이고 있었다. 젊은 목사 찰스 프리어 앤드루스Charles Freer Andrews는 남아프리카를 여행하다가 더반 부두에서 간디를 만났을 때 무릎을 꿇었다.[53*] 평생에 걸쳐 열성적인 추종자가 된 앤드루스는 계속해서 "가장 비천하고, 가장 낮은, 상실한 자들"의 지도자인 간디가 그리스도 정신의 살아 있는 화신이라고 전했다. 유럽인과 미국인은 서로 앞다투어 그를 존경했다.

1915년 간디는 런던에 들러 여왕의 초콜릿보다 훨씬 더 좋은 선물을 받고 인도로 돌아왔다. 대영제국에 대한 봉사로 그는 인도 총독인 펜스허스트의 하딩게경이 수여한 공공 봉사 부문 카이사르 이 힌드Kaisar-i-Hind 금메달을 받았다. (그는 최초의 전국적 비협력운동이 일어나기 전인 1920년에 그것을 반환했다) 덕분에 그는 인종차별과 제국주의에 맞서 싸우고 남아프리카에서 인도 노동자들의 권리를 옹호한 마하트마, 즉 위대한 영혼으로 무장하여 인도에 도착했다. 당시 그의 나이 46세였다.

돌아온 영웅을 기리기 위해 인도의 선도적인 산업가이자 같은 바니아인 간샴 다스 비를라G. D. Birla는 캘커타콜카타에서 성대한 리셉션을 열었다. 비를라 가문은 캘커타와 봄베이뭄바이를 기반으로 수출입 사업을 벌였다. 그들은 면화, 밀, 은을 거래했다. 간샴 다스 비를라는 영국인의 지배하에 개인적으로 직면했던 인종차별에 불쾌감을 느끼고 짜증을 내는 부유한 사람이었다. 그는 식민 정부와 여러 차례 충돌을 겪었다. 그는 간디의 주요 후견인이자 재정적 후원자가 되었으며, 간디가 아쉬람 운영 비용과 국민회의 업무 비용을 감당할 수 있게끔 그에게 매달 넉넉한 액수를 지급했다. 다른 산업가 후원자들도 물론 있었지만, 간디가 간샴 다스 비를라와 맺은 합의는 그의 남은 생애 동안 지속되었다.[54*] 공장 및 기타 사업 외에도 비를라는 『힌두스탄 타임스Hindustan Times』라는 신문을 소유했고, 거기서 간디의 아들 데브다스는 나중에 편집장으로 일했다.

그래서 손으로 만든 카디[8]와 나무로 만든 차르카[9]를 홍보했던 마하트마는 공장주의 후원을 입었다. 기계에 분노한 남자는 산업가들에 의해 살아남았다. 이러한 합의는 기업 후원 NGO 현상의 선구자격이었다.

일단 재정이 마련되고 아쉬람이 세워지고 운영되자 간디는 영국 정부에 대항하여 사람들을 결집하는 임무에 착수했다. 동시에 자신(그리고 그의 후원자들)이 본질적으로 믿었던 오랜 계층 구조를 절대 해치지 않았다. 그는 그것을 제대로 알기 위해 전국 방방곡곡을 여행했다. 그의 첫 번째 사티아그라하는 1917년 비하르의 참파란Champaran에서 이루어졌다. 그가 그곳에 도착하기 3년 전, 영국인 소유의 인디

---

8   남아시아 지역에서 물레로 만든 수직 면 또는 실크, 양모를 두루 지칭하는 용어.
9   물레.

고 농장들에서 일하며 기근 위기에 처해 있던 토지 없는 농민들은 영국의 새로운 세금 제도에 반대하는 봉기를 일으켰다. 간디는 참파란으로 가서 그들의 투쟁을 뒷받침하는 아쉬람을 세웠다. 사람들은 그가 누구인지 정확히 알지 못했다. 참파란 사티아그라하를 연구한 자크 푸셰파다스Jacques Pouchepadass는 다음과 같이 썼다. "소문에 따르면 (…중략…) 간디는 라이야트[10]의 모든 불만을 해결하기 위해 총독, 심지어 국왕에 의해 참파란으로 파견되었으며 그의 권한이 모든 지역 관리와 법원을 제압했다."[55]* 간디는 참파란에 1년 동안 머물다 떠났다. 푸셰파다스Pouchepadass는 이렇게 말한다. "간디가 떠나고 농장주들의 영향력이 쇠퇴하기 시작한 1918년 이후, 농촌 과두제의 영향력이 그 어느 때보다 강해진 것은 사실이다."

불의에 맞서 사람들을 일깨우면서도 그들을 통제하고 불의에 대한 자신의 견해로 그들을 설득하기 위해 간디는 몇 가지 복잡한 묘책을 취해야 했다. 1921년에 농민키산들이 영국령 인도 연합주the United Provinces의 인도 지주자민다르들에 맞서 봉기했을 때 간디는 그들에게 다음과 같은 메시지를 보냈다.

정부에 대한 세금 납부를 중단해야 하는 순간이 오면 우리는 주저하지 않고 키산들에게 조언할 것이지만, 비협력의 어느 단계에서든 자민다르들의 임대료 박탈을 목표로 삼는 것은 고려치 않습니다. 키산운동

10 라이야트(Raiyat)는 무굴 제국과 영국 식민시대에 농민을 지칭하는 관례적, 법적 용어로 사용되었다. 농업 생산에 종사하고 토지 소유자 또는 국가에 토지세를 내는 사람들이 라이야트였다.

은 키산의 지위 향상과 자민다르와 그들 사이의 관계 개선에만 한정해야 합니다. 키산은 자민다르와의 계약 조건을 문서로 작성했든 관습에서 추론했든 간에 준수하도록 양심적으로 조언받아야 합니다.[56*]

관습에서 추론된다는 것, 우리는 그것이 무엇을 의미하는지 짐작할 필요가 없다. 사실은 그게 전부다.

간디는 불평등과 빈곤에 대해 말했고 때로 사회주의자 같기도 했으나 정치 경력의 어느 시점에서도 인도의 산업가나 토지 귀족을 진지하게 비판하거나 그들에 맞선 적이 없다. 이것은 그의 신탁 원칙이나 오늘날 기업의 사회적 책임CSR이라는 용어와 관련된 것이었다. 간디는 "균등 분배"라는 소론에서 이를 확장해 다음과 같이 말했다. "부자는 자신의 부를 소유하게 될 것이며, 그중 자신이 합리적으로 요구하는 부분을 자신의 개인적인 필요에 맞게 사용하고 나머지 부분은 사회를 위해 사용할 수 있도록 신탁 관리자 역할을 할 것이다. 이 논의에서는 물론 신탁 관리자의 정직성이 가정된다."[57*] 부자가 "가난한 사람들의 수호자"가 되어야 한다는 생각을 정당화하기 위해 그는 "부자는 사회에서 가난한 사람들의 협력 없이는 부를 축적할 수 없다"라고 주장했다.[58*] 그리고는 부유한 수호자의 가난한 피보호자에 힘을 실어주기 위해 다음과 같이 말했다. "만약 이 지식이 가난한 이들에게 침투하여 널리 퍼진다면 그들은 강해질 것이며, 비폭력을 통해 그들을 기아 직전까지 몰아넣은 극심한 불평등으로부터 자신들을 해방하는 방법을 배울 것이다."[59*] 신탁에 대한 간디의 생각에는 당시 록펠러J. D. Rockefeller나 앤드루 카네기 같은 미국 자본가들, 즉 강도 남작[11]들이 말한 것이 글자 그대로 메아리쳐 울린다. 카네기는 『부의 복음The Gospel of Wealth』1889에서 다음과 같이 말한다.

> 그렇다면 이것이 부를 지닌 사람의 의무라고 할 만하다. 우선, 겸손하고 가식적이지 않은 삶의 모범을 보이고, 과시나 사치를 피하는 것이다. 그리고 그에게 의존하는 사람들의 정당한 필요를 적절히 제공하는 것이다. 그리고 그렇게 함으로써 그에게 들어오는 수익의 모든 잉여분은 그저 그가 관리하도록 요청받고, 엄격한 관리 의무로 묶인 신탁 기금으로 간주해야 하므로, 이는 그의 판단에 따라 지역 사회에 가장 유익한 결과를 가져올 수 있는 방식으로 산출되어야 할 것이다. 부를 가진 사람은 그렇게 가난한 형제들을 위한 단순한 대리인이자 신탁 관리자가 되어 그들을 위한 봉사에 자신의 뛰어난 지혜와 경험, 행정 능력을 제공하게 되고 그들 스스로 해왔거나 할 수 있는 것보다 더 나은 것을 그들에게 행하게 된다.[60]*

모순은 그리 중요하지 않았다. 왜냐하면 그때까지 간다는 그 모든 것을 훨씬 뛰어넘었기 때문이다. 그는 사나타니 힌두교도그가 자신을 묘사한 방식이자 그리스도의 화신자신이 묘사되도록 허용한 방식이었다. 그가 여행한 기차는 '다르샨'신성한 형상을 보다을 찾는 신자들로 붐볐다. 그와 함께 여행한 전기 작가 텐둘카르D. G. Tendulkar는 이 현상을 "새로운 신념으로의 대규모 개종"이라고 기술한다.

---

11 과점 또는 불공정한 사업 관행을 추구한 직접적인 결과로 각각의 산업을 지배하여 막대한 재산을 축적한 사업가와 은행가를 가리키는 경멸적인 의미의 용어.

이 단순한 믿음은 '마하트마 간디 만세Mahatma Gandhi ki Jai'라는 외침으로 어디서나 그를 환영했던 수백만의 인도인들을 움직였다. 바리살의 매춘부들, 캘커타의 마르와리 상인들, 오리야 쿨리들, 철도 파업꾼들, 카디 차다르를 선물하려는 산탈인들 등 모두가 그의 관심을 요구했다. 그는 가는 곳마다 사랑의 폭정을 견뎌야 했다.[61*]

역사학자 샤히드 아민Shahid Amin은 자신의 고전 에세이 『마하트마로서의 간디』에서 지역 국민회의 지도자들이 교묘하게 퍼뜨린 소문, 아첨하고 때로는 환각적인 신문 보도, 잘 속아 넘어가는 사람들, 간디의 비범한 카리스마의 조합이 어떻게 집단 히스테리를 형성하여 마하트마 간디 신격화에서 그 정점에 이르렀는지 설명한다. 당시에도 모두가 확신한 것은 아니었다. 1921년 4월 23일 자 『더 파이오니어The Pioneer』의 사설은 다음과 말했다. "연합주 동부와 남부의 매우 단순한 사람들은 결국 그들에게 권력의 이름에 지나지 않는 '마하트마지'의 권력에 대한 믿음이 자라날 수 있는 비옥한 토양을 제공한다." 그 사설은 간디를 둘러싼 기적에 대한 소문을 퍼뜨린 고락푸르 신문인 『스와데시Swadesh』에 게재된 기사를 비판하고 있었다. 기사에 따르면 그는 우물에서 향기로운 연기가 퍼져나가게 했고, 잠긴 방에 문득 성스러운 꾸란 한 권이 나타났으며, 마하트마의 이름으로 구걸하는 사두에게 돈을 거부한 한 아히르족 사람의 물소 한 마리가 불에 타 죽었고 간디의 권위에 반항했던 브라만은 미쳐버렸다.[62*]

간디의 마하트마 칭호의 원뿌리는 봉건제가 미래를 만나고, 기적이 현대성과 만나는 비옥한 실개천으로 나아갔다. 거기에서 자양분을 끌어들이고 번성했다.

회의론자는 소수였고 그다지 중요하지도 않았다. 간디는 이제 20만에 이르는 사람들이 모인 집회에서 연설하고 있었다. 히스테리는 해외로 퍼져나갔다. 1921년 뉴욕 커뮤니티교회[12]의 유니테리언[13] 목사인 존 헤인즈 홈즈 John Haynes Holmes 는 '세계에서 가장 위대한 사람은 누구인가?'라는 제목의 설교에서 간디를 "20세기의 고난받는 그리스도"라고 자기 신도들에게 소개했다.[63]* 몇 년 후인 1958년에 마틴 루터킹 목사도 같은 일을 했다. "그리스도께서는 정신과 동기를 제공하셨고, 간디는 방법을 제공했습니다."[64]* 그들은 간디에게 완전히 새로운 지지층을 제시했다. 그것은 아프리카인들을 그토록 두려워하고 경멸했던 사람에게 역설적인 선물이었다.

아마도 서구 기독교 세계가 러시아 혁명의 영향력이 확산하는 것을 우려하고 제1차 세계대전의 공포에 정신적 외상을 입었기 때문에 유럽인과 미국인은 그리스도의 살아 있는 화신을 기리기 위해 경쟁했을 것이다. 부유한 집안 출신의 간디 그의 아버지는 포르반다르 번국의 대신이었다 와는 달리, 예수는 예루살렘 빈민가 출신의 목수였으며 로마 제국과 친구가 되려고 노력하는 대신 그에 맞서 싸웠다는 점은 중요하지 않은 것 같다. 물론 예수는 큰 사업가의 후원을 받지도 않았다.

간디의 추종자 중 가장 영향력 있는 사람은 1915년 노벨문학상을 수상한 프랑스 극작가 로맹 롤랑이었다. 1924년에 『마하트마 간디

---

12 여러 종파 합동의 지역교회.
13 그리스도교의 정통 교의인 삼위일체 교리에 반하여, 그리스도의 신성을 부정하고 하느님의 신성만을 인정하는 교파.

―우주적 존재와 하나가 된 사람』을 펴냈을 때 그는 간디를 만난 적이 없었다. 이 책은 십만 권 이상 팔렸고 여러 유럽 언어로 번역되었다.[65*] 그것은 타고르의 우파니샤드 호출로 시작된다.[14]

> 그는 빛나는 분, 모든 것의 창조자, 마하트마
> 늘 사람들 마음속에 고이 모셔져
> 사랑, 직관, 생각을 통해 드러나니
> 그를 아는 자 누구나 불멸하게 되리.

간디는 이 책에서 "진리에 대한 진정한 비전"을 발견했다고 말했다. 그는 롤랑을 유럽에서 "자신이 선택한 광고인"이라고 불렀다.[66*] 1924년에 이르러서는 간디 자신이 조직한 전인도 방적인 협회All-India Spinners Association의 운영진 명단에 그의 이름이 마하트마 간디로 등장했다.[67*] 그렇다면 그가 『카스트의 소멸』에 대한 답변의 첫 번째 단락에서 다음과 같이 말한 것은 슬픈 일이다. "그가 미래에 어떤 꼬리표를 달든, 암베드카르 박사는 자신이 잊히도록 놔둘 사람이 아닙니다." 카스트 제도의 엄청난 공포를 지적하는 것이, 마치 암베드카르식 자기 홍보인 양 말했다.

1891년 불가촉천민 마하르 가문에서 태어난 빔라오 람지 암베드

----

14 인도인들이 간디에게 붙인 이름인 마하트마(Mahatma)를 직역하면 '위대한 영혼'이다. '마하'는 위대하다는 뜻이고 '아트마'는 영혼이라는 뜻이다. 이 용어는 우파니샤드까지 거슬러 올라가며, 최고 존재에 대해 말할 때, 그리고 지식과 사랑의 교통을 통해 그와 하나가 되는 사람들에 대해 말할 때 사용된다.

카르Bhimrao Ramji Ambedkar 박사가 감히 주제넘게 논쟁을 벌인 상대가 바로 이런 사람, 혹은 당신이 정말 그렇게 부르고 싶다면, 이런 성자다.

선인장 숲

암베드카르의 아버지 람지 삭팔Ramji Sakpal과 그의 양가 조부들은 모두 영국 군대의 군인이었다. 그들은 당시 봄베이 관구의 일부였으며 민족주의 정치의 온상이었던 콘칸 출신의 마하르[1]였다. 이름난 국민회의 일원인 '가람 달무장파'의 발 강가다르 틸라크Bal Gangadhar Tilak와 간디의 멘토이기도 한 '나람 달온건파'의 고팔 크리슈나 고칼레Gopal Krishna Gokhale는 둘 다 콘칸 출신의 치트파반 브라만Chitpavan Brahmins이었다. ("스와라지는 나의 타고난 권리이며 나는 그것을 가질 것이다"라는 유명한 말을 한 사람이 바로 틸라크였다)

콘칸 해안은 또한 자신을 정원사 조티 말리Joti Mali라 불렀고 암베드카르의 정치적 조상이라 할 수 있는 조티바 풀의 고향이기도 했다. 풀은 암베드카르가 어린 시절을 보낸 마을인 사타라Satara 출신이었다. 마하르족은 불가촉천민으로 여겨졌고 토지가 없는 농업 노동자였지만 다른 불가촉천민 카스트에 비해 상대적으로 더 나은 생활을 누리고 있었다. 그들은 17세기에 서부 인도의 마라타 왕인 시바지Shivaji의 군대에서 복무했다. 시바지가 세상을 떠난 후 그들은 페슈와Peshwas를 섬기게 되었는데 이 억압적인 브라만 정권은 그들을 끔찍하게 대했다. (침 받을 통을 목에 걸라고 하고 발자국 쓸어낼 빗자루를 엉덩이

---

1   마하라슈트라주와 인근 지역에 주로 거주하는 인도의 카스트. 대부분의 마하르 공동체는 20세기 중반에 암베드카르를 따라 불교로 개종했다. 마하르 카스트는 인도의 16개 주에서 지정 카스트로 묶여 있다.

에 묶으라고 마하르에 강요한 것이 페슈와였다) 이런 종류의 '신탁 관리'를 원치 않았던 마하르는 자신들의 충성을 영국에 바쳤다. 1818년 코레가온Koregaon전투에서 영국의 소규모 마하르 연대가 최후의 페슈와 통치자 바지라오Bajirao 2세의 대 군대를 격파했다.[1*] 이후 영국군은 마하르 연대를 창설했고 이 연대는 지금도 여전히 인도군의 일부다.

시간이 지나면서 마하르족 인구 중 일부가 마을을 떠나 도시로 이주했다. 그들은 도시의 임시직, 비조직 노동자로 봄베이 공장에서 일했다. 이러한 이동이 그들의 지평을 넓혔고 아마도 마하르족이 이 지역의 다른 불가촉천민 공동체보다 더 빨리 정치화한 이유를 설명해 줄 것이다.

암베드카르는 1891년 4월 14일 인도 중부 인도르Indore 근처 영국군 주둔 도시 마우Mhow에서 태어났다. 그는 람지 삭팔Ramji Sakpal과 비마바이 무르바드카르 삭팔Bhimabai Murbadkar Sakpal의 열네 번째이자 마지막 자녀였다. 어머니는 그가 두 살이 되던 해 세상을 떠났고 같은 해 아버지는 군대에서 퇴역했다. 가족은 카비르Kabir와 투카람Tukaram의 박티Bhakti 전통에서 자랐지만, 아버지 람지 삭팔은 힌두 서사시로도 자녀들을 교육했다. 어렸을 때 암베드카르는 라마야나와 마하바라타, 그리고 그들의 변덕스러운 도덕적 교훈에 대해 회의적이었다. 그는 특히 '낮은 태생' 카르나의 살해와 시신 훼손 이야기에 괴로워했다. (카르나는 태양신 수리야Surya와 미혼인 쿤티Kunti 사이에서 태어났다. 어머니에게 버림받고 미천한 마부 밑에서 자랐다. 카르나는 전쟁터에서 마차 바퀴를 수리하던 중 크리슈나의 조언을 따른 그의 이복형 아르준Arjun에 의해 살해당했다) 암베드카르는 아버지와 언쟁을 벌였다. "크리슈나는 속임수를 믿었어요. 그의 삶은 속임수의 연속에 지나지 않아요. 나는 라마도 똑같이 싫어요."[2]* 나중에 그의 사후에 출판된 『힌두교의 수수께끼Riddles in Hinduism』라는 일련의 에세이에서 그는 라마와 크리슈나의 믿을 수 없는 윤리에서 자신이 보았던 용납할 수 없는 여성혐오의 주제를 더욱 확장해 나갔다.[3]*

암베드카르가 굴욕과 불의를 대면한 것은 어린 시절부터였다. 간디가 남아프리카전쟁에 참전했을 때 암베드카르는 열 살이었고 이모와 함께 살며 사타라Satara에 있는 지방 공립학교에 다녔다. 영국의 새로운 법 제정[4]* 덕분에 그는 가촉민 학교에 다닐 수 있게 되었지만, 교실 바닥을 오염시키지 않도록 반 친구들과 떨어져 마대 조각 위에 앉아야 했다. 그는 종일 갈증에 시달렸다. 그에게는 가촉민의 수도꼭지에서 물 마시는 것이 허락되지 않았기 때문이다. 사타라의 이발사들은 그의 머리를 자르지 않았고, 심지어 염소나 물소의 털을 깎는 이발사들도 마찬가지였다. 이 잔인함은 방과 후에도 계속되었다. 그의 형들은 산스크리트어를 배울 수 없었다. 산스크리트어가 베다의 언어이고 지식의 식민화가 카스트 제도의 중심 교리였기 때문이다. (수드라가 의도적으로 베다 암송 소리를 들으면 그의 귀에 끓는 주석이나 수지를 부을 것이라고 가우타마 다르마수트라는 말한다) 한참 후인 1920년대에야 암베드카르는 산스크리트어를 공부했고(1940년대에는 팔리어도 공부했다), 브라만 문헌에 익숙해져서 『카스트의 소멸』을 쓸 때 이 지식을 폭발적으로 활용했다.

1897년, 결국 그의 가족은 봄베이의 집단주택으로 이사했다. 암베드카르는 1907년 엘핀스톤고등학교의 유일한 불가촉천민 학생으로 졸업장을 받았다. 마하르 소년으로서는 이례적인 성취였다. 얼마 지나지 않아 그는 도시 하수구 위에 지어진 창고에서 예식을 열고 9세의 라마바이^{판디타 라마바이와 혼동하지 말 것}와 결혼했다. 그가 엘핀스톤칼리지에서 학사 과정을 이수하는 동안 한 열렬한 지지자가 그를 바로다^{Baroda}의 진보적인 마하라자[2]인 사야지라오 개크와드^{Sayajirao Gaekwad}에게 소개했다. 마하라자는 학업을 마칠 때까지 그에게 장학금으로 매달 25루피씩 지급했다. 마하라자는 암베드카르가 역경을 겪고 정치적 갈등에 처했을 때 그를 돕거나 그와 동맹을 맺은 흔치 않은 특권 카스트 힌두교도 중 한 명이었다.

격동의 시대였다. 무슬림을 위한 별도의 선거구를 옹호한 몰리-민토 개혁안^{Morley-Minto reforms}이 통과되었다. 민족주의자들은 분개했고, 이 개혁을 성장하는 민족운동의 결속을 분열시키려는 영국의 계략으로 여겼다. 틸라크는 선동 혐의로 유죄 판결을 받고 만달레이^{Mandalay}로 추방되었다. 1910년, 틸라크의 추종자였던 청년 비나야크 다모다르 사바르카르^{Vinayak Damodar Savarkar}는 몰리-민토 개혁에 반대하는 무장봉기를 조직한 혐의로 체포되었다. (감옥에서 사바르카르는 정치적 힌두주의로 방향을 돌렸고 1923년에 『힌두트바―힌두란 누구인가?^{Hindutva : Who Is a Hindu?}』를 썼다)

학부를 졸업했을 때 암베드카르는 사야지라오 개크와드로부터 장학금을 받아 해외에서 학업을 계속할 수 있는 세 학생 가운데 한 명이 되었다. 교실 바닥 마대 위에 앉아야 했던 소년은 1913년^{간디가 남아}

---

2   '대왕' 또는 '대군'이라는 뜻으로, 인도의 토후를 가리키는 칭호.

프리카에서 보낸 마지막 해, 뉴욕의 컬럼비아대학교에 입학했다. 거기에 있는 동안 ('듀이의 자유주의'로 유명한) 존 듀이, 에드윈 셀리그먼, 제임스 쇼트웰, 제임스 하비 로빈슨, A. A. 골덴바이저의 지도로, 그는 카스트에 관한 독창적이고 획기적인 논문 「인도의 카스트 ─ 그 작동원리와 발생 및 발전」[5*]을 썼다. 거기서 그는 카스트가 인종이나 계급과 동일시될 수 없고 그 자체로 독특한 사회적 범주, 즉 폐쇄적인 족내혼族內婚 계급이라고 주장했다. 그 논문을 썼을 때 암베드카르는 겨우 25세였다. 그는 잠시 인도로 돌아왔다가 이번엔 런던으로 가 런던정경대학London School of Economics에서 경제학을 공부하고 동시에 런던의 그레이스 인Gray's Inn에서 법학 학위를 취득했다. 학위는 도중에 중단했다가 나중에 완료했다.

암베드카르는 1917년 바로다로 돌아왔다. 장학금을 상환하기 위해 그는 마하라자의 군사 비서로 봉사하기로 예정되어 있었다. 그는 간디가 받았던 것과는 매우 다른 환영을 받았다. 번쩍거리는 행사도 없었고, 부유한 후원자도 없었다. 그와는 반대로, 책이 끝없이 펼쳐져 있는 대학 도서관에서 몇 시간씩 책을 읽고, 식탁에서 냅킨과 포크, 나이프, 숟가락으로 식사하던 암베드카르는 다시 카스트 제도의 가시 돋친 품으로 돌아갔다. 실수로라도 암베드카르를 만질까 두려워, 그의 사무실에 있는 사무원과 허드렛일꾼들은 손으로 서류를 전달하는 대신 그에게 파일을 던지곤 했다. 그가 사무실에 드나들 때면 카펫이 오염되지 않도록 카펫을 말아 두었다. 그는 도시에서 거처를 구하지 못했다. 그의 힌두교도, 무슬림, 기독교도 친구들은 물론 컬럼비아에서 알고 지냈던 친구들도 그를 거절했다. 결국 그는 파르시

³로 가장하여 파르시 여관에 방을 얻었다. 그가 불가촉천민이라는 사실이 주인들에게 알려지자 그는 무장한 사람들에 의해 거리로 던져졌다. 암베드카르는 "지금도 생생하게 기억할 수 있다. 눈물 없이는 결코 기억할 수 없는 얘기다"라고 썼다. "힌두교도에 불가촉천민인 사람은 파르시에도 불가촉천민이라는 사실을 그때 처음으로 배웠다"라고도.^{6*}

바로다에서 숙소를 찾을 수 없었던 암베드카르는 봄베이로 돌아와 처음에는 개인 교습으로 가르치는 일을 한 후, 나중에 시든햄 칼리지_{Sydenham College}에서 교수로 일했다.

1917년, 힌두 개혁가들은 필사적으로 불가촉천민에게 구애하고 있었다. 국민회의는 불가촉성에 반대하는 결의안을 통과시켰다. 간디와 틸라크는 모두 불가촉성을 힌두교와 정반대되는 '질병'이라고 불렀다. 암베드카르의 후원자이자 멘토인 마하라자 사야지라오 개크와드가 주재하고 틸라크를 포함한 당대 여러 유명 인사가 참석한 첫 번째 전인도 침체 계급 회의가 봄베이에서 열렸다. 그들은 전인도 불가촉성 반대 선언문을 통과시켰고, 이 선언문에 그들 모두가 (이를 우회하는 방법을 찾은 틸라크는 제외하고) 서명했다.^{7*}

암베드카르는 이러한 회의들과 거리를 두었다. 그는 불가촉천민에 대한 매우 대중적이지만 전혀 어울리지 않는 배려의 표현에 대해

----

3   인도에 거주하는 조로아스터교 신도들을 가리키는 말. 파르시란 페르시아 사람이라는 뜻. 인도에 거주하는 페르시아인이라고 볼 수 있다. 프레디 머큐리, 주빈 메타, 호미 바바 등이 파르시다. 마르와리, 구자라티와 함께 인도에서 가장 역사 깊은 상인 집단이다.

의심을 키워가기 시작했다. 그는 이것이 변화하는 시대에 불가촉천민 공동체에 대한 통제를 강화하기 위해 특권 카스트가 책략을 꾸미는 방식이라고 보았다. 그의 청중, 그의 지지층, 그의 주된 관심사는 불가촉천민이었지만, 그는 해체되어야 하는 것이 불가촉성을 둘러싼 낙인, 오염-순수의 문제일 뿐만 아니라 카스트 자체라고 믿었다. 허리에 빗자루를 묶고 목에 통을 걸치게 할 정도로 잔인한 불가촉성의 관습은 카스트 관행의 수행적이고 의례적인 끝 지점이었다. 카스트의 진정한 폭력은 토지, 부, 지식, 기회균등에 대한 자격의 부정이다. (카스트 제도는 봉건 판 신탁 교리다. 즉, 자격 있는 자에게 저들의 자격 소유권이 넘겨지고 이는 공익을 위해 사용하도록 신탁된다는 것)

지독한 폭력의 위협이 어디나 있지 않다면 그러한 불변의 위계 체계가 어떻게 유지될 수 있겠는가? 지주가 노동자들에게 대대로 최저 임금을 받으며 밤낮으로 일하라고 어떻게 강요하겠는가? 만약 그것이 제멋대로인 자를 기다리고 있는 형벌에 대한 순전한 공포 때문이 아니었다면, 지주의 꿈도 꿀 수 없는 불가촉천민 노동자가 왜 지주에게 목숨을 바쳐 땅을 갈고 씨를 뿌리고 수확하겠는가? (농장주는 산업가와 달리 파업을 감당할 수 없다. 씨 뿌려야 할 때는 씨 뿌려야 하고, 수확해야 할 때는 수확해야 한다. 농장 노동자는 공포에 질려 비참하게 복종하고, 필요할 때 사용할 수 있게 만들어야 한다) 아프리카 노예들은 어떻게 미국 목화밭에서 강제로 일하게 되었나? 채찍질을 당하고, 린치당하고, 그래도 효과가 없으면 다른 사람들이 보고 두려워할 수 있도록 나무에 매달아 두었다. 왜 오늘날에도 반항적인 달리트 살인은 단순한 살인이 아니라 학살 의례가 되는 것일까? 왜 그들은 항상 산 채로 불태워지고, 강

간당하고, 사지가 절단되고, 발가벗겨져 줄 세워지는 것일까? 수레
카 보트망게와 그녀의 아이들은 왜 그렇게 죽어야 했나?

암베드카르는 이에 답하려 노력했다.

많은 사람은 왜 자신들이 당했던 사회적 해악을 묵인해 왔나? 세계
다른 나라들에서는 사회 혁명이 일어났다. 왜 인도에서는 사회 혁명이
일어나지 않았는가 하는 질문이 나를 끊임없이 괴롭혔다. 내가 줄 수
있는 답은 오직 하나뿐이다. 그것은 힌두교의 하층계급이 이 비참한 카
스트 제도 때문에 직접적인 행동을 할 수 없게 완전히 무력화되었다는
것이다. 그들은 무기를 지닐 수 없었고, 무기가 없으니 저항할 수도 없
었다. 그들은 모두 쟁기꾼—그보다는 쟁기꾼으로 선고된—이었고,
그들에게는 쟁기를 칼로 바꾸는 것이 절대 허용되지 않았다. 그들은 총
검이 없었기 때문에 누구든지 선택하기만 하면 그 위에 깔고 앉을 수
있었고 실제로 그렇게 했다. 카스트 제도 때문에 그들은 교육받을 수
없었다. 그들은 구원의 길을 생각해 낼 수도, 알 수도 없었다. 그들은 비
천하다고 선고받았다. 피할 길도 모르고, 피할 수단도 없었기 때문에
그들은 영원한 종살이와 화해하게 되었고, 그것을 피할 수 없는 운명으
로 받아들였다.[8]*

농촌 지역에서는 정통 힌두교도들이 감히 체제에 저항하는 불가
촉천민에 대해 선포하는 '사회적 보이콧'의 망령 앞에서 실제 물리적
인 폭력의 위협이 종종 희미해지기도 했다. (이것은 대담하게도 토지를
구매하는 것, 좋은 옷을 입는 것, 힌두 카스트 앞에서 손 담배 비디를 피우는 것,

무모하게도 신발을 신는 것, 결혼식 행렬에서 암말을 타는 그 무엇이라도 의미할 수 있었다. 불가촉천민에게 대체로 예상되는 것보다 덜 비겁한 태도나 자세조차 범죄가 될 수 있었다) 미국의 민권운동이 캠페인 도구로 활용했던 보이콧과는 정반대다. 미국 흑인들은 그래도 그들을 경멸하는 버스와 기업을 보이콧할 수 있는 경제적 영향력을 약간은 갖고 있었다. 특권 카스트 가운데 인도 시골 지역의 사회적 보이콧은 전통적으로 '후카-파니-반드'를 의미한다. 즉, 지역 사회를 어지럽히는 사람에게 후카^{담배}와 파니^물를 금하는 것이다. 이른바 '사회적 보이콧'임에도 사회적 보이콧일 뿐만 아니라 경제적 보이콧이기도 하다. 달리트에게 그것은 치명적이다. '죄인'은 이웃에서 고용을 부정당하고, 음식과 물에 대한 권리도 부정당하며, 마을 바니아 가게에서 식량을 구매할 권리도 부정당한다. 그들은 시달리다 쫓겨나 굶주리도록 방치된다. 사회적 보이콧은 인도 시골 마을에서 달리트에 맞서는 무기로 계속해서 사용되고 있다. 그것은 힘없는 자에 대한 힘 있는 자의 비협력이다. 우리가 알고 있는 비협력이 거꾸로 된 것이다.

카스트를 정치 경제에서, 달리트 대부분이 살고 일하는 노예 상태에서 떼어내기 위해, 자격, 토지 개혁, 부의 재분배 문제를 생략하기 위해, 힌두 개혁가들은 카스트 문제를 교묘하게 불가촉성의 문제로 좁혔다. 그들은 개혁이 필요한 잘못된 종교적, 문화적 관행이라는 틀 안에 그것을 가두었다.

간디는 이를 '방기Bhangis', 즉 주로 도시에 거주하고, 따라서 다소 정치적인 공동체인 청소부들의 문제로 더욱 좁혔다. 그는 어린 시절 기억 속 자기 집 화장실에서 일하던 소년 청소부 우카를 떠올렸고,

자기 가족이 우카를 대하는 방식이 항상 그를 괴롭혔다고 자주 이야기했다.[9]* 농촌의 불가촉천민쟁기질하는 자, 도공, 무두장이 및 그 가족은 보통 (오염시킬 수 있는 거리를 벗어나) 마을 가장자리에 오두막을 짓고 여기저기 흩어져 작은 공동체를 이루며 살았다. 간디가 즐겨 부르는 대로라면 청소부인 방기Bhangis, 추라Chuhras 및 메타르Mehtars 같은 도시의 불가촉천민들은 다수가 함께 살았으며 사실상 정치적 선거구를 형성하고 있었다. 그들이 기독교로 개종하는 것을 좌절시키기 위해 펀자브 카트리 카스트의 힌두 개혁가인 라라 물크 라지 발라Lala Mulk Raj Bhalla는 1910년에 그들에게 재세례를 베풀었고, 이에 그들은 집단으로 발미키Balmikis라고 불리게 되었다. 간디는 발미키를 꽉 붙잡아 그들을 불가촉성에 대한 자신의 쇼윈도로 만들었다. 그는 그들에게 선과 자선이라는 선교 행위를 수행했다. 그는 그들에게 그들의 유산을 사랑하고 붙잡는 법, 그리고 그들의 유전적 직업이 주는 기쁨 이상을 절대 열망하지 않는 법을 설교했다. 간디는 평생에 걸쳐 종교적 의무로서 '청소'가 갖는 중요성에 대해 많은 글을 썼다. 세상의 다른 사람들이 그런 소란을 피우지 않고 자신의 뒷일을 처리하고 있다는 것은 중요치 않아 보였다.

1925년 1월 8일 바브나가르에서 열린 카티아와르 정치 회의에서 의장 연설로 간디는 다음과 같이 말했다.

내가 이왕에 어떤 자리를 구한다면 그것은 방기Bhangi의 자리입니다. 때를 청소하는 것은 방기뿐만 아니라 브라만도 수행할 수 있는 신성한 작업인데, 브라만은 거룩함을 알고 행하고, 방기는 거룩함을 알지 못한 채 행합니다. 나는 둘 다를 존경하고 존중합니다. 둘 중 하나라도 없으면 힌두교는 멸종에 처할 수밖에 없습니다. 나는 봉사의 길을 좋아합니다. 그러므로 나는 방기를 좋아합니다. 나는 개인적으로 그와 식사를 함께 하는 것에 반대하지 않습니다. 그러나 나는 당신에게 그와 함께 식사하라거나 그와 결혼하라고 요구하는 것이 아닙니다. 내가 여러분에게 어떻게 조언할 수 있나요?[10]*

발미키에 대한 간디의 관심과 대대적으로 홍보된 그의 '방기 집단 거주지' 방문은 그가 그들을 우월감과 경멸로 대했음에도 불구하고 좋은 결과를 가져왔다.

1946년 그가 한 집단거주지를 방문했을 때,

그의 방문을 앞두고 주민 절반이 마을 밖으로 이동되었으며, 주민들의 판잣집은 허물어지고 그 자리에 작고 깔끔한 오두막이 세워졌다. 오두막 입구와 창문은 매트로 가려졌고 간디가 방문하는 동안 냉각 효과를 주기 위해 물을 계속 흩뿌렸다. 지역 사원은 하얗게 칠해졌고 새로운 벽돌 길이 깔렸다. 간디의 방문을 담당한 사람 중 하나인 비를라 사Birla Company의 디나나트 티앙Dinanath Tiang은 『라이프Life』지의 사진기자 마가렛 버크화이트Margaret Bourke-White와의 인터뷰에서 불가촉천민 거주지의 환경 개선에 대해 이렇게 설명했다. "우리는 지난 20년 동안 간디지의 위로를 돌봐왔습니다."[11]*

학자 비자이 프라샤드Vijay Prashad는, 델리의 발미키 노동자 이야기

에서 간디가 1946년 만디르 마르그^{구 레딩 로드}에 있는 발미키 거주지를
방문했을 때 공동체와 함께 식사하기를 거부했다고 말한다.

> "당신은 내게 염소젖을 제공해도 좋습니다"라고 그는 말했다. "그러
> 나 그 비용은 내가 치를 것입니다. 당신이 준비한 음식을 내가 취할 것
> 을 당신이 간절히 원한다면, 당신은 이리 와서 나를 위해 음식을 요리
> 해도 좋습니다." (…중략…) 발미키 원로들은 불쾌함을 숨기지 않으면
> 서 간디의 위선에 관한 이야기를 들려준다. 달리트가 간디에게 견과류
> 를 주자, 그는 그것을 자기 염소에게 먹이고는 자신은 나중에 염소젖으
> 로 그것을 먹겠다고 말했다. 간디의 음식, 견과류 및 곡물은 대부분 비
> 를라 하우스에서 가져왔다. 그는 이것들을 달리트에게서 취하지 않았
> 다. 급진적인 발미키는 이러한 문제에 대해 간디와 공개적으로 대결한
> 암베드카르주의를 피난처로 삼았다.[12]*

　암베드카르는 불가촉천민이 스스로 조직하고 동원하여 자신들 대
표자와 함께 정치적 선거구를 이루지 않는 한 카스트 문제는 더욱 고
착될 것이라는 점을 깨달았다. 그는 힌두 분파나 국민회의 내에 불가
촉천민을 위한 자리를 배정하면 단지 고분고분한 후보자, 즉 주인을
기쁘게 하는 방법을 아는 하인이 배출될 것이라고 믿었다. 그는 불
가촉천민을 위한 별도의 선거구에 대한 아이디어를 발전시키기 시
작했다. 1919년에 그는 사우스버러 선거 개혁 위원회에 서면 증언을
제출했다. 위원회의 업무는 자치 준비로 작성될 새 헌법 초안을 위해
기존 토지 수익 지구를 기반으로 하는 영토 선거구 설계와 무슬림,

기독교도, 시크교도를 위한 별도의 공동 대표제를 제안하는 것이었다. 국민회의는 위원회를 보이콧했다. 암베드카르는 자신을 부역자이자 반역자라고 비난하는 사람들에게 자치는 브라만의 권리인 동시에 불가촉천민의 권리이기도 하며 모든 사람을 평등한 차원에 놓기 위해 할 수 있는 일을 하는 것이 특권 카스트의 의무라고 말했다. 암베드카르는 자신이 제출한 증언에서 불가촉천민은 무슬림, 기독교도, 시크교도와 마찬가지로 가촉민 힌두교도와는 별개의 사회 집단이라고 주장했다.

> 대표권과 국가 직위를 맡을 권리는 시민권을 구성하는 가장 중요한 두 가지 권리입니다. 그러나 불가촉천민의 불가촉천민 됨은 이러한 권리를 그들의 손이 닿지 않는 곳에 두었습니다. 어떤 지역에서는 신체의 자유나 개인의 안전과 같은 사소한 권리조차 갖지 못하고 법 앞의 평등이 그들에게 항상 보장되지도 않습니다. 이것이 불가촉천민의 관심사입니다. 그리고 쉽게 알 수 있듯이 그들은 불가촉천민으로만 대표될 수 있습니다. 그들은 뚜렷하게 그들 자신의 관심사를 갖고 있으며 다른 누구도 진정으로 이를 대변할 수 없습니다. (…중략…) 따라서 우리는 우선 그들의 관심사인 불만을 대표할 불가촉천민을 찾아야 하되, 시정을 요구하기에 충분한 힘을 구성할 만큼의 수로 그들을 찾아야 할 것입니다.[13]*

영국 정부는 당시 그의 증언에 그다지 많은 관심을 기울이지 않았지만, 그의 증언은 아마도 10년 후인 1930년에 암베드카르가 제1차 원탁회의에 초대되는데 근거를 제공했을 것이다.

이 무렵 암베드카르는 그의 첫 잡지인 『무크 나야크^{목소리 없는 이들의 지도자}』을 창간했다. 틸라크가 소유한 신문인 『케사리^{Kesari}』는 무크 나야크의 발간을 알리는 유료 광고조차 거부했다.[14*] 무크 나야크의 편집자는 마하르 최초로 고등학교를 졸업하고 대학에 진학한 바트카르^{B.N. Bhatkar}였다.[15*] 암베드카르는 초기 13개 사설을 직접 썼다. 첫 번째 사설에서 그는 힌두 사회를 냉담한 비유로 묘사했다. 그곳은 계단도 없고 입구도 없는 다층탑이었고 모든 사람은 자신이 태어난 층에서 죽어야 했다.

반브라만적 시각과 무려 1902년에 이미 교육 및 일자리에 대한 지정고용 정책을 개척한 것으로 이름난 콜하푸르^{Kolhapur}의 마하라자 차트라파티 샤후의 지지에 힘입어, 1920년 5월 암베드카르와 그의 동료들은 나그푸르에서 최초의 전인도 침체 계급 회의를 조직했다. 회의는 주류 힌두 카스트가 선택한 불가촉천민 대표는 진정으로 차투르바르나^{chaturvarna4}에 맞서 일할 수 없거나 일하려 하지 않을 것이라는 데 동의했다.

1920년대는 우물, 학교, 법원, 사무실, 대중교통 이용권을 위해 불가촉천민이 직접 행동을 시작한 시기로 기록된다. 1924년, 바이콤 사티아그라하^{Vaikom Satyagraha}로 알려지게 된 바로 그곳에서, 수드라^{Shudra}로 지정된 공동체인 에자바족^{Ezhavas}과 불가촉천민인 풀라야족^{Pulayas}은 (현 케랄라주에 속한) 트라반코르의 코타얌에서 20마일 떨어

---

4   네 개의 바르나, 즉 네 개의 카스트.

진 바이콤에 있는 마하데바 사원을 둘러싸는 공공 도로의 이용권을 강력히 요구했다. 바이콤 사티아그라하의 지도자 중 한 사람은 시리아 기독교인이자 간디의 추종자였던 조지 조셉George Joseph이었다. 간디는 자신이 힌두인의 "내부 문제"라고 믿는 것에 "비 힌두인"이 개입하는 것을 반대했다. (3년 전 그가 킬라파트운동을 '이끈' 당시에는 같은 논리가 적용되지 않았다)[16] 그는 또한 "인도인이 통치하는" 국가에서 본격적인 사티아그라하 지지를 꺼렸다. 바이콤 사티아그라하가 진행되는 동안 조지 조셉은 투옥되었다. 그는 카스트 문제에 대한 간디의 변명할 수 없는 양가성을 확인하고서 깊은 환멸을 느꼈다. 바이콤에서 긴장이 고조되자, 국민회의 지도자이자 간디의 최고 부관인 라자고팔라차리C. Rajagopalachari[17]는 상황을 감독하기 위해 바이콤으로 갔다. 1924년 5월 27일 대중 연설에서 그는 염려하는 바이콤의 특권 카스트 힌두교도들을 안심시켰다.

바이콤이나 다른 어느 지역 주민들이라도 마하트마지가 카스트 폐지를 바랄까 하여 두려워하지 않도록 하십시오. 마하트마지는 카스트 제도가 폐지되는 걸 원하는 게 아니라 불가촉성을 없애야 한다고 주장하는 겁니다. 마하트마지는 여러분이 티야Thiyas나 풀라야Pulayas와 함께 식사하는 것을 원하지 않습니다. 그가 원하는 것은 여러분이 소나 말에게 다가가듯이 우리가 다른 인간 존재들에도 다가가거나 그들을 만질 준비가 되어 있어야 한다는 것입니다. (…중략…) 마하트마지는 여러분이 소나 개, 기타 해 없는 생물을 대하듯 소위 불가촉천민도 그렇게 헤아리기를 원합니다.[18]

간디 자신도 중재를 위해 1925년 3월 바이콤에 도착했다. 그는 브라만 아닌 자가 성소에 들어가는 것을 허용하지 않는 사원의 브라만 사제들, 트라반코르의 여왕과 협의하고 타협안을 협상했다. 도로는 사원으로부터 더 이상 '오염' 거리 내에 있지 않도록 재조정되었다. 도로 중 논쟁의 여지가 있는 부분은 성전에 들어갈 권리가 없는 아바르나[불가촉천민]뿐 아니라, 기독교도와 무슬림에게도 폐쇄되었다. 간디는 "정통파 친구들을 만족시키기는 불가능하다"라며 "사티아그라하 철회"를 권고했지만,[19*] 현지 사티아그라히들은 투쟁을 계속했다. 12년 후인 1936년 11월, 트라반코르의 마하라자는 인도 최초의 사원 출입 선언을 공표했다.[20*]

✳

간디의 첫 번째 주요 정치적 행동 중 하나가 더반 우체국 문제에 대한 '해법'이었다면 암베드카르의 그것은 1927년의 마하드 사티아그라하[Mahad Satyagraha]였다.

1923년, (국민회의가 그 선출을 보이콧했던) 봄베이 입법위원회는 불가촉천민이 공공 물탱크, 우물, 학교, 법원, 진료소를 사용하도록 허용한 볼레 결의안[Bole Resolution]을 통과시켰다. 마하드 마을에서는 지방자치 당국이 불가촉천민의 마을 차바다르 탱크 사용을 반대하지 않는다고 선언했다. 결의안을 통과시키는 것과 그에 따라 행동하는 것은 전혀 다른 문제다. 4년간의 동원 끝에 불가촉천민은 용기를 내어 1927년 3월 마하드에서 이틀간 회의를 열었다. 회의를 위한 자금은 대중의 기부로 모금되었다. 학자 아난드 텔툼데Anand Teltumbde는 미출간 원고에서 마하드 사티아그라하를 조직한 이들 중 하나인 아난트 비나야크 치트레Anant Vinayak Chitre의 말을 인용하여, 40개 마을이 각각 3루피씩 기부했으며 봄베이에서 투카람Tukaram에 관한 연극 상연으로 23루피를 벌어들여 총 143루피를 모금했다고 말했다. 이것을 간디의 문제와 대조해 보라. 마하드 사티아그라하가 있기 불과 몇 달 전인 1927년 1월 10일, 간디는 그의 산업가 후원자인 비를라에게 다음과 같은 편지를 보냈다.

> 돈에 대한 나의 갈증은 도저히 해소될 수 없습니다. 카디, 불가촉성, 교육을 위해 최소 20만 루피가 필요합니다. 낙농업에 5만 루피가 더 듭니다. 또 아쉬람Ashram 비용도 있습니다. 자금이 부족해 미완으로 남은 일은 없으나 신은 혹독한 시련 끝에야 주십니다. 이것도 나는 만족스럽습니다. 당신이 믿음을 가진 어떤 일에 대해서도 당신이 뜻대로 줄 수 있습니다.[21]*

마하드 회의에는 3천여 명의 불가촉천민과 소수의 진보적인 특권 카스트 구성원이 참석했다. (막 감옥에서 나온 V. D. 사바르카르도 마하드 사티아그라하의 지지자 중 한 사람이었다) 암베드카르가 회의를 주재했다. 둘째 날 아침, 사람들은 차바다르 탱크로 행진하여 물을 마시기로 정했다. 특권 카스트는 불가촉천민의 행렬이 네 사람씩 나란히 마을을 행진하고 탱크 물 마시는 것을 공포에 질려 지켜보았다. 충격이 가라앉자 곤봉과 몽둥이로 격렬한 반격이 이어졌다. 불가촉천민 20명이

다쳤다. 암베드카르는 사람들에게 똑바로 서서 반격하지 말 것을 촉구했다. 불가촉천민이 비레쉬와르 사원에 들어갈 계획이라는 소문이 의도적으로 퍼졌고, 이는 폭력을 신경질적으로 만들었다. 불가촉천민들은 뿔뿔이 흩어졌다. 일부는 무슬림 가정으로 피했다. 암베드카르는 자신의 안전을 위해 경찰서에서 밤을 보냈다. 상황이 평온을 되찾자 브라만들은 기도와 108 항아리의 소똥, 소 오줌, 우유, 커드,[5] 기[6]로 물탱크를 '정화'했다.[22*] 마하드 사티아그라히들은 자신들 권리를 상징적으로 행사하는 것으로 만족할 수 없었다. 1927년 6월, 암베드카르가 창간한 격주간지 『바히슈크리트 바라트*Bahishkrit Bharat*, 배척된 인도』에 광고가 게재되어 시위가 계속되기를 원하는 침체 계급 구성원이라면 참가를 신청하라고 요청했다. 마하드의 정통 힌두교도들은 마을의 하급심 재판관에 접근하여 탱크를 사용하는 불가촉천민에 맞서 임시적인 법적 금지 명령을 받아냈다. 그래도 불가촉천민들은 또 다른 회의를 열기로 하고 12월 마하드에서 재집결했다. 간디에 대한 암베드카르의 환멸이 시작되려면 아직 몇 년이나 남아있었다. 사실 간디는 정통파의 공격을 마주한 불가촉천민의 평정심을 좋게 말했기 때문에, 무대에 그의 초상화가 올려졌다.[23*]

두 번째 마하드 회의에는 만 명이 참석했다. 이때 암베드카르와 그의 추종자들은 마누법전[24*] 한 권을 공개적으로 불태웠고 암베드카르는 다음과 같이 감동적으로 연설했다.

---

5   옹고 우유.
6   버터기름.

여러분, 여러분은 오늘 사티아그라하 위원회의 초청으로 이 자리에 모였습니다. 그 위원회의 위원장으로서 여러분 모두를 진심으로 환영합니다. 마하드에 있는 이 호수는 공공 재산입니다. 마하드의 카스트 힌두교도들은 매우 합리적이어서 그들 자신이 호수에서 물을 길을 뿐만 아니라, 모든 종교의 사람들이 호수에서 물을 길을 수 있도록 자유롭게 허가하므로 이슬람과 같은 다른 종교의 사람들도 이 허가를 활용합니다. 또한 카스트 힌두교도들은 새나 짐승과 같이 인간보다 낮은 것으로 여겨지는 종자들이 호수에서 물 마시는 것을 금지하지 않습니다. 더욱이 그들은 불가촉천민이 키우는 짐승들이 호수에서 물 마시는 것도 자유롭게 허용합니다.

마하드의 카스트 힌두교도들이 불가촉천민의 차바다르 호숫물 음용을 막는 것은 불가촉천민의 손길이 물을 오염시키거나 물이 증발하여 사라질 것이라 그들이 믿어서가 아닙니다. 불가촉천민에게 그 음용을 금지하는 이유는 신성한 전통에 의해 열등하다고 선언된 카스트가 실은 동등하다는 것을 그러한 허락으로 인정하고 싶지 않기 때문입니다.

차바다르 호숫물을 마신다고 해서 우리가 불멸의 존재가 되는 것은 아닙니다. 우리는 그것을 마시지 않고도 이제껏 충분히 잘 살아왔습니다. 우리는 단지 물을 마시기 위해 차바다르 호수에 가는 것이 아닙니다. 우리는 우리도 다른 사람들과 같은 인간임을 주장하기 위해 호수로 가는 것입니다. 이번 회의가 평등의 규범을 확립하기 위해 소집되었다는 것을 분명히 해야 합니다.

암베드카르는 몇 번이고 평등이라는 주제로 돌아왔다. 그는 인간

이 모두 평등하지는 않을지도 모르지만, 인간 사회를 등급화하고 구분한다는 것이 불가하기에, 평등만이 유일하게 가능한 지배 원칙이라고 말했다.

요약하자면, 불가촉성은 단순한 문제가 아닙니다. 그것은 우리의 모든 가난과 비천함의 어머니이며 그것이 오늘날 우리가 처한 이 비참한 상태에 이르게 했습니다. 우리를 그로부터 일으켜 세우고 싶다면 우리는 이 임무를 수행해야 합니다. 우리는 다른 어떤 방법으로도 구원받을 수 없습니다. 이는 우리의 이익만을 위한 일이 아닙니다. 그것은 또한 국가의 이익을 위한 것이기도 합니다.

그러나 이것만으로는 충분하지 않습니다. 사띠카스트 제도에 내재한 불평등이 근절되어야 만 합니다. (…중략…) 진정한 사회 혁명을 가져오기 위한 우리의 활동이 시작되었습니다. 그 누구도 저 달콤한 말들에 빠져 그저 마음 상태를 평온히 하면 된다고 여기면서 자신을 속이지 마십시오. 이 활동은 강한 감정, 즉 운동을 추동하는 힘으로 지탱됩니다. 이제 누구도 그것을 막을 수 없습니다. 오늘 이곳에서 시작되는 사회 혁명이 평화적인 방법으로 이루어지길 신께 기도드립니다. 우리는 반대자들에게도 이렇게 말할 것입니다. 우리를 반대하지 마십시오. 정통이라는 경전들을 버리십시오. 정의를 따르십시오. 그러면 우리도 우리의 계획을 평화롭게 수행할 것을 보장합니다.[25*]

회의에 참석한 사람들 수천 명은 호전적인 분위기 속에 있었고 법원의 금지 명령을 무시하고 물탱크로 행진하기를 원했다. 암베드카르는 이에 반대하기로 했다. 법원이 문제를 심리한 다음 불가촉천민이 공공 우물을 사용할 권리가 있다고 선언하기를 바랐기 때문이다. 그는 사법 명령이 단순한 지방 자치 단체 의결보다는 상당한 진전을 보이리라 생각했다. 고등법원은 결국 금지 명령을 해제했으나 불가촉천민들을 지지하는 법적 선언을 에둘러가는 기술적인 방법을 (거의 80년 후 카이를란지 판결을 내린 판사처럼) 찾았다.[26*]

같은 달[1927년 12월] 간디는 라호르에서 열린 전인도 피억압 계급 회의에서 연설했다. 그는 암베드카르의 복음과 반대되는 복음을 전했다. 그는 불가촉천민들에게 "사람들의 뿌리 깊은 편견에 무례한 충격을 주려는 의도가 있을 때 두라그라하가 되고 마는 그런 사티아그라하가 아니라 달콤한 설득으로" 자신들의 권리를 위해 싸울 것을 촉구했다.[27*] 그는 두라그라하Duragraha를 "악마적 힘"으로 정의했는데, 이는 "영혼의 힘"인 사티아그라하와 대척점에 있었다.[28*]

암베드카르는 마하드 사티아그라하에 대한 간디의 반응을 절대 잊지 않았다. 1945년에 쓴 『의회와 간디가 불가촉천민에게 한 일What Congress and Gandhi Have Done to the Untouchables』에서 그는 다음과 같이 말했다.

불가촉천민은 간디의 도덕적 지원을 얻을 희망이 없지 않았다. 실제로 그들에게는 그것을 얻을 수 있는 아주 좋은 기반이 있었다. 고통으로 상대방의 마음을 녹이는 것이 그 본질인 사티아그라하라는 무기는 간디 씨가 만든 무기였고, 그가 스와라지 승리를 위해 영국 정부에 대항하여 의회를 이끌며 썼던 무기였다. 불가촉천민들이 공공 우물에서 물을 긷고 공공 힌두 사원에 들어갈 수 있는 권리를 확보하려는 목적으로 힌두교에 대항하는 사티아그라하에 대해 간디 씨로부터 전폭적인 지원을 기대한 것은 당연한 일이었다. 그러나 간디는 사티아그라하를 지지하지 않았다. 그는 자신의 지지를 표명하지 않았을 뿐만 아니라 강경한 용어를 사용해 이를 비난했다.[29]*

*

논리적으로 볼 때, 암베드카르가 나아가고 있는 방향은 그를 마하드 사티아그라하보다 2년 앞선 해인 1925년에 창설된 인도 공산당의 자연적 동지로 만들었어야 했다. 볼셰비즘의 기운이 감돌고 있었다. 러시아 혁명은 전 세계 공산주의자들에게 영감을 주었다. 봄베이 관구의 노동조합 지도자였던 마하라슈트라 브라만인 단게S.A. Dange는 봄베이 직물 노동자의 상당 부분을 별도의 이탈 노동조합, 즉 인도 최초의 공산주의 노동조합인 기르니 캄가르 노동조합조합원 7만 명 보유으로 조직했다. 당시 공장 노동력의 상당 부분은 불가촉천민들이었고, 그들 중 다수는 마하르Mahar였는데, 직조부에서는 실을 입에 물고 있어야 했고 불가촉천민의 타액이 제품을 오염시키는 것으로 여겨졌기 때문에 그들은 훨씬 낮은 급여를 받는 방적부에만 고용되었다. 1928년 단게는 기르니 캄가르 노동조합의 첫 대규모 파업을 이끌었다. 암베드카르는 제기됨이 마땅한 문제 중 하나가 노동자 계급 내에서의 평등과 동등한 자격이라고 주장했으나 단게는 동의하지 않았고 이는 길고 쓰라린 불화로 이어졌다.[30]*

몇 년 후인 1949년, 공산주의자 위인들 가운데 여전히 존경받는 인사였던 단게는 『마르크스주의와 고대 인도 문화—원시 공산주의에서 노예 제도까지』라는 책을 썼는데, 여기서 그는 고대 힌두 문화가 원시 공산주의의 한 형태라고 주장했다. "브라만은 아리아인의 코뮌이고 야그냐 또는 야즈나[불의 희생제]는 그들의 생산 수단이자 집단적 생산 방식과의 원시적 교감이다." 수학자이자 마르크스주의 역사가인 D. D. 코삼비는 리뷰에서 다음과 같이 말했다. "이것은 개연성이 매우 낮은 이야기여서 그저 터무니없다고 밖에는 달리 말할 도리가 없다."[31*]

봄베이 공장은 이후 폐쇄되었지만 기르니 캄가르 노동조합은 지금도 여전히 존재한다. 공장 노동자들은 보상과 주택공급을 위해 싸우고 있으며 쇼핑몰 건설을 위해 공장 지대를 넘기려는데 저항하고 있다. 공산당은 영향력을 잃었고, 과격한 마하라슈트라 힌두 국수주의 정당인 쉬브 세나Shiv Sena가 노동조합을 장악했다.

암베드카르와 단게가 노동자들 사이의 내부 불평등에 대해 의견을 달리하기 몇 년 전, 간디는 이미 확고한 노동 조직자였다. 노동자와 파업에 대한 그의 견해는 무엇이었나?

간디는 노동 불안이 계속되자 남아프리카에서 돌아왔다.[32*] 섬유산업은 제1차 세계대전 동안 분명 좋은 성과를 거두었지만, 그 번영은 노동자의 임금에 반영되지 않았다. 1918년 2월, 아메다바드 지역 공장 노동자들이 파업에 돌입했다. 분쟁을 중재하기 위해 아메다바드 공장 소유주 협회 회장 암발랄 사라바이는 아메다바드 바로 외곽 사바르마티에 자신의 아쉬람을 세운 간디에게 도움을 요청했다. 이는 인도 노동조합 조직자로서 간디가 평생에 걸쳐 쌓은 경력의 시작이었다. 1920년에 그는 마주르 마하잔 상(번역하면 노동자, 공장 소유주 연합회)이라는 노동조합을 설립했다. 영문명은 섬유노동조합(Textile Labor Union)이었다. 노동조합 조직자인 암발랄 사라바이(Ambalal Sarabhai)의 누이인 아누수야벤(Anusuyaben)이 종신 회장으로 선출되었고, 간디는 자문위원회의 중추적인 구성원이 되었으며 이 또한 종신이었다. 노동조합은 노동자들의 위생과 생활 조건을 개선하기 위해 노력했지만, 어떤 노동자도 조합 지도부에 선출된 적은 없었다. 경영진과 노조 간 비공개 중재에는 노동자의 참석이 일절 허용되지 않았다. 노동조합은 생산 과정의 여러 단계에서 일하는 구성원들로 조직된 직무 기반 소규모 조합들의 연합으로 나뉘어 있었다. 달리 말하면, 노동조합의 구조가 카스트 구분을 제도화했다. 연구자 얀 브레먼(Jan Breman)이 인터뷰한 한 노동자에 따르면, 불가촉천민에게는 공용 구내식당 출입이 허용되지 않았고, 별도의 식수 탱크와 거주지 분리가 따랐다.[33*]

노동조합에서 간디는 최고 조직자이자 협상가이자 의사결정자였다. 1921년 노동자들이 사흘간 출근하지 않자 간디는 격분했다.

힌두교도와 이슬람교도 노동자들은 공장에 나오지 않음으로써 자신들을 불명예스럽게 하고 욕보였습니다. 노동은 나를 무시할 수 없습니다. 인도에서는 누구도 그렇게 할 수 없다고 나는 믿습니다. 나는 인도를 속박으로부터 해방하려 노력하고 있기에 노동자들의 노예가 되는 것을 거부합니다.[34*]

다음은 섬유 노동조합 보고서의 1925년 항목이다. 누가 썼는지는 모르지만, 그 내용과 문학적 흐름은 간디가 30여 년 전 남아프리카의 계약 노동에 관해 말한 것과 매우 유사하다.

그들은 일반적으로 이런 도시에서 사방으로 그들을 둘러싸고 있는 타락한 영향력에 저항할 만큼 충분한 지성과 도덕적 발전으로 무장되어 있지 않다. 대다수가 이런저런 식으로 망가진다. 그들 중 상당수는 도덕적 균형을 잃고 습관적 음주의 노예가 되며, 많은 이들이 육체적으로 파괴되어 쓰러지고 결핵으로 쇠약해진다.[35]*

간디의 주요 후원자는 공장 소유주였고 그의 주요 지지층은 노동 계급이어야 했기 때문에 간디는 자본가와 노동계급에 관한 난해한 논제를 발전시켰다.

공장주가 전적으로 틀렸을 수도 있다. 자본과 노동 간 투쟁에서 일반적으로 자본가들은 오답 상자에 있는 경우가 많다고 말할 수 있다. 그러나 노동이 자신의 힘을 충분히 실현하게 되면 자본보다 더 포악할 수 있다는 것을 나는 알고 있다. 노동이 공장 소유주의 지능을 통제할 수 있다면 그들은 노동이 지시하는 조건에 따라 작업해야 할 것이다. 그러나 노동이 결코 그러한 지능에 도달하지 못할 것이라는 점은 분명하다. 노동자가 그들의 숫자나 잔인한 무력, 즉 폭력에 의존한다면 그것은 자살 행위가 될 것이다. 그렇게 함으로써 그들은 그 나라의 산업에 해를 끼칠 것이다. 반면에 그들이 순수한 정의에 입각하고 그것을 지키기 위해 몸으로 고통을 겪는다면, 그들은 항상 성공할 뿐만 아니라 그들의 주인을 개혁하고 산업을 발전시킬 것이며 주인과 그의 사람 모두가 한 가족의 구성원이 될 것이다.[36]*

간디는 파업에 대해 모호한 견해를 가지고 있었다. 그러나 1946년에 공개된 청소부 파업에 대한 그의 견해는 다른 어떤 노동자 파업에 대한 견해보다 훨씬 더 엄중했다.

> 파업이 잘못됐다고 볼 수 있는 특정 분야들이 있다. 청소부의 불만이 이 범주에 속한다. 청소부 파업에 반대하는 나의 견해는 내가 더반에 있었을 때인 1897년으로 거슬러 올라간다. 거기서 총파업이 제기되었고 청소부들이 이에 동참해야 하는가 하는 질문이 생겼다. 내가 던진 표는 그 제안에 반대하는 것으로 등록되었다. 사람이 공기 없이는 살수 없듯이, 집과 주변 환경이 깨끗하지 않으면 사람도 계속 살아갈 수 없다. 특히 현대식 배수 장치가 작동하지 않을 때 이런 전염병이 발생할 수밖에 없다. 방기_{청소부}는 단 하루라도 자기 일을 내던져서는 안 된다. 그에게는 정의를 지키기 위한 다른 방법이 얼마든지 열려 있다.[37]*

정의를 지켜내기 위한 "다른" 방법이 무엇인지는 확실치 않다. 사티아그라하를 벌이는 불가촉천민은 두라그라하를 범하고 있는 셈이었다. 파업 중인 청소부들은 죄를 지었다. '달콤한 설득' 외에는 그 무엇도 허용되지 않았다.

노동자들이 공정한 임금을 위해 파업할 수는 없었지만, 간디가 큰 산업가들의 후원을 아낌없이 받는 것은 완벽하게 옳은 일이었다. (그가 『카스트의 소멸』에 대한 응답에서 첫 번째 요점으로 "그^{암베드카르}는 가격을 8안나로 책정했습니다. 나라면 2안나 아니면 적어도 4안나 정도를 조언했을 것입니다"라고 쓴 것도 이 같은 예외주의적 감각에서였다)

*

  암베드카르와 새로운 인도 공산당의 차이점은 피상적이지 않았다. 그들은 제 일 원리로 돌아갔다. 공산주의자들은 그 책의 사람들이었고, 그 책은 브라만교에 대해 들어는 봤지만 실제로 접해본 적은 없는 독일 유대인이 썼다. 이것으로 인도 공산주의자들은 카스트를 다룰 이론적 도구가 없게 되었다. 그들은 그 책의 사람들이었고 카스트 제도가 수드라와 불가촉천민 카스트에게 배움의 기회를 거부했기 때문에 인도 공산당의 지도자들과 그 대를 잇는 이들은 자동으로 특권층, 주로 브라만에 속했다. (그리고 대체로 계속해서 그랬다) 진정한 혁명적 의도였을지 모르지만, 그들에게는 이론적 도구가 부족했을 뿐 아니라, 종속 카스트에 속한 '대중'에 대한 기초적인 이해와 공감도 부족했다. 암베드카르는 계급이 사회를 보고 이해하는데 있어서 중요하고 심지어 우선하는 프리즘이라고 믿었으나 그것이 유일한 프리즘이라고는 믿지 않았다. 암베드카르는 인도 노동계급의 두 적이 (자유주의적인 의미에서) 자본주의와 브라만주의라고 믿었다. 1928년 직물 노동자 파업에서 자신이 경험했던 바를 되돌아보듯, 그는 『카스트의 소멸』에서 다음과 같이 묻는다.

권력 장악은 프롤레타리아트에 의해 이뤄져야 한다. 내 첫 번째 질문은 이것이다. 인도의 프롤레타리아트는 단결하여 이 혁명을 일으킬 것인가? 인도의 프롤레타리아트가 가난하긴 해도, 부자와 가난한 자의 구별 외에는 어떤 구별도 인식하지 못한다고 말할 수 있나? 인도의 가난한 사람들은 카스트나 신념, 높고 낮음의 차이를 전혀 인식하지 못한다고 말할 수 있나?[38*]

카스트를 고유하고 충분히 발전된 그들만의 언어라기보다는 계급 분석의 고전 언어에서 파생된 일종의 민속 방언 정도로 취급한 인도 공산주의자들에게 암베드카르는 이렇게 말했다. "카스트 제도는 단순한 노동 분할에 그치지 않는다. 그것은 또한 노동자 분할이기도 하다."[39*]

공산주의자들과의 의견 차이를 좁힐 수 없었고 자기 생각을 위한 정치적 근거지를 여전히 찾고 있던 암베드카르는 그것을 직접 구축해보기로 했다. 1938년에 그는 스스로 독립노동당[ILP]을 창당했다. 이름에서 알 수 있듯이 ILP의 강령은 광범위하고 명백히 사회주의적이며 카스트 문제에만 국한되지 않았다. 선언문에는 "국민의 이익을 위해 필요시 국가가 산업을 관리하고 소유하는 원칙"이 명시되어 있다. 사법과 행정의 분리를 약속했고 토지 담보대출 은행과 농업 생산자 협동조합, 그리고 마케팅 협회를 설립할 것이라고 밝혔다.[40*] 비록 신생 정당이었지만 ILP는 1937년 선거에서 극히 좋은 성적을 거두어 봄베이 관구[Bombay Presidency]와 중부 주[Central Provinces] 및 베라르[Berar]에서 경쟁한 18석 중 16석을 차지했다. 1939년 영국 정부는 인도인 누구와도 협의하지 않고 인도가 독일과 전쟁 중이라고 선언했다. 이에 항의하여 국민회의당은 모든 지방 부처에서 사임했고 지방의회도 해산되었다. 짧지만 활기찼던 ILP의 정치적 삶은 갑작스럽게 끝났다.

암베드카르가 독립을 드러내 보이는데 분노한 공산주의자들은 그를 '기회주의자'에 '제국의 앞잡이'라 비난했다. 전 케랄라주 수석장관이자 세계 최초로 민주적 절차에 따라 선출된 공산주의 정부의 수장인 (브라만 출신) E. M. S. 남부디리파드는 저서 『인도인 자유 투쟁의 역사』에서 암베드카르와 좌파 사이의 갈등에 대해 다음과 같이 썼다. "그러나 이것은 자유운동에 큰 타격을 가져왔다. 이로써 사람들의 관심은 완전한 독립이라는 목표에서 하리잔^{불가촉천민} 지위의 증진이라는 평범한 세속적 이유로 전환되었다."[41]*

균열은 해결되지 않았고 양측 모두에 치명적인 해를 입혔다. 1970년대에 잠시 그 간격을 메워보려 노력했던 이들이 마하라슈트라의 달리트 팬더들^{Dalit Panthers}이었다. 그들은 (헌법 작성자로서 그의 정체성 말고 또 다른 하나인) 급진주의자 암베드카르의 후손이었다. 그들은 마라티어 '달리트'^{억압받는, 부서진}라는 단어가 전 인도에 통용되도록 했고, 이 단어를 불가촉천민 공동체뿐만 아니라 "노동자, 땅이 없는 가난한 농민, 여성 및 정치적으로, 경제적으로, 그리고 종교의 이름으로 착취당하는 모든 사람"을 지칭하는 데 사용했다.[42]* 이것은 그들로서는 경이롭고 정치적으로 확신에 찬 연대 행위였다. 그들은 달리트를 억압당하는 민족으로 보았다. 그들은 "카스트 제도와 계급 지배를 무너뜨리려는 혁명적 정당"과 "진정한 의미에서 좌편인 좌파 정당"이 자신들의 친구라 못 박았다. "지주, 자본가, 대부업자 그리고 그들의 하수인"이 그들의 적이었다. 급진적인 정치학도들의 필독서가 된 그들의 선언문은 암베드카르, 풀, 마르크스의 사상을 융합했다. 달리트 팬더들의 창시자인 남데오 다살Namdeo Dhasal, 아룬 캄블레Arun Kamble 및 라자 데일Raja Dhale은 작가이자 시인이었으며 그들의 작품은 마라티 문학의 르네상스를 이룩했다.

인도가 필요로 하고 또 여전히 기다리고 있는 그 혁명의 시작일 수도 있었지만 달리트 팬더들은 빠르게 방향을 잃고 붕괴했다.

카스트-계급 문제는 정당들로서도 다루기 쉬운 문제가 아니다. 카스트 제도에 대한 공산당의 이론적 둔감은 자연적인 지지층조차 잃게 했다. 인도 공산당과 그 분파인 마르크스주의 인도 공산당은 어느 정도 의회 정치에 얽매인 부르주아 정당이 되었다. 1960년대 후반에 그들로부터 떨어져 나온 이들과 다른 주의 독립적인 마르크스-레닌주의 정당들서벵골 낙살바리 마을에서 일어난 최초의 봉기 이름을 따서 '낙살파'로 총칭은 카스트 문제를 다루고 달리트들과 공통의 명분을 찾으려 노력했지만 거의 성공하지 못했다. 대 자민다르들로부터 땅을 빼앗아 노동자들에게 재분배하려는 몇 안 되는 노력은 이를 수행하게끔 하는 대중적 지지나 군사적 화력이 그들에게 없었기 때문에 실패로 돌아갔다. 카스트와 직접 교전을 벌이는 대신 그에 대해 옆으로 고개를 끄덕이는 것은 급진적인 공산당조차도 진정으로 전투적이고 혁명적인 선거구가 될 수 있었던 지지를 잃었음을 의미한다.

달리트는 파편화되어 서로 대립해 왔다. 많은 이들이 주류 의회 정치로 이동하거나, 공공 부문이 공동화되고 민간 부문의 취업 기회가 거부되면서, 급진적 운동을 진정시키고 이를 '시장의 힘'에 이용하는 자기 잇속 차리기의 오랜 역사를 가진 유럽 연합, 포드 재단 및 기타 기관의 자금을 받아 NGO 세계로 이동해야 했다.[43*] 이 자금이 소수의 달리트에게 세계 최고의 대학으로 여겨지는 곳에서 교육받을 수 있는 기회를 제공했다는 것에는 의심의 여지가 없다. (암베드카르를 그러한 인물로 만든 것도 어쨌든 이것이다) 그러나 여기, 대규모 NGO 자금 공세에서조차 달리트가 차지하는 비중은 미미하다. 그리고 이러한 기관(일부는 간디가 그랬던 것처럼 카스트 차별 문제의 개선 목적으로 대기업에 의해 넉넉한 자금이 지원된다)[44*] 내에서도 달리트는 부당하고 추악한 방식으로 취급될 수 있다.

*

원시 공산주의 연구에서 단게[S. A. Dange]는 고대 베다 브라만과 그들의 야그냐보다는 토착 아디바시 공동체 쪽으로 눈을 돌리는 편이 더 나았을 것이다. 간디 역시 그렇게 할 수 있었을 것이다. 소박한 마을 생활, 가볍게 땅을 밟는다는 이상을 조금이라도 실천하고 있는 사람이 있었다면 그것은 베다 힌두교도가 아니라 아디바시였다. 그러나 간디는 그들에게도 아프리카 흑인들에게 했던 것과 같은 수준의 경멸을 내보였다. 1896년 봄베이에서 열린 대중집회에서 그는 이렇게 말했다. "아삼의 산탈족은 남아프리카에서 그 나라 원주민이 그런 것만큼이나 쓸모가 없을 것입니다."[45*]

암베드카르도 어쩔 수 없이 아디바시 문제에 걸려 넘어졌다. 자기 사람들에 대한 경멸에 즉각적으로 반응하는 암베드카르는 『카스트의 소멸』의 한 구절에서 식민시대 선교사들과 자유주의 이데올로그들의 사유를 메아리쳐 울리게 하고 브라만교에 대한 자신의 해석을 추가한다.

> 문명 한가운데에 사는 1,300만 명의 사람들이 여전히 야만적인 상태에 있으며, 유전적 범죄자의 삶을 살고 있다. (…중략…) 힌두교도들은 아마도 원주민들의 이러한 야만적인 상태를 그들의 선천적인 어리석음으로 돌림으로써 설명하려고 애쓸 것이다. 그들이 원주민을 문명화하고, 의료 지원을 하고, 개혁하고, 좋은 시민으로 만들기 위한 노력을 전혀 하지 않았기 때문에 원주민들이 여전히 야만인으로 남아있다는 사실을 그들은 인정하지 않을 것이다. (…중략…) 원주민을 문명화한다는 것은 그들을 자신의 것으로 받아들이고, 그들 가운데 살면서 동료애를 키우는 것을 의미한다. 간단히 말해, 그들을 사랑하는 것이다. (…중략…)
> 힌두교도들은 이러한 원주민들이 잠재적인 위험의 근원이라는 사실을 깨닫지 못했다. 이 야만인들이 야만인으로 남는다면 힌두교도들에게 아무런 해를 끼치지 않을 것이다. 그러나 만일 그들이 비 힌두교도에 의해 개심해 저들의 신앙으로 개종한다면, 그들은 힌두교도의 적진을 더욱 팽창시킬 것이다.[46*]

오늘날 아디바시는 현대 자본주의의 무자비한 행진을 막는 바리케이드다. 그들의 존재 자체가 현대성과 '진보'에 대한 가장 급진적인 질문을 제기한다. 이는 암베드카르가 카스트 제도에서 벗어나는 방법의 하나로 받아들인 생각이다. 불행하게도 서구 자유주의의 렌

즈를 통해 아디바시 공동체를 봄으로써, 그렇지 않았다면 오늘날의 맥락에서 매우 적절할 암베드카르의 글은 갑자기 시대에 뒤떨어진 것이 된다.

아디바시에 대한 암베드카르의 의견은 그에 대한 정보와 이해의 부족을 드러냈다. 우선, 힌두 마하사바Hindu Mahasabha와 같은 힌두 전도자들은 1920년대부터 아디바시를 '동화'하기 위해 (마치 그들이 청소 작업에 강요된 발미키 계열의 계급인 것처럼) 노력해 왔다. 호Ho, 오라온Oraon, 콜Kols, 산탈Santhals, 문다Mundas 및 곤드Gonds와 같은 부족은 '문명화'되거나 '동화'되기를 원하지 않았다. 그들은 자민다르와 바니아 대금업자들뿐만 아니라 영국인들에 대항해서도 몇 번이고 되풀이해서 저항했고, 그들의 땅, 문화, 유산을 보호하기 위해 치열하게 싸웠다. 이 봉기들로 수천 명이 사망했으나 인도의 다른 지역과 달리 그들은 절대 정복되지 않았다. 그들은 아직도 그렇다. 오늘날 그들은 과격하고 전투적이기로 투쟁 스펙트럼의 가장 끝 지점에 있다. 그들은 아디바시Adivasi 본토를 인프라 및 광산 기업에 양도한 인도 정부에 맞서 내전이나 다름없는 전투를 벌이고 있다. 그들은 나르마다 계곡Narmada Valley의 대형 댐에 맞서 수십 년에 걸쳐 벌인 투쟁의 중추다. 그들은 인도 중부 숲에 정부가 배치한 수만 명의 준 군사 세력과 싸우고 있는 인도 공산당마오주의 인민 해방 게릴라군의 대열을 구성하고 있다.

1945년 봄베이 연설공동 교착 상태와 이에 대한 해결책에서 비례 대표 문제를 논의하면서 암베드카르는 다시 한번 아디바시 권리 문제를 제기했다. 그는 이렇게 말했다.

수적으로는 원주민 부족이 시크교도, 영英 인도인, 인도 기독교도, 파르시인 보다 더 크지만, 내 제안은 이들을 포함하지 않습니다. (···중략···) 원주민 부족은 자신들의 정치적 기회를 최대한 활용할 수 있는 정치적 감각을 아직 발전시키지 못했으며, 그들은 쉽게 다수 또는 소수의 손에서 단순한 도구가 되어 스스로에 주는 아무런 유익도 없이 균형을 깨뜨릴 수 있습니다.[47]*

한 공동체를 설명하는 이 불행한 방식은 때때로 똑같이 문제가 되는 방식으로 비 아디바시도 겨냥했다. 『카스트 소멸』의 어느 지점에서 암베드카르는 유럽 파시스트들에게 인기가 있었던 주제인 우생학의 언어를 사용한다. "육체적으로 말하면 힌두인은 C3 민족이다. 그들은 키가 작고 체력이 부족한 피그미족과 난쟁이족이다."[48]*

아디바시에 대한 그의 견해는 심각한 결과를 초래했다. 1950년 인도 헌법은 국가를 아디바시 본거지의 관리자로 만들었고 그렇게 함으로써 영국의 식민 정책을 재가했다. 아디바시 인구는 자신들 땅에 불법 거주자가 되었다. 산림 생산에 대한 그들의 전통적인 권리를 부정함으로써 생활 방식 전체를 범죄화했다. 그들에게 투표권은 주었지만 그들의 생계와 존엄성은 앗아갔다.[49]*

아디바시에 대한 암베드카르의 말은 불가촉천민에 대한 간디의 말과 얼마나 다른가?

무슬림과 시크교도는 다들 잘 조직되어 있지만 '불가촉천민'은 그렇지 않습니다. 그들 가운데는 정치의식이 거의 없고, 그들은 너무 끔찍한 대우를 받고 있어서 나는 그들을 그들 스스로로부터 구제하고 싶어집니다. 만약 그들이 별도의 선거구를 갖는다면 힌두 정통주의의 근거지인 마을들에서 그들의 삶은 비참해질 것입니다. '불가촉천민'을 오랫동안 방치해 온 것에 대해 속죄해야 하는 것은 힌두 상위 계급입니다. 그러한 참회는 적극적인 사회 개혁과 봉사 활동을 통해 '불가촉천민'의 운명을 더 견딜 수 있게 만듦으로써 이루어지는 것이지, 그들을 위해 별도의 선거구를 요구함으로써 이루어지는 게 아닙니다.[50*]

간디는 1931년 런던에서 열린 제2차 원탁회의에서 이같이 말했다. 암베드카르와 간디의 첫 공개적 대면 만남이었다.

대립

국민회의는 1930년 제1차 원탁회의를 보이콧했지만, 제2차 원탁회의에서는 간디를 대표로 지명했다. 회의의 목적은 자치를 위한 새로운 헌법의 틀을 만드는 것이었다. 무슬림, 시크교도, 기독교도, 파르시, 불가촉천민 등 다양한 소수 공동체의 번왕국[1] 군주들과 대표자들이 참석했다. 아디바시는 대표되지 않았다. 불가촉천민에게는 역사적인 사건이었다. 이들이 별도의 선거구로 초청된 것은 이번이 처음이었다. 회의를 구성한 여러 위원회 중에는 증가하는 공동의 문제에 대해 실행 가능한 해결책을 찾는 임무를 맡은 소수자 위원회도 있었다. 잠재적으로 가장 불붙기 쉬운 위원회라 판단했기 때문인지 램지 맥도널드 영국 총리가 이 위원회의 위원장을 맡았다.

암베드카르가 자치 인도의 미래 헌법에서 침체 계급 보호를 위한 정치적 보호 계획이라고 표현한 제안서를 제출한 곳이 바로 이 위원회였다. 그것은 권리와 시민권에 관한 논쟁이 자유주의적 틀 안에 묶여 있던 당시로서는 혁명적인 문서였다. 거기서 암베드카르는 사회적

---

1   영국 식민시대 인도의 토후국. 이들은 후기 무굴시대부터 독립, 반독립상태로 각지에 할거하였으나, 영국이 인도 지배를 확립한 뒤에는 동인도회사에 의해 영지 병합이 이루어졌다. 세포이의 항쟁 뒤에는, 영국 측에 조력한 토후국만을 영국의 종주권 아래 두어 그 존속을 인정했으나 외교, 관세 등은 영국령 인도 정부에 위임하고, 제한된 내정권만을 가졌다. 영국은 번왕국에 주재관을 파견하여 번정을 감독함으로써, 사실상 토후국을 지배했다. 1947년 인도의 분리독립과 동시에 대부분의 번왕국은 인도연방에, 일부의 번왕국은 파키스탄에 귀속되거나 소멸했다.

으로나 정치적으로 달성하고자 꿈꾸었던 바를 법으로 실현하려고 노력했다. 이 문서는 암베드카르가 독립 인도 헌법에 마침내 넣을 수 있었던 일부 아이디어의 초안인 셈이었다.

"조건 1. 평등한 시민권" 아래로 다음과 같이 명시되어 있다.

> 침체 계급은 현재와 같은 세습 노예 상태에서 다수결의 원칙에 따르자는데 동의할 수 없다. 다수결의 원칙을 확정하기 전에 먼저 불가촉 시스템으로부터 그들을 해방함이 성취된 사실로서 존재해야 한다. 그것이 다수의 의지에 맡겨져서는 안 된다. 침체 계급은 국가의 다른 시민들과 마찬가지로 모든 시민권을 누릴 수 있는 자유 시민이 되어야 한다.[1]*

제안서는 계속해서 기본권을 구성하는 요소와 이를 보호하는 방법을 기술했다. 그것은 불가촉천민에게 모든 공공장소에의 접근권을 부여했다. 사회적 보이콧에 대해 상세히 다루었으며 이를 형사상 위법행위로 선언할 것을 제안했다. 이 법안은 불가촉천민을 사회적 보이콧으로부터 보호하고, 이를 선동하거나 조장하는 카스트 힌두를 처벌하는 일련의 조치를 규정했다. 조건 5는 불가촉천민에게 "서비스에서의 적절한 대표성"을 보장하기 위한 공공 서비스 위원회의 설립을 요청했다. 이것이 결국 교육 기관과 정부 일자리에 분야의 지정고용 시스템으로 발전했고, 특권 카스트는 최근까지도 격렬하게 이에 맞서고 있다.[2]*

암베드카르가 작성한 문서에서 가장 독특한 측면은 선거 제도 내에 긍정적 차별 시스템을 구축하기 위해 그가 한 제안이었다. 암베드카르는 성인의 보통 선거권만으로는 불가촉천민의 동등한 권리를 보장할 수 없다고 보았다. 불가촉천민 인구가 전국에 걸쳐 힌두 마을 외곽의 작은 정착지에 흩어져 있었기 때문에 정치적 선거구의 지리적 경계 내에서는 그들이 항상 소수자일 것이며 결코 자신들의 후보를 선출할 수 있는 위치에 있지 않으리라는 것을 그는 알고 있었다. 암베드카르는 수 세기 동안 멸시받고 평가절하되어 온 불가촉천민에게 별도의 선거구를 주어 그들이 힌두 정통주의의 간섭 없이 그들 자신의 지도부를 갖춘 정치적 선거구로 발전할 수 있게 하자고 제안했다. 이에 더해, 그들이 주류정치와의 연계를 유지할 수 있도록 일반후보들에게도 투표할 수 있는 권한을 부여하자고 했다. 개별 선거구와 이중 투표 모두 10년 동안만 지속되도록 했다. 세부 사항은 합의되지 않았지만, 회의를 마쳤을 때 모든 대표는 불가촉천민에게도 다른 소수 공동체와 마찬가지로 별도의 선거구가 있어야 한다는 데 만장일치로 동의했다.[3]*

런던에서 제1차 원탁회의가 진행되는 동안 인도는 큰 혼란에 빠졌다. 1930년 1월, 국민회의는 푸르나 스와라지, 즉 완전한 자치를 요구한다고 선언했다. 간디는 정치 조직자로서 자신의 천재성을 내보였으며 그의 이력에서 가장 상상력 풍부한 정치활동이라 할 소금 사티아그라하Salt Satyagraha에 착수했다. 그는 인도인들에게 바다로 행진하고 영국의 소금 세법을 위반할 것을 촉구했다. 그의 부름에 수십만의 인도인들이 결집했다. 감옥이 넘칠 정도로 가득 찼다. 9만 명이 체포되었다. 소금과 물 사이, 가촉민의 사티아그라하와 불가촉천민의 '두라그라하' 사이에 정치, 철학, 도덕의 세계가 날카롭게 분열되어 있었다.

1931년 3월 카라치 회의에서 국민회의는 자유 인도를 위한 기본권 결의안을 통과시켰다.[4*] 그것은 가치 있고 계몽적인 문서였으며 암베드카르가 캠페인을 벌여온 권리 일부도 포함했다. 이는 현대적이고 세속적이며 대체로 사회주의적인 국가의 기초를 놓았다. 그 권리는 언론, 출판, 집회 및 결사의 자유, 법 앞의 평등, 성인 보통 선거권, 무상 및 의무 초등 교육, 모든 시민을 위한 생활 임금 보장, 노동 시간 제한 등을 포함했다. 이는 여성과 농민의 보호, 핵심 산업과 광산 및 운송에 대한 국가 소유 및 통제를 강조했다. 가장 중요한 것은 이것이 종교와 국가 사이에 방화벽을 만들었다는 점이다.

통과된 기본권 결의안의 훌륭한 원칙들에도 불구하고 아래로부터 바라보는 시각은 미묘하게 달랐다. 1930년 지방의회 선거는 소금 사티아그라하와 동시에 치러졌다. 국민회의는 선거를 보이콧했다. 보이콧에 신경 쓰지 않고 무소속 후보로 나선 '존경받는' 힌두교도들을 당혹스럽게 만들기 위해 국민회의는 구두 수선공 2명, 이발사 1명, 우유 배달원 1명, 청소부 1명 등 불가촉천민인 꼭두각시 후보자들을 내보냈다. 자존심 강한 특권 카스트 힌두교도라면 불가촉천민과 똑같은 존재로 취급받는 기관의 일원이 되기를 원하지 않을 것이라는 생각에서였다.[5*] 불가촉천민을 꼭두각시 후보로 내세우는 것은 1920년 선거부터 시작되어 1943년까지 지속된 국민회의당의 전술이었다. 암베드카르는 다음과 같이 말한다.

힌두교도들이 독립적으로 표를 행사하는 것을 막기 위해 국민회의가 채택한 수단은 무엇이었나? 그 수단은 주의회를 경멸의 대상으로 만드는 것이었다. 이에 국민회의는 전국 각지에서는 '누가 국회에 갈 것인가? 이발사, 구두 수선공, 도공, 청소부가 있을 뿐이다'라고 적힌 플래카드를 들고 행진을 시작했다. 행렬에서 한 사람이 표어의 앞부분을 질문으로 외치면 전체 군중은 표어의 뒷부분을 대답으로 반복했다.[6*]

간디와 암베드카르는 원탁회의에서 서로 자신이 불가촉천민의 진정한 대표자라고 주장하며 충돌했다. 회의는 몇 주간 계속되었다. 간디는 결국 무슬림과 시크교도를 위한 선거구를 분리하는 데는 동의했지만, 불가촉천민을 위한 별도의 선거구를 마련해야 한다는 암베드카르의 주장에는 동의하지 않으려 했다. 그는 평소의 수사법에 기댔다. "불가촉성이 살아남느니 힌두교가 차라리 망해버리는 것이 낫겠습니다."[7*]

간디는 암베드카르에게 불가촉천민을 대표할 권리가 있다는 사실을 인정하지 않았다. 암베드카르도 물러서려 하지 않았다. 그렇게 해달라는 요청도 없었다. 아드 다름Ad Dharm운동의 망구 람Mangoo Ram을 포함한 인도 전역의 불가촉천민 단체는 암베드카르를 지지하는 전보를 보냈다. 간디는 결국 이렇게 말했다. "불가촉천민의 정치적 권리를 말하는 사람들은 그들의 인도도 모르고 오늘날 인도 사회가 어떻게 구성되어 있는지도 모릅니다. 그러므로 내가 이 일에 저항하는 유일한 사람이라면 내 삶을 바쳐 저항할 것이라고 맹세할 수 있음을 나는 강조해 말하고 싶습니다."[8*] 협박의 말을 남긴 간디는 배를 타고 인도로 돌아갔다. 도중에 그는 로마에 들러 무솔리니를 만났고 그와 그의

"가난한 사람들에 대한 배려, 초 도시화에 대한 그의 반대, 자본과 노동 사이에 통일성을 가져오려는 그의 노력"에 깊은 인상을 받았다.[9]*

1년 후, 램지 맥도널드는 공동 문제에 대한 영국 정부의 결정을 공표했다. 이 결정은 불가촉천민에게 20년 동안 별도의 선거구를 부여했다. 당시 간디는 푸나에 있는 예라와다 중앙 교도소에서 복역 중이었다. 수감 중 그는 불가촉천민을 위한 별도의 선거구 지정이 철회되지 않는 한 죽음을 무릅쓰고 단식하겠다고 선언했다.

그는 한 달을 기다렸다. 자기 뜻대로 되지 않자 간디는 감옥에서 단식을 시작했다. 이 단식은 자신의 사티아그라하 금언에 완전히 어긋나는 것이었다. 그것은 노골적인 협박이었고, 공개적으로 자살하겠다고 위협하는 것만큼이나 교활했다. 영국 정부는 불가촉천민이 동의할 때만 해당 조항을 철회하겠다고 밝혔다. 나라는 팽이처럼 빙빙 돌았다. 공개 성명이 발표되고, 탄원서가 서명되고, 기도가 올려지고, 집회가 열리고, 호소가 이어졌다. 그것은 터무니없는 상황이었다. 가능한 모든 방법을 써서 불가촉천민으로부터 자신을 분리하고, 그들과는 인간적 교제를 나눌 가치가 없다고 생각하고, 그들의 접촉 자체를 피하고, 별도의 음식, 물, 학교, 도로, 사원 및 우물을 원했던 특권 카스트 힌두교도들이 이제는 불가촉천민에게 별도의 선거구가 있다면 인도는 분열될 것이라고까지 말하고 있었다. 그리고 그러한 분리를 옹호하는 체제를 그토록 열렬하고 소리 높여 믿었던 간디는 불가촉천민이 정작 분리된 선거구를 가지는 것을 거부하느라 굶어 죽겠다고 하고 있었다.

그 요지는 힌두 카스트가 불가촉천민을 향해 문을 닫을 수 있는 권력을 원했던 반면, 어떤 경우에도 불가촉천민에게 스스로 문을 닫을 수 있는 권력이 부여되어서는 안 된다는 것이었다. 주인들은 선택이 권력이라는 것을 알고 있었다.

광란이 심해지면서 암베드카르는 악당, 배신자, 인도를 분열시키려는 사람, 간디를 해하려는 사람이 되어갔다. 타고르, 네루, C. 라자고팔라차리를 포함한 나람 달^{온건파}뿐만 아니라 가람 달^{강경파}의 정치적 거물급 인사들이 간디 편에 무게를 실었다. 간디를 달래기 위해 힌두 특권 카스트는 거리에서 불가촉천민과 음식을 나누는 모습을 보였고, 비록 일시적이기는 하지만 많은 힌두 사원이 그들에게 문을 열어젖혔다. 이러한 적응의 제스처 뒤에서 긴장의 벽도 높아갔다. 몇몇 불가촉천민 지도자들은 간디가 단식에 굴복하면 암베드카르가 책임을 지게 될 것이며, 이는 결국 평범한 불가촉천민들의 삶을 위험에 빠뜨릴 수 있다고 우려했다. 그들 중 한 사람이 마드라스의 불가촉천민 지도자 라자^{M.C. Rajah}였는데, 그 사건 목격자의 말에 따르면 그는 다음과 같이 말했다.

수천 년 동안 우리는 불가촉천민으로 취급되면서 짓밟히고, 모욕당하고, 멸시당했습니다. 마하트마는 우리를 위해 목숨을 걸고 있습니다. 만약 그가 죽는다면 우리는 이제껏 있었던 그곳에 앞으로도 수천 년간 있을 것입니다. 그보다 더 못한 곳에 있지 않다면 말이죠. 우리가 초래한 그의 죽음으로 우리에 적대적인 강한 감정이 일어날 것이고, 전체 힌두 공동체와 전체 문명 공동체의 마음이 우리를 더욱 밑으로 내칠 것입니다. 나는 더 이상 당신 편에 서지 않겠습니다. 나는 회의에 참여하

여 해결책을 찾고 당신과 결별할 것입니다.[10*]

암베드카르가 무엇을 할 수 있었겠나? 그는 평소의 논리와 이성을 무기로 버티려고 노력했으나 상황은 그 모든 것 이상이었다. 암베드카르에겐 기회조차 없었다. 단식 닷새째인 1932년 9월 24일, 암베드카르는 예라와다 교도소에 있는 간디를 방문하여 푸나 협정에 서명했다. 다음 날 봄베이에서 그는 대중에 연설했다. 간디에 대해 평소답지 않게 은혜로웠다. "원탁회의에서 나와 그렇게나 다른 의견을 갖고 있던 사람이 다른 편을 구하기 위해서가 아니라 바로 나를 구하러 온 것을 보고 나는 놀랐습니다."[11*]

하지만 나중에 트라우마에서 회복되고서 암베드카르는 다음과 같이 썼다.

> 단식에는 고귀한 것이 없었다. 그것은 역겹고 불결한 행위였다. (…중략…) 그것은 무력한 사람들을 상대로, 총리가 상으로 부여한 헌법적 보호 장치를 포기하고 힌두교도들의 자비에 따라 살기로 동의하라는 최악의 강압이었다. 그것은 비열하고 사악한 행위였다. 불가촉천민들은 어떻게 그런 사람을 정직하고 진실하다고 여길 수 있나?[12*]

푸나 협정에 따르면 불가촉천민은 별도의 선거구 대신 일반 선거구에서 지정 의석을 얻게 되어 있었다. 주의회에 할당된 의석수는 증가했지만 78석에서 148석으로, 후보자들은 이제 특권 카스트가 대세인 선거구에서 받아들여져야 했기 때문에 이빨을 잃었다.[13*] 톰 아저씨는 싸움에 이겼다. 간디는 지도력이 특권 카스트의 손에 남아있도록 했다.

저서 『신新 짐 크로 법The New Jim Crow』에서 미셸 알렉산더Michelle Alexander[14*]는 미국에서 범죄화와 대규모 투옥이 어떻게 비정상적인 비율로 아프리카계 미국인 인구의 선거권 박탈로 이어졌는가를 설명한다. 인도에서는 명백히 관대한 형태의 선거권 부여가, 훨씬 더 교묘한 방식으로, 달리트 인구의 사실상 선거권 박탈을 보장한 셈이었다.

그렇지만 암베드카르에게는 역겹고 불결한 행동이 다른 사람들에게는 신성한 기적과 다름없이 보였다. 아마도 가장 널리 읽혔을 간디 전기의 저자인 루이스 피셔Louis Fischer는 다음과 같이 말했다.

단식은 3,000년 이상 된 불가촉성의 저주를 죽일 수 없었다. (…중략…) 그러나 단식 후에 이 불가촉성은 대중의 승인을 몰수당했다. 이에 대한 믿음은 파괴되었다. 간디의 '장엄한 단식'은 고대로 거슬러 올라가 수천만의 사람들을 노예로 삼았던 긴 사슬을 툭 끊어냈다. 사슬의 연결 고리 일부가 남았다. 사슬로 상처도 많이 남았다. 그러나 누구도 새로운 연결 고리를 만들려 하지 않을 것이며, 그 남은 고리를 다시 연결하려 하지도 않을 것이다. (…중략…) 그것푸나 협정은 하나의 종교 개혁, 심리적 혁명으로 기록되었다. 힌두교는 천년의 질병을 스스로 정화하고 있었다. 대중은 실제로 스스로를 정화했다. (…중략…) 만약 간디가 평생 다른 어떤 것도 하지 않고 다만 불가촉성의 구조를 깨뜨리기만 했다면 그는 위대한 사회 개혁가 정도가 되었을 것이다. (…중략…) 간디의 고통은 세상에 보내신 신의 사자를 죽여서는 안 된다는 것을 알고 있던 그의 추종자들에게 대리 고통을 안겨주었다. 그의 고통을 연장하는 것은 악한 일이었다. 그가 '신의 자녀들'로 불렀던 이들에게 선이 되는 것으로써 그를 구하는 것은 복된 일이었다.[15*]

푸나 협정 체결 당시, 간디는 원탁회의에서 취한 입장과는 반대로 불가촉천민의 대표로서 협정서에 남긴 암베드카르의 서명을 기꺼이 받아들였다. 간디 자신이 이 조약에 서명한 것은 아니지만 다른 서명자들의 명단은 흥미롭다. 간디의 산업가 후원자인 비를라[G.D. Birla], 보수적인 브라만 지도자이자 우익 힌두 마하사바(훗날 간디를 암살하게 되는 나투람 고드세[Nathuram Godse]가 그 회원이었다)의 창시자인 판디트 마단 모한 말라비야[Pandit Madan Mohan Malaviya], 역시 마하사바 의장을 지냈고 간디 암살 모의 혐의로 기소된 사바르카르[V. D. Savarkar], 참바르[Chambhar] 카스트의 불가촉천민 크리켓 선수로 일찍이 암베드카르에 의해 스포츠 우상으로 칭송받았고 국민회의와 힌두 마하사바가 암베드카르의 적수로 떠받들었던 팔완카르 발루[Palwankar Baloo],[16*] 그리고 물론 M. C. 라자(그는 나중에 간디, 힌두 마하사바, 국민회의와의 공모를 후회하게 된다) 등이 그들이었다.[17*]

간디에 대한 비판이 인도에서 눈살 찌푸려지는 일일 뿐만 아니라 종종 검열되는 (많은) 이유 중 하나는 '세속주의자'들이 우리에게 말하듯이, 힌두 민족주의자(간디의 암살자들이 그들 가운데서 일어났고 근래 인도에서 그 인기가 높아지고 있다)가 그러한 비판을 낚아채 자신들에게 유리하게 만들 것이기 때문이다. 사실 카스트 제도에 대한 간디의 견해와 힌두교 우파의 견해 사이에는 그다지 큰 차이가 없었다. 달리트 관점에서 볼 때, 간디의 암살은 이념적 반대자에 의한 암살이라기보다는 동족상잔에 가까운 살인으로 보일 수 있었다. 오늘날에도 힌두 민족주의의 가장 공격적인 지지자이자 미래에 총리 가능성이 있는 나렌드라 모디[2]는 대중 연설에서 조금도 불편함 없이 간디를 언급할 수 있다. (모디는 구자라트에서 두 개의 반 소수자 법안, 즉 2003년 구자라트의 종교 자유법이라고 불리는 개종 반대법과 2011년 늙은 소 도살법 개정의 도입을 정당화하기 위해 간디를 들먹였다)[18*] 모디의 선언 중 상당수는 간디나가르의 마하트마 만디르Mahatma Mandir에서 행해졌다. 간디나가르의 마하트마 만디르는 구자라트의 18,000개 마을 각지에서 특별한 단지에 담아 운반해온 모래를 토대로 만든 최신식 컨벤션 홀인데, 그 마을들 대다수는 지독한 형태의 불가촉성을 여전히 계속 실천하고 있다.[19*]

푸나 협정 이후 간디는 불가촉성의 근절에 모든 에너지와 열정을 겨냥했다. 먼저, 그는 불가촉천민에게 재세례를 베풀고 그들에게 하리잔Harijans이라는 애칭을 주었다. '하리'는 힌두교에서 남성 신을 가리키는 이름이고, '잔'은 사람을 뜻한다. 따라서 하리잔들은 신의 백성이지만, 그들을 더욱 어린애처럼 취급하기 위해 번역에서는 '신의 자녀'라고 부른다. 이런 식으로 간디는 불가촉천민을 힌두교 신앙에 확고하게 붙들어 맸다.[20*] 그는 『하리잔』이라는 새로운 신문을 창간했다. 하리잔 세바크 상Harijan Sevak Sangh, 하리잔 봉사 협회을 시작한 간디는 불가촉천민에 대한 과거의 죄악에 대해 속죄해야 하는 특권 카스트

---

2   그는 실제로 2014년 5월 총선에서 승리해 인도의 제15대 총리로 취임했고 연임에 성공해 2019년부터는 제16대 총리로 임기를 수행 중이다.

힌두교도들만 이 협회의 업무를 담당할 것이라고 주장했다. 암베드카르는 이 모든 것을 "친절함으로 불가촉천민들을 죽이려는" 국민회의의 계획으로 보았다.[21*]

간디는 전국을 순회하면서 불가촉성 반대를 설파했다. 그는 자신보다 훨씬 더 보수적인 힌두교도들로부터 야유와 공격을 받았지만, 자신의 목적으로부터 방향을 틀지 않았다. 일어난 모든 사건은 카스트 근절의 이유로 활용되었다. 1934년 1월, 비하르에서 큰 지진이 발생해 2만 명 가까운 사람들이 목숨을 잃었다. 2월 24일 『하리잔』에 글을 쓴 간디는, 그것이 불가촉성을 실천한 죄에 대한 신의 형벌이라고 말하여 국민회의의 동료들조차 충격에 빠뜨렸다. 이 중 어느 것도 국민회의당이 스스로 만들어낸 전통을 계속 이어가는 것을 막지 못했다. 1934년 국민회의는 중앙 의회 선거에서 다시 한번 꼭두각시 불가촉천민 후보를 내세웠다.[22*]

간디는 돌봄이 필요한 희생자로 밖에는 불가촉천민의 역할을 달리 생각할 수 없었던 것 같다. 그들 역시 심리적으로 카스트 제도에 단단히 고정되어 있다는 것, 그들 역시 수천 년 동안 자신을 인간 이하로 생각하도록 조건화된 상태에서 깨어나야 할 수도 있다는 것이 간디에게는 서로 정반대인, 위협적인 생각이었다. 푸나 협정은 불가촉천민의 정치적 각성을 완화하거나 적어도 지연시키기 위한 것이었다.

불가촉성에 반대하는 간디의 캠페인은 수백 년 된 상처에 연고를 바르는 데 효과적이었다. 공포에 떨고, 외면당하고, 잔인하게 취급받는 데만 익숙했던 수많은 불가촉천민에게 이 선교 활동은 감사의 마음과 심지어 숭배까지 불러일으켰을 것이다. 간디는 그것을 알고 있었다. 그는 정치인이었다. 암베드카르는 그렇지 않았다. 그게 아니라면 적어도 별로 뛰어나지는 않았다. 간디는 자선을 이벤트로, 한 편의 연극으로, 화려한 불꽃놀이 시연으로 만드는 방법을 알고 있었다. 그래서 박사가 더 지속적인 치료법을 찾고 있는 동안 성자는 위약을 배포하기 위해 인도 전역을 여행했다.

하리잔 세바크 상Harijan Sevak Sangh의 주요 관심사는 특권 카스트를 설득하여 불가촉천민에게 사원을 개방하도록 하는 것이었다. 간디 자신이 사원에 다니는 사람이 아니었다는 점은 아이러니하다. 마찬가지로 사원에 다니지 않았던 그의 후원자 비를라G. D. Birla도 마가렛 버크 화이트Margaret Bourke-White와의 인터뷰에서 다음과 같이 말했다. "솔직히 우리는 성전을 짓지만, 성전을 믿지는 않습니다. 우리는 일종의 종교적 사고방식을 전파하기 위해 사원을 짓습니다."[23*] 간디의 장엄한 단식 기간에 이미 사원 개방이 시작되었다. 하리잔 세바크 상의 압력으로 수백 개의 사원이 불가촉천민에 문을 열어젖혔다. (케랄라의 구루바유르 사원과 같은 일부 사원은 단호하게 거부했다. 간디는 단식을 고려했으나 곧 마음을 바꿨다)[24*] 다른 사원들은 불가촉천민에게 개방하겠다고 발표는 했지만, 그들을 모욕하고 어떤 종류의 존엄도 지니고 들어갈 수 없게 만드는 방법을 찾았다.

사원 출입 법안은 1933년 중앙 의회에 상정되었다. 간디와 국민회의는 이를 열성적으로 지지했다. 그러나 특권 카스트가 이에 심하게 반대한다는 것이 명백해지자 그들은 물러섰다.[25*]

암베드카르는 사원 출입 프로그램에 회의적이었다. 그는 그것이 불가촉천민에게 심리적으로는 엄청난 영향을 미친다고 보았지만, 사원에 들어가는 것이 불가촉천민을 힌두화하고 브라만주의화하는 '동화'의 시작이며 이는 그들을 파트너로 더욱 끌어당겨 자기 굴욕에 빠지게 하는 일임을 인식했다. 수 세기 동안 사원 출입이 금지된 불가촉천민들에게 브라만교의 '모방 감염'이 심어진다면, 사원 출입이 그들에게 무슨 도움이 되겠는가? 1933년 2월 14일, 암베드카르는 사원 출입에 관한 성명을 발표했다.

침체 계급이 원하는 것은 그들에게 사회적 지위의 평등을 제공하는 종교이다. 인정된 사회적 악이 종교를 바탕으로 정당화를 추구한다는 것보다 더 가증스럽고 사악한 것은 없다. 침체 계급은 그들이 겪고 있는 불평등을 타도하지 못할 수도 있다. 그러나 그들은 이러한 불평등의 지속을 지지하는 종교를 용납하지 않기로 결심했다.[26*]

암베드카르는 14세 불가촉천민 망Mang족 소녀 묵타바이 살베Mukta-bai Salve가 오래전 말한 내용을 다시 상기한 것이었다. 그녀는 푸나에서 조티바 풀과 사비트리 풀이 운영하는 불가촉천민 어린이들을 위한 학교의 학생이었다. 1855년에 그녀는 "오직 한 사람만이 특권을 누리게 하고 나머지로부터는 박탈해버리는 그 종교가 지구상에서 소멸하게 하고 그러한 종교를 자랑스러워 하는 생각이 결코 우리 마음속에 들어오지 않게 하라"고 말했다.[27*]

암베드카르는 기독교, 시크교, 이슬람교, 조로아스터교라고 해서 카스트 차별에 영향받지 않는 게 아님을 경험으로 배웠다. 1934년에 그는 자신의 옛 경험을 되풀이했다. 그는 친구, 동료들과 함께 하이데라바드Hyderabad주의 다울라타바드Daulatabad 요새를 방문하고 있었다. 람잔Ramzan의 달이었다. 여행으로 먼지투성이가 되고 피곤해진 암베드카르와 그의 친구들은 공용 탱크에서 물을 마시고 얼굴을 씻으려고 길을 멈췄다. 그러자 그들을 '데드'불가촉천민을 경멸하는 용어라고 부르는 성난 무슬림 무리가 그들을 둘러쌌다. 그들은 함부로 취급당했고 물 근처에는 얼씬도 말라며 위협당했다. 암베드카르는 자신의 자서전적 노트에서 "이것은 힌두교도에게 불가촉천민인 사람은 무함마드교도에게도 불가촉천민이라는 사실을 보여 주는 것이다"라고 썼다.[28]*

새로운 영적 안식처는 어디에도 보이지 않았다.

그래도 1935년 예올라Yeola 회의에서 암베드카르는 힌두교를 포기했다. 그리고 이듬해 그는 자신이 그렇게 한 이유를 펼쳐 보이는 『카스트의 소멸』이라는 선동적인 (게다가 간디가 가르치듯 언급한 바로는 값이 비싸게 매겨진) 텍스트를 출판했다.

같은 해에 간디도 역시 기억할 만한 방식으로 문학에 공헌했다. 당시 그의 나이는 예순여덟이었다. 그는 『이상적인 방기The Ideal Bhangi』라는 고전적인 에세이를 썼다.

브라만의 책무는 영혼의 위생을 돌보는 것이고, 방기의 책무는 사회 전체의 위생을 돌보는 것이다. (…중략…) 그러나 우리 비탄에 잠긴 인도 사회는 방기를 사회적으로 버림받은 사람으로 낙인찍고, 그를 등급 체계의 밑바닥에 놓아 오로지 발길질과 학대만 받게 했고, 카스트 사람들이 남긴 찌꺼기로 연명하고 똥 더미 위에서 살아야 하는 존재가 되도록 했다.

우리가 방기의 지위를 브라만의 지위와 동등하게 인정했다면 우리 마을도 거기 사는 주민들도 모두 깨끗하고 질서 있는 모습을 보였을 것이다. 그러므로 나는 브라만과 방기 사이의 부당한 구별이 제거되기 전까지는 우리 사회가 건강, 번영, 평화를 누리고 행복해질 수 없다는 것을 어떤 망설임이나 의심 없이 담대히 선언한다.

그는 계속해서 이상적인 방기가 갖춰야 할 교육적 자격 요건, 실용적인 기술 및 예의범절을 대략 설명했다.

그러면 그토록 존경받는 사회의 봉사자라면 어떤 자질을 보여야 할까? 내 생각에 이상적인 방기는 위생 원칙에 대한 철저한 지식을 지녀야 한다. 올바른 변소를 만드는 방법과 올바른 청소 방법을 알아야 한다. 그는 배설물 냄새와 각종 소독제를 극복하고 파괴하여 해가 없게 만드는 방법을 알아야 한다. 그는 또 소변과 분뇨가 거름으로 변하는 과정을 알아야 한다. 그러나 그것이 전부는 아니다. 나의 이상적인 방기는 분뇨와 소변이 질을 알 것이다. 그는 이를 자세히 관찰하고 있다가 제때 관련 개인에 상태를 알려줄 것이다.

마누법전은 수드라가 능력이 있더라도 부를 축적해서는 안 된다고 말한다. 부를 축적하는 수드라는 브라만을 괴롭히기 때문이다.[29*] 마누법전이 고리대금업을 그들의 신성한 소명으로 규정한 바니아 출신인 간디는 이렇게 말한다. "그런 이상적인 방기는 직업으로 생계를 유지하는 동안 그것을 신성한 의무로만 대할 것이다. 다시 말해, 그는 그것으로 부를 축적하는 것을 꿈꾸지 않을 것이다."[30*]

70년 후, 나렌드라 모디는 자신의 책 『카르마요기*Karmayogi*』(발미키 공동체의 항의 이후 회수했다)에서 자신이 마하트마의 성실한 제자임을 입증했다.

> 나는 그들이 단지 생계 유지를 위해 이 일을 해왔다고는 믿지 않는다. 그랬더라면 이런 일을 대대로 계속하지 않았을 것이다. 어느 시점에서 누군가는 사회 전체와 신들의 행복을 위해 일하는 것이 자신들[발미키]의 의무라는 깨달음을 얻었을 것이다. 신이 그들에게 부여한 이 일을 해야만 한다는, 그리고 이 일은 수 세기 동안 내부의 영적 활동으로 계속되어야 한다는 깨달음 말이다.[31*]

나람 달과 가람 달은 오늘날 별개의 정파일지 모르지만, 이념적으로 그들은 우리가 생각하는 것만큼 서로 그렇게 멀리 떨어져 있지 않다.

다른 모든 힌두교 개혁가들과 마찬가지로 간디 또한 힌두교를 포기하겠다는 암베드카르의 말에 놀랐다. 그는 불가촉천민의 종교적 전향을 단호하게 반대했다. 1936년 11월, 미국의 복음주의자이자 국제 선교 협의회 회장인 존 모트[John Mott]와의 이제는 유명해진 대화에서 간디는 다음과 같이 말했다.

교세를 늘리려고 무슬림이나 시크교도들과 경쟁하는 기독교 단체들을 보면 마음이 아팠습니다. 그것은 추한 행위이자 종교를 웃음거리로 만드는 것처럼 보였으니까요. 그들은 심지어 암베드카르 박사와 비밀회의를 진행하기까지 했습니다. 하리잔들을 위한 당신의 기도를 나는 이해했어야 하고 또 감사했어야 하지만, 사실 당신이 호소한 대상은 당신이 말한 것을 이해할 마음도, 지성도 없는 사람들이었습니다. 그들에게는 확실히 예수와 마호메트, 나나크 등을 구별할 지성이 없습니다. 기독교도들이 이 개혁운동에 참여하기를 원한다면 개종에 대한 어떤 생각도 품지말고 그렇게 해야 합니다.

존 모트 : 이 보기 흉한 경쟁 구도와는 별개로 복음을 받아들이라고 설교해서는 안 된다는 말씀이십니까?

간디 : 모트 박사님, 소에게 복음을 전하시겠습니까? 글쎄요, 불가촉천민 중 일부는 이해력이 소보다 더 나쁩니다. 내 말은 그들이 이슬람교와 힌두교, 기독교의 상대적인 장점을 구별하는데 소보다 나을 게 없다는 뜻입니다. 당신은 당신의 삶을 통해서만 그것을 전할 수 있습니다. 장미는 "와서 내 향기를 맡아보세요"라고 말하지 않습니다.[32]*

간디가 자주 자기모순에 빠진 것은 사실이다. 그가 놀라울 정도로 일관성을 유지할 수 있었던 것도 사실이다. 성인이 된 후 반세기가 넘는 기간 동안 그가 아프리카 흑인, 불가촉천민, 노동계급의 타고난 자질에 대해 한 발언들은 일관되게 모욕적이었다. 노동계급 사람들과 불가촉천민들이 자신들의 정치 조직을 만들고 자기들 대표를 선출하는 것을 허용하는(암베드카르는 이를 시민권 개념의 기본원칙이라 여긴

다) 데 대한 그의 거부 역시 일관되게 유지되었다.[33*]

간디의 정치적 본능은 국민회의당에 매우 큰 도움이 되었다. 그의 사원 출입 캠페인은 수많은 불가촉천민 인구를 국민회의로 끌어들였다.

암베드카르는 만만치 않은 지성의 소유자였지만 훌륭한 정치인에게 필요한 자질이라 할 타이밍 감각, 이중성, 교활함 및 비양심적 능력은 없었다. 그의 지지층은 인구 중 가장 가난하고 가장 억압받는 사람들로 구성되어 있었다. 그에게는 재정적 지원이 전혀 없었다. 1942년에 암베드카르는 독립노동당을 훨씬 더 자기 제한적인 지정 카스트 연맹으로 변경했다. 타이밍이 좋지 않았다. 그즈음 다시 민족운동이 불붙고 있었다. 간디는 인도 철수운동Quit India Movement을 발표했다. 파키스탄에 대한 무슬림 연맹의 요구가 견인력을 얻고 있었고 한동안 카스트 정체성은 힌두-무슬림 문제보다 덜 중요해졌다.

1940년대 중반이 되면서 분할이 예상되자 여러 주의 종속 카스트들은 힌두교에 '동화'되었다. 그들은 과격한 힌두 집회에 참여하기 시작했다. 예를 들어 벵골의 노아칼리Noakhali에서 그들은 분할의 대학살극을 앞두고 외곽 자경단 역할을 했다.[34*]

1947년 파키스탄은 세계 최초의 이슬람 공화국이 되었다. 60여 년이 지난 후에도 수많은 아바타를 통해 테러와의 전쟁이 계속되면서, 정치적 이슬람은 내부로 향하고 있고 구역을 좁히고 경화하고 있다. 반면, 정치적 힌두교는 팽창하고 넓어지고 있다. 오늘날에는 박티운동조차 대중적인 전통 힌두교의 한 형태로 '동화'되었다.[35*] '세속적 민족주의'로 종종 위장하곤 하는 나람 달은, 힌두교를 비난한 조티바 풀, 판디타 라마바이, 심지어 암베드카르까지도 힌두교도들이 '자랑스러워' 할 만한 '힌두교 집단'으로 다시 끌어들였다.[36*] 암베드카르는 다른 방식으로도 동화되고 있다. 불가촉성에 맞서 함께 싸우는 간디의 하급 파트너로서 말이다.

인구통계를 둘러싼 불안은 전혀 잦아들지 않았다. 라쉬트리야 스와얌세바크 상Rashtriya Swayamsevak Sangh 및 쉬브 세나Shiv Sena와 같은 힌두 우월주의 조직은 달리트와 아디바시를 '힌두 집단'으로 유인하기 위해 열심히 (그리고 성공적으로) 일하고 있다. 광물을 둘러싼 기업전쟁이 격화되고 있는 중부 인도 숲에서 비슈와 힌두 파리샤드Vishwa Hindu Parishad, VHP와 바즈랑 달Bajrang Dal —두 조직 모두 RSS와 느슨하게 연결되어 있음—은 아디바시 사람들이 힌두교로 '재개종'되도록 하는 '가르 왑시ghar wapsi'귀향라는 대규모 개종 프로그램을 운영하고 있다. 아리안 침략자들의 후손이라는 자부심에 찬 특권 카스트 힌두교도들은 현지 토착 부족에 속한 사람들을 '고향'으로 돌아가도록 설득하느라 바쁘다. 이 지역에서는 아이러니가 더 이상 문학적 선택 사항이 아니라는 느낌을 받는다.

'힌두 집단'에 동원된 달리트는 또 다른 목적에도 부합한다. 비록 그들이 외곽 자경단의 일원이 아니더라도 그들은 특권 카스트가 저지르는 범죄에 대한 희생양으로 이용될 수 있는 것이다.

2002년에는 구자라트의 고드라Godhra 기차역에서 열차 칸이 알 수 없는 이유로 불에 탔고, 힌두교 순례자 58명이 불에 타 숨졌다. 유죄를 입증할 증거가 많지 않았음에도 일부 무슬림이 가해자로 체포되었다. 무슬림 공동체 전체가 범죄에 대해 집단으로 비난받았다. 다음

며칠 동안 VHP와 바즈랑 달^{Bajrang Dal}은 대학살을 주도하여 2,000명 이상의 무슬림이 살해되었고, 여성들은 폭도들에게 강간당하고 대낮에 산채로 화형당했으며, 15만 명이 고향에서 쫓겨났다.[37]* 대학살 이후 테러방지법^{POTA}에 따라 287명이 체포됐다. 그중 286명은 무슬림이었고 1명은 시크교였다.[38]* 그들 대부분은 아직도 감옥에 있다.

무슬림이 '테러리스트'였다면 '폭도'는 누구였겠나? 체포 유형을 연구한 구자라트 달리트 작가인 라주 솔란키^{Raju Solanki}는 자신의 에세이 『사프란 아래 흐르는 피, 달리트-무슬림 대결의 신화』에서, 체포된 1,577명의 '힌두인'에 대해 다음과 같이 말한다.(물론 POTA에 따른 것이 아니다) 747명은 달리트였고, 797명은 '기타 후진 계급'에 속했다. 19명이 파텔^{Patels}, 2명이 바니아^{Banias}, 2명이 브라만이었다. 구자라트의 여러 도시와 마을에서 무슬림 학살이 발생했다. 그러나 솔란키는 달리트와 무슬림이 함께 살았던 바스티스^{bastis}에서는 단 한 번의 학살도 일어나지 않았다고 지적한다.[39]*

대학살을 주도한 나렌드라 모디 구자라트주 수석장관은 이후 세 번 연속 주 선거에서 승리했다. 그는 수드라임에도 불구하고 다른 어떤 인도 정치인보다 노골적이고 무자비하게 반무슬림 성향을 보여 힌두교 우파의 사랑을 받았다. 그는 최근 한 인터뷰에서 2002년에 일어난 일을 후회하느냐는 질문에 "우리가 차를 운전하고 있고, 그래서 우리가 운전자이거나, 아니면 다른 사람이 차를 운전하고 있어서 우리가 그 뒷자리에 앉아 있다고 합시다. 그때 강아지가 바퀴 아래로 들어오면 그것이 우리를 아프게 할까요, 아닐까요? 당연히 아프게 합니다. 내가 수석장관이든 아니든 나는 한 인간입니다. 어디에서든

안 좋은 일이 생기면 슬픈 게 당연합니다"라고 말했다.[40*]

주류정치에서 발판을 구축하는데 힌두 우파만큼이나 노골적으로 카스트주의적이고 공동체적인 급진 달리트들도 이에 대해 공동의 대의를 마련했다. 1990년대 중반, 달리트 팬더들의 창립자 중 한 명인 뛰어난 달리트 시인 남데오 다살Namdeo Dhasal이 쉬브 세나Shiv Sena에 합류했다. 2006년에 다살은 한 출판기념회에서 RSS 책임자인 수다르샨K. S. Sudarshan과 연단을 공유하고 평등을 위한 RSS의 노력을 높이 샀다.[41*]

다살이 한 일을 파시스트와의 용서할 수 없는 타협으로 일축하기는 쉽다. 그러나 의회 정치에서는 푸나 협정Poona Pact 이후, 오히려 푸나 협정 때문에, 정치적 선거구로서의 달리트는 자신들의 이익에 적대적인 사람들과 동맹을 맺어야 했다. 우리가 이제껏 보아왔듯, 달리트에 있어 힌두 '우파'와 힌두 '좌파' 사이의 거리는 다른 사람들에게 보이는 것만큼 그렇게 크지 않다.

푸나 협정의 대실패에도 불구하고 암베드카르는 별도의 선거구에 관한 생각을 전적으로 포기한 것이 아니었다. 불행하게도 그의 두 번째 정당인 지정 카스트 연합Scheduled Castes Federation은 1946년 지방의회 선거에서 패배했다. 이 패배는 암베드카르가 1946년 8월에 구성되는 과도 부처의 행정위원회에서 자신의 자리를 잃는다는 것을 의미했다. 암베드카르는 행정위원회 내 자신의 지위를 활용하여 (헌법 초안을 마련하게 될) 인도 헌법 위원회의 일원이 되기를 필사적으로 바랐기 때문에, 이는 심각한 타격이었다. 이것이 가능하지 않으리라는 걱정에, 헌법 위원회에 외부 압력이라도 가하기 위해 암베드카르는 1947년 3월 「국가와 소수자」이라는 문서를 발표했다. 이는 그가 (아마도 때가 무르익은 아이디어인) '인도 합중국'을 위한 헌법으로 제안하는 것이었다. 다행스럽게도 무슬림 연맹은 암베드카르의 동료이자 벵골 출신의 지정 카스트 연맹 지도자인 조겐드라나트 만달^{Jogen-dranath Mandal}을 집행위원 후보자 중 한 명으로 선택했다. 만달은 암베드카르가 벵골 지방을 대표해 제헌의원에 선출되었음을 확실히 했다. 그러나 또다시 재난이 닥쳤다. 분할 후 동벵골은 파키스탄이 되었고 암베드카르는 다시 한번 자기 자리를 잃었다. 호의의 표시로, 그리고 아마도 그만큼 임무를 수행할 사람이 없었기 때문에, 국민회의는 암베드카르를 제헌의원으로 지명했다. 1947년 8월, 암베드카르는 인도 최초의 법무 장관이자 헌법 위원회 위원장으로 임명되었다. 새 국경 너머에서는, 조겐드라나트 만달^{Jogendranath Mandal}이 파키스탄 최초의 법무 장관이 되었다.^{42*} 모든 혼란과 편견 속에서도 인도와 파키스탄의 초대 법무 장관들이 달리트였다는 것은 놀라운 일이었다. 만달은 결국 파키스탄에 환멸을 느끼고 인도로 돌아왔다. 암베드카르도 환멸을 느꼈으나 그에게는 사실상 갈 곳이 없었다.

인도 헌법은 위원회에서 초안을 작성했으며 암베드카르보다 특권 카스트 위원의 견해가 더 많이 반영되었다. 그래도 그가 「국가와 소수자」에서 큰 틀을 제시했던 불가촉천민에 대한 몇 가지 보호 조치는 제 길을 찾아갔다. 농업과 핵심 산업을 국유화하는 것과 같은 암베드카르의 더 급진적인 제안 중 일부는 즉각 철회되었다. 초안 작성 과정은 암베드카르를 상당히 불행하게 만들었다. 1955년 3월, 그는 라지야 사바^{인도 상원}에서 이렇게 말했다. "헌법은 우리가 신들을 위해 지은 훌륭한 사원이었지만, 그것은 설치되기도 전에 악마들이 점령해버렸습니다."[43*] 1954년 암베드카르는 지정 카스트 연맹 후보로서 그의 마지막 선거에 출마했으나 패배했다.

＊

암베드카르는 힌두교와 그 힌두교의 대사제들, 성자들, 정치인들에 환멸을 느꼈다. 그렇지만 사원 출입에 대한 반응은 아마도 사람들이 영적 공동체에 속하기를 얼마나 갈망하는지, 시민권 헌장이나 헌법이 그러한 요구를 해결하기에 얼마나 부적합한지 그에게 가르쳐주었을 것이다.

기독교와 이슬람교 공부를 포함한 20년간의 묵상 이후, 암베드카르는 불교로 눈을 돌렸다. 이것에도 그는 자신만의 독특하고 각진 방식으로 접근했다. 그는 고전적인 불교를 경계했고, 불교 철학이 전쟁이나 그밖에 상상도 할 수 없는 잔인함을 정당화하기 위해 사용될 수 있고 그렇게 해왔으며 계속해서 그럴 수 있는 방식을 경계했다. (가장 최근의 예는 스리랑카 정부의 국가 불교 버전으로 결국 2009년 최소 40,000명의 타밀족 집단 학살과 주민 300,000명의 국내 이주를 낳았다)[44*] '나바야나 불교'[45*] 또는 제4의 길이라고 불리는 암베드카르의 불교는 종교와 담마dhamma를 구별했다. 암베드카르는 "종교의 목적은 세상의 기원을 설명하는 것이다"라고 말했는데, 이는 "담마의 목적은 세상을 재구성하는 것이다"[46*]라고 한 칼 마르크스의 말과 매우 비슷하게 들린다. 1956년 10월 14일, 그가 죽기 불과 몇 달 전 나그푸르에서 암베드카르, 샤르다 카비르, 그의 (브라만) 두 번째 부인, 그리고 50만 명의 지지자들이 삼보 오계를 서원하고 불교로 개종했다. 그가 보인 가장 급진적인 행동이었다. 이는 그가 서구 자유주의와 '권리'에 기반을 둔 사회에 대한 순전히 유물론적인 비전, 즉 현대 자본주의의 부상과 동시에 시작된 비전에서 벗어났음을 의미한다.

암베드카르는 죽기 전에 불교에 관한 그의 주요 저작인 『붓다와 그의 담마 *The Buddha and His Dhamma* 』를 인쇄할 돈이 충분하지 않았다.[47*]

그는 양복을 입었다, 그렇다. 그러나 그는 빚을 진 채 죽었다.

＊

남겨진 우리는 이제 어디로 가는 걸까?

우리가 살아가는 시대를 칼리 유가 Kali Yuga[48*]라고들 부르지만, 람 라지야 Ram Rajya[3]가 바로 코앞에 다가왔을 수 있다. 아요디야 Ayodhya에 있는 14세기 이슬람 건축물인 바브리 마스지드는 라마 신 Lord Ram의 출생지에 지어진 것으로 추정되었기에 암베드카르 서거 기념일인 1992년 12월 6일 힌두 돌격대에 의해 파괴되었다.[4] 우리는 그 자리

....

3 고대 인도 서사시 라마야나(Ramayana)에 언급된 아요디아(Ayodhya) 의 라마 통치, 혹은 힌두트바 지지자들에 의해 전파되는 힌두 국가(Rashtra).

4 아요디야의 해당 부지에는 바브리 마스지드(Babri Masjid) 라는 이슬람 모스크가 세워져 있었다. 기록에 따르면 이 모스크는 과거 무굴제국의 바부르 황제가 짓도록 명령했다고 한다. 하지만 인도의 힌두교도들은 이 부지를 라마 신이 탄생한 땅이라고 믿고 있었고, 선조들이 라마 신을 숭배하기 위해 이곳에 지었던 사원이 이슬람에 의해 무너졌다고 믿는 이들도 많았다. 힌두교도들에게 상징적인 의미가 큰 땅이었기에, 이들은 이슬람교도들에게서 부지를 돌려

에 웅장한 라마 사원이 건설되는 것을 우려 속에 기다리고 있다. 마하트마 간디가 바란 대로, 부자는 자신(뿐만 아니라 다른 모든 사람)의 부를 소유하게 되었다. 차투르바르나는 도전받지 않고 통치한다. 브라만은 주로 지식을 통제하고, 바이샤는 무역을 지배한다. 크샤트리아는 좋은 시절을 다 보냈다고 할 수도 있겠으나 여전히 대부분 시골 지주 정도는 된다. 수드라는 저택 지하에 거주하며 침입자를 막고, 아디바시는 생존 자체를 위해 싸우고 있다. 그리고 달리트, 우리는 그 모든 것을 겪었다고 할 수 있다.

카스트가 소멸할 수 있는가?

우리가 창공의 별들을 재배치할 용기를 보여 주지 않는 한 그렇지 않다. 스스로 혁명적이라고 부르는 사람들이 브라만교에 대한 급진적인 비판을 전개하지 않는 한은 그렇지 않다. 브라만교를 이해하는 사람들이 자본주의에 대한 비판을 더욱 분명히 하지 않는 한은 그렇지 않다.

그리고 바바사헤브 암베드카르를 읽지 않는 한 역시 그렇지 않다. 교실 안에서 안 된다면 교실 밖에서 읽으면 된다. 그때까지 우리는 그가 '병든 사람들'이라고 불렀던, 낮고 싶은 마음이 전혀 없어 보이는 힌두스탄의 여자들로 남을 것이다.

....

받아 라마 신의 사원을 짓고자 했다. 부지의 소유권을 두고 법정 다툼이 치열한 가운데, 인도인민당의 지도자 L. K. 아드바니가 아요디야 분쟁을 정치적 도구로 이용하면서 이 분쟁은 당시 인도의 가장 뜨거운 이슈로 떠올랐다. 지속된 갈등과 분쟁 속에 1992년, 바브리 마스지드가 파괴되고 만다.

주석

박사와 성자

1* 카이를란지(Khairlanji)에서 일어난 일의 기술은 아난드 텔툼데(Anand Tel-
   tumbde), 2010a 참조.
   사건에 대한 최초의 포괄적인 뉴스 보도 중 하나를 보려면 사브리나 버크월터
   (Sabrina Buckwalter), 2006 참조.

2* 하급심 판결에 대한 분석은 아난드(S. Anand), 2008b 참조.

3* 1996년 7월 11일, 특권 카스트로 구성된 봉건 민병대인 란비르 세나(Ranveer
   Sena)는 비하르(Bihar) 주 바타니 톨라(Bathani Tola) 마을에서 토지를 소유하
   지 않은 노동자 21명을 살해했다. 2012년 파트나 고등법원은 피고인 모두에
   게 무죄를 선고했다. 1997년 12월 1일, 란비르 세나는 역시 비하르에 있는 락
   스만푸르 바테(Laxmanpur Bathe) 마을에서 58명의 달리트를 학살했다. 2010
   년 4월, 1심 법원은 기소된 26명 모두에게 유죄를 선고했다. 그중 10명에게는
   종신형, 16명에게는 사형을 선고했다. 2013년 10월 파트나 고등법원은 검찰
   이 처벌을 보장할 증거를 전혀 제시하지 못했다며 피고인 26명 모두에 대한
   유죄 판결을 유예했다.

4* 다음은 최근에 발생한 달리트 및 종속 카스트 상대 주요 범죄 중 일부다. 1968
   년 타밀나두주의 키즈벤마니(Keezhvenmani)에서는 44명의 달리트가 산채로
   화형당했다. 1977년에는 비하르(Bihar)의 벨치(Belchi) 마을에서 14명의 달
   리트가 산채로 화형당했다. 1978년 서벵골의 순다르반스 맹그로브 숲에 있는
   섬인 마리치자피(Marichjhapi)에서는 좌파 정부의 퇴거운동 중에 방글라데시
   에서 온 달리트 난민 수백 명이 학살당했다. 1984년 안드라 프라데시주의 카
   람체두(Karamchedu)에서는 6명의 달리트가 살해되었고, 3명의 달리트 여성
   이 강간당했으며 부상자는 더 많았다. 1991년에는 역시 안드라 프라데시주
   춘두루에서 9명의 달리트가 살해되고 그들의 시신은 운하에 버려졌다. 1997
   년 타밀나두의 멜라발라부(Melavalavu)에서는 선출된 달리트 판차야트(pan-
   chayat) 지도자와 5명의 달리트가 살해당했다. 2000년에는 카르나타카주 캄
   발라팔리(Kambalapalli)에서 6명의 달리트가 산채로 불태워졌다. 2002년 하
   리아나주 자자르(Jhajjar)에서는 달리트 5명이 경찰서 밖에서 린치당했다. 『휴
   먼 라이츠 워치(Human Rights Watch)』, 1999; 「나브사리안(Navsarjan) 리포트」,
   2009 참조.

5* BAWS 9, p. 296. 『카스트의 소멸』을 제외한 암베드카르의 모든 저술은 마하라
   슈트라(Maharashtra) 정부 교육부에서 출판한 『바바사헤브 암베드카르, 그의

저작과 연설 모음(*Babasaheb Ambedkar : Writings and Speeches, BAWS*)』 시리즈에서 인용했다. 『카스트의 소멸(*Annihilation of Caste, AoC*)』에 대한 모든 참조는 나바야나(Navayana) 판을 기준으로 했다.

6*   루파 비스와나트(Rupa Viswanath, 2012)는 다음과 같이 말한다. "'달리트'가 전통적으로 카스트에서 추방된 자들과 불가촉천민으로 여겨지는 과거와 현재의 모든 인도인을 가리킨다면, '지정 카스트(SC)'는 기독교도와 무슬림 달리트를 명시적으로 배제하는 현대 정부의 범주다." 헌법 및 법적 보호라는 목적을 위해 누구를 지정 카스트로 간주하는지를 말해주는 현재 버전의 (지정 카스트에 관한) 대통령령은 전적으로 명확하다. "힌두교, 시크교, 불교가 아닌 다른 종교를 믿는 사람은 지정 카스트의 구성원으로 간주하지 않는다." 그녀는 계속해서 말한다. "1935년 인도 정부 법에 따라 기독교도 달리트가 선거 목적으로는 지정 카스트에서 제외되었으나 대통령령이 지정 카스트를 종교적 기준에 따라 명시적으로 정의한 것은 1950년 국민회의 통치하에서였다. 그 시점부터 힌두교에서 개종한 달리트는 지정고용권을 잃었을 뿐만 아니라 1989년 이후 잔학 행위 방지법에 따른 보호권도 상실했다. 나중에 지정 카스트는 시크교도와 불교도 달리트를 포함하도록 확장되었지만 무슬림과 기독교도 달리트에 대한 공식적인 차별은 여전히 남아있다." 만약 카스트라는 낙인에 직면한 기독교도와 무슬림이 달리트로 간주할 수 있는 사람들의 수에 포함된다면, 인도 인구에서 그들이 차지하는 비율은 2011년 인구 조사의 공식 수치인 17%를 훨씬 초과하게 될 것이다. 「서문」, 『*AoC*』, 1937, p.184, '주석 2' 참조.

7*   2012년 12월 16일, 뉴델리의 어느 버스에서 한 여성이 잔혹한 고문과 집단 성폭행을 당했다. 그녀는 12월 29일에 사망했다. 이 잔혹 행위는 며칠 동안 대규모 시위로 이어졌는데, 중산층의 대거 참여는 이례적이었다. 시위의 여파로 강간 금지법이 더욱 엄격해졌다. 『가디언(*The Guardian*)』에 실린 제이슨 버크(Jason Burke)의 리포트, 특히 「델리 강간-인도의 나머지 절반은 어떻게 살아가나(Delhi Rape : How India's Other Half Lives)」(2013.9.10)를 참조. http://www.theguardian.com/world/2013/sep/10/delhi-gang-rape-india-women, 접속일 : 2013.9.12.

8*   인도 국립범죄기록국(NCRB), 2012, pp.423~424.

9*   특권 카스트는 달리트에게 인간의 배설물을 먹도록 강요함으로써 처벌하나 이는 종종 보고되지 않는다. 2002년 5월 22일 타밀나두주의 티루치(Tiruchi) 지역에 있는 틴니얌(Thinniyam) 마을에서 두 명의 달리트 무루게산(Murugesan)과 라마사미(Ramasami)는 마을 촌장에게 속았다고 공개적으로 선언했다는 이유로 서로에게 인간의 배설물을 먹이도록 강요받았고 불에 달군 쇠막대로 낙인찍혔다. 비스와나탄(Viswanathan), 2005 참조. 실제로 「1989년 지정

카스트 및 지정 부족(잔혹 행위 방지)법의 목적 및 이유에 대한 진술」에서는 이것을 바로잡아야 할 범죄 중 하나로 명시한다. "최근 지정 카스트 사람들에게 인간의 배설물과 같이 먹을 수 없는 물질을 먹게 하고, 무력한 지정 카스트와 지정 부족에 대한 공격과 대량 학살을 벌이고, 지정 카스트와 지정 부족에 속한 여성을 강간하는 등 특정 잔학 행위를 저지르는 충격적인 일들이 증가 추세에 있다."

10* 시크교도들의 신앙 교리에 따르면, 그들은 카스트 제도를 실천해서는 안 된다. 그러나 불가촉천민 카스트에서 시크교로 개종한 사람들은 계속해서 불가촉천민으로 취급된다. 카스트가 시크교에 어떤 영향을 미치는지에 대한 설명은 마크 위르겐스마이어(Mark Juergensmeyer), 1982·2009 참조.

11* *BAWS* 1, p.222.

12* 예를 들어, 마두 키슈와르(Madhu Kishwar)는 『테헬카(*Tehelka*)』(2006.2.11)에서 다음과 같이 말한다. "많은 비난을 받았던 카스트 제도는, 식민 통치 시기 도입되었고 독립 이후에도 유지되었던 중앙집권적이고 권위주의적인 권력 구조에 사람들이 저항할 수 있게 함으로써 인도 민주주의에 활기를 불어넣는 데 매우 중요한 역할을 했다."

13* 베테유(Béteille), 2001 및 굽타(Gupta), 2001·2007 참조. 전 자와할랄네루대학교 사회학 교수였던 디판카르 굽타(Dipankar Gupta)는 2007년 카스트 차별을 인종차별과 유사한 것으로 다루라는 달리트 단체의 요구에 반대한 인도 공식 대표단의 일원이었다. 굽타는 2007년에 쓴 에세이에서 "카스트가 인종차별의 한 형태라는 주장은 학문적 오판일 뿐만 아니라 불행한 정책적 결과도 가져온다"라고 주장했다. UN 인종차별철폐위원회에서 있었던 카스트-인종 논쟁에 대한 관점들의 단면을 보려면 게일 옴베트(Gail Omvedt)와 칸차 일라이아(Kancha Ilaiah)를 포함한 다양한 학자들의 반론을 담고 있는 토라트·우마칸트(Thorat·Umakant), 2004; 나타라얀과 그리노(Natarajan·Greenough), 2009 참조.

14* 베테유 및 굽타에 대한 반응은 나타라얀과 그리노(Natarajan·Greenough), 2009의 제럴드 베레만(Gerald D. Berreman)을 참조. 베레만은 다음과 같이 말한다. "'과학적으로 말도 안 되는' 것은 다른 게 아니라 베테유 교수의 '인종'에 대한 오해다. 또 '악의적인' 것은 바로 모든 형태의 차별과 불관용으로부터의 자유를 포함하도록 인권을 확장하는 것이 유일한 목적인 UN 협약의 조항들에서 날 때부터 정해지는 인도의 사회 불평등 시스템이 면제되어야 한다는 그의 주장이다. 사실 인도는 대부분의 다른 국가들과 마찬가지로 (불평등 행위를) 저질러 온 장본인인데 말이다."(pp.54~55)

15* www.declarationofempathy.org, 접속일 : 2014.1.16.

16* 다스 바그완(Das Bhagwan), 2010, p.25.

17* 카스트 간 결혼과 고트라 간 결혼은 '명예'라는 이름으로 저항에 부딪힌다. 극단적인 경우, 부부 둘 다 또는 그중 한 명이 살해되기도 한다. 타밀나두주의 일라바라산(Ilavarasan)과 디비아(Divya) 사례에 대한 설명은 미나 칸다사미(Meena Kandasamy), 2013을 참조. 하리야나에서 고트라법을 위반한 결과에 대한 설명은 찬데르 수다 도그라(Chander Suta Dogra), 『마노즈와 바블리, 증오 이야기(*Manoj and Babli : A Hate Story*)』, 2013; 「그들이 살해된 이튿날, 마을이 잠잠해지다(Day after their Killing, Village Goes Quiet)」, 『인디언 익스프레스(*Indian Express*)』, 2013.9.20; 초드리(Chowdhry), 2007 참조.

18* 아메다바드에 본부를 둔 나브사르잔 트러스트(Navsarjan Trust)와 로버트 F. 케네디 정의 및 인권 센터는 2009년 「불가촉천민에 대한 이해」라는 공동 보고서를 발표했다. 이 보고서에는 구자라트의 1,589개 마을에 존재하는 99가지 형태의 불가촉천민이 나열되어 있다. 보고서는 8개 항목 아래 불가촉성의 횡행을 조사했다. ① 식수, ② 식품 및 음료 ③ 종교, ④ 카스트 기반 직업, ⑤ 접촉, ⑥ 공용 시설 및 기관에 대한 접근, ⑦ 금지사항 및 사회적 제재, ⑧ 민간 부문 차별. 그 결과는 충격적이었다. 조사 대상 마을의 98.4%에서는 카스트 간 결혼이 금지되었다. 97.6%의 마을에서 달리트는 달리트가 아닌 사람들의 물 주전자나 식기를 만지는 것이 금지되었다. 98.1%의 마을에서 달리트는 달리트 지역이 아닌 지역에 집을 빌릴 수 없었다. 97.2%의 마을에서 달리트 종교 지도자들은 달리트 거주 지역이 아닌 지역에서 종교의식을 거행하는 것이 허용되지 않았다. 67%의 마을에서 달리트 판차야트(마을 자치 기구) 회원들에게 차를 제공하지 않거나 '달리트' 컵이라고 불리는 별도의 컵에 차를 제공했다.

19* *AoC* 17.7.

20* *CWMG* 15, pp.160~161. 간디의 저작에 대한 모든 언급은, 별도로 언급하지 않는 한, 『마하트마 간디 전집(*The Collected Works of Mahatma Gandhi, CWMG*)』(1999)에서 인용했다. 학자들이 때때로 CWMG의 이전 판본을 참조하기 때문에 가능한 경우 첫 번째 판본의 세부 사항도 제공했다.

21* *BAWS* 9, p.276.

22* *CWMG* 59, p.227.

23* 「인도 100대 부자가 인도 GDP의 25%를 차지한다」, 『인도 연합통신(*UNI*)』, 2009.11.20 참조. http://ibnlive.in.com/news/indias-100-richest-are-25-pc-of-gdp-forbes/105548-7.html?utm_source=ref_article, 접속일 : 2013.9.8.

24* 비조직화(영세) 부문 기업을 위한 국가위원회의 「비조직화 부문의 노동 조건 및 생계 증진」에 기초한 로이터 리포트(2007.8.10)는 다음과 같이 말했다. "인도인의 77%(약 8억 3,600만 명)가 세계에서 가장 뜨거운 경제 중 하나인

인도에서 하루 0.5달러 미만의 돈으로 생활하고 있다." http://in.reuters.com/article/2007/08/10/idIN India-28923020070810, 접속일 : 2013.8.26.

25* 힌두 우파 스와데시 자가란 만치(Swadeshi Jagaran Manch)의 공동 의장인 구루무르티(S. Gurumurthy)는 카스트와 자본주의가 어떻게 공존할 수 있는지에 대해 이렇게 말한다. "카스트는 매우 강력한 유대다. 개인은 가족으로 연결되어 있지만 카스트는 가족을 연결한다. 카스트는 지역적 한계를 뛰어넘어 사람들을 네트워크로 연결했다(오류, 또는 결함이 있으나 원문 그대로 옮김). 이는 산업주의가 서구의 이웃 사회에 불러일으켜 고삐 풀린 개인주의와 극심한 원자화를 초래한 혼란을 방지해 왔다." 그는 계속해서 카스트 제도가 "현대에는 자기 혁신을 위해 경제에서는 시장에, 정치에서는 민주주의에 관여했다. 이는 산업가 정신의 훌륭한 원천이 되었다". 「카스트는 경제 발전 수단인가?」, 『더 힌두(*The Hindu*)』, 2009.1.19 참조. http://www.hindu.com/2009/01/19/stories/2009011955440900.htm, 접속일 : 2013.8.26.

26* 「포브스−국가 재정 적자보다 훨씬 높은 인도 억만장자의 부(Forbes : India's Billionaire Wealth Much above Country's Fiscal Deficit)」, 『인디언 익스프레스(*The Indian Express*)』, 2013.3.5. http://www.indianexpress.com/news/forbes-indias-billionaire-wealth-much-above-countrys-fiscal-deficit/1083500/#sthash.KabcY8BJ.dpuf, 접속일 : 2013.8.26.

27* 허튼(Hutton), 1935.

28* 하디만(Hardiman), 1996, p.15.

29* 「인도의 브라만」, 『아웃룩(*Outlook*)』, 2007.6.4 참조. http://www.outlookindia.com/article.aspx?234783, 접속일 : 2013.9.5. 이러한 감소에도 불구하고 2007년 인도 하원(Lok Sabha)에는 50명의 브라만 의원이 있었다. 이는 양원 전체 권력의 9.17%였다. 『아웃룩(*Outlook*)』이 제공한 데이터는 2004년에서 2007년 사이 델리의 개발도상국 연구 센터에서 실시한 네 건의 설문조사를 기반으로 한다.

30* *BAWS* 9, p.207.

31* G. B. 싱(Singh), 1990 참조. 싱의 수치는 그의 독자 중 한 사람이 제공한 정보를 기반으로 한다.

32* *BAWS* 9, p.200.

33* 지정고용제는 식민 시기 인도에 처음 도입되었다. 지정고용 정책의 역사에 대해서는 다스 바그완(Das Bhagwan), 2000 참조.

34* 인적자원개발부가 수집한 교육통계(2004~2005, p.22)는 다음 웹사이트에서 확인할 수 있다. http://www.education-forallinindia.com/SES2004-05.pdf, 접속일 : 2013.11.11.

35* 새로운 경제 체제하에서 교육, 의료, 필수 서비스 및 기타 공공 기관은 급속히 민영화되고 있다. 이는 정부 일자리의 출혈로 이어졌다. 12억 명 인구에 대해 조직화 부문의 총 일자리 수는 2,900만 개다(2011년 기준). 이 중 민간 부문은 1,140만 개에 불과하다. 「이코노믹 서베이(Economic Survey)」, 2010~2011, A52쪽 참조. http://indiabudget.nic.in/budget2011-2012/es2010-11/estat1.pdf, 접속일 : 2013.11.10.

36* 아자이 나바리아(Ajay Navaria), 「예, 알겠습니다!(Yes Sir)」, 『미청구 지형(Unclaimed Terrain)』, 2013 참조.

37* 지정 카스트 및 지정 부족을 위한 국가 위원회(NCSCST), 1998, pp.180~181.

38* 프라부 차울라(Prabhu Chawla), 「구애 논쟁」, 『인디아 투데이(India Today)』, 1999.1.29. 언급이 인용된 변호사는 아닐 디반(Anil Divan)과 팔리 나리만(Fali S. Nariman)이다. 훗날 인도에서는 달리트 출신 발라크리슈난(K. G. Balakrishnan, 2007~2010)이 대법원장을 맡았다.

39* 산토시·아브라함(Santhosh·Abraham), 2010, p.28.

40* 위의 책, p.27.

41* 자와할랄네루대학교(JNU) 부총장에게 제출된 메모에 서명한 사람들 가운데는 요긴더 알라흐(Yoginder K. Alagh), T. K. 옴멘(Oommen), 비판 찬드라(Bipan Chandra) 등이 있었다. 알라흐는 경제학자이자 전 상원 의원, 전 노동 장관, 신문 정규 칼럼니스트다. 옴멘은 국제사회학협회 회장(1990~1994)이었으며 『계급, 시민권, 불평등―새로운 관점들(Classes, Citizenship and Inequality : Emerging Perspectives)』이라는 책을 편집하고 출판했다. 찬드라는 마르크스주의 역사가이자 인도 역사 회의 전 의장이고 JNU 역사 연구 센터 소장이었다.

42* 라만(Raman), 2010.

43* 라진데르 사차르(Rajinder Sachar) 판사가 이끄는 위원회는 인도 무슬림 공동체의 사회, 경제 및 교육적 지위를 평가하기 위해 2005년 3월 9일 만모한 싱(Manmohan Singh) 총리에 의해 임명되었다. 403쪽 분량의 보고서가 2006년 11월 30일 의회에 상정되었다. 이 보고서는 카스트 억압이 인도의 무슬림에게도 영향을 미친다는 사실을 입증한다. 텔툼데(Teltumbde, 2010a, p.16)는 이렇게 말한다. "사차르 위원회가 제출한 자료에 따르면 인도 인구에서 지정 카스트 및 지정 부족이라는 구성 요소가 차지하는 비율은 각각 19.7%와 8.5%라고 추정할 수 있다."

44* 경제학자 수카데오 토라트(Sukhadeo Thorat, 2009, p.56)에 따르면, "지정 카스트 가구의 거의 70%는 소유한 토지가 없거나 0.4헥타르 미만의 매우 작은 토지를 보유하고 있다. 매우 작은 비율(6% 미만)이 중간 규모 및 대규모 농민으로 구성되어 있다. 지정 카스트 내 토지 소유권 시나리오는, 지정 카스트 가

구의 90% 이상이 없는 것이나 마찬가지일 수준의 땅을 가지고 있거나 땅 소유자가 전혀 없는 비하르(Bihar), 하리아나(Haryana), 케랄라(Kerala) 및 펀자브(Punjab) 같은 지역들에서 더욱 암울하다." 인도 기획위원회의 자료를 인용한 또 다른 연구 보고서에 따르면 지정 카스트 대다수(77%)는 토지가 없고 어떤 생산 자산이나 지속적인 고용 기회도 없다. 이 에세이는, 1990~1991년 농업 인구 조사를 참조하며, "국가 내 지정 카스트 토지 소유자의 약 87%와 지정 부족 토지 소유자의 65%가 소농 및 한계 농민(2헥타르 미만의 농지를 소유한 농민 – 역자 주) 범주에 속한다"라고 말한다. 모한티(Mohanty), 2001, p. 3857.

45* 지정 카스트 및 지정 부족을 위한 국가 위원회(NCSCST), 1998, p. 176.

46* "비말 토라트(Vimal Thorat, 인디라간디국립개방대 교수) : 달리트 인구 13 라크(lakh는 십만을 뜻하는 인도 셈 단위. 따라서 13라크는 130만에 해당 – 역자 주) 여전히 수동 청소에 종사한다." 『뉴 인디언 익스프레스(*The New Indian Express*)』, 2013. 10. 8(http://www.newindianexpress.com/cities/hyderabad/13-lakh-Dalits-still-engagement-in-manual-scavenging-Thorat/2013/10/08/article1824760.ece, 접속일 : 2013. 10. 10); 「현황 보고서」, 『국제 달리트 연대 네트워크』(http://idsn.org/caste-discrimination/key-issues/manual-scavenging/, 접속일 : 2013. 10. 10) 참조.

47* 바신(Bhasin), 2013; http://www.indianrailways.gov.in/railwayboard/uploads/directorate/stat_econ/pdf/Summarypercent20Sheet_Eng.pdf, 접속일 : 2013. 8. 26.

48* 2013년 6월 11일 자 『인디언 익스프레스(*The Indian Express*)』에서 DICCI 회장 밀린드 캄블레(Milind Kamble)와 DICCI 멘토 찬드라 반 프라사드(Chandra Bhan Prasad)의 인터뷰 참조. "자본주의는 어떤 인간보다 훨씬 더 빠르게 계급을 변화시키고 있다. 달리트는 자본주의를 카스트에 맞서는 십자군으로 보아야 한다." http://m.indianexpress.com/news/capitalism-is-changing-caste-much-faster-than-any-human-being.-dalits-should-look-at-capitalism-as-a-crusader-against-caste/1127570/, 접속일 : 2013. 8. 20.
   1990년 이후 인도의 자유화 및 세계화 정책이 실제로 우타르프라데시주 아잠가르(Azamgarh) 및 불란드샤하르(Bulandshahar) 지역의 농촌 달리트에게 어떻게 도움이 되었는지에 대한 분석은 카푸르 외(Kapur, et al.), 2010; 밀린드 칸데카르(Milind Khandekar), 『달리트 백만장자들 – 영감을 주는 15개 이야기들(*Dalit Millionaires : 15 Inspiring Stories*)』, 2013 참조. "달리트 백만장자의 부상, 저강도 스펙터클(프랑스 사상가 기 드보르가 비평 이론서 『스펙터클 사회』에서 전개한 개념, 그는 자본주의 사회구조의 폐단을 비판하며 자본주의가 삶을 장악하는 방식, 곧 상품 경제 사회가 인간을 소외시키고 소유하는 방식을 스펙터클로 지칭했다 – 역자 주)"에 대한 비평은 고팔 구루(Gopal Guru), 2012 참조.

49* "반 카스트 차별 개혁 저지되다, 비평가들이 말한다." 『가디언(*The Guardian*)』,
      2013.7.29. http://www.theguardian.com/uk-news/2013/jul/29/anti-
      caste-discrimination-reforms, 접속일 : 2013.8.5.

50* 바니타(Vanita), 2002.

51* 리그 베다(Rig Veda) 제10권(Book X)의 숙타(Sukta, 송가) 90은 창조 신화 이
      야기를 담고 있다. 그것은 네 개의 바르나와 온 우주가 그 몸에서 나온 푸루샤
      (원시의 인간)의 희생을 묘사한다. (신들이) 푸루샤를 자르자 그의 입에서 브
      라만이, 그의 팔에서 크샤트리아가, 그의 허벅지에서 바이샤가, 그리고 그의
      발에서 수드라가 생겼다. 도니거(Doniger), 2005 참조. 일부 학자들은 숙타
      (Sukta)가 후대에 따로 리그 베다에 첨부된 것이라 본다.

52* 수잔 베일리(Susan Bayly, 1998)는 간디의 카스트 정치가 현대의 특권 카스트
      힌두 '개혁가들'의 견해와 어떻게 전적으로 일치하는지 보여 준다.

53* 뉴스 잡지 『아웃룩(*Outlook*)』은 2012년 독립 기념일 전야에 실시한 설문조사
      결과를 발표했다. 질문은 "마하트마 다음으로 누가, 우리 땅을 걸었던 가장 위
      대한 인도인입니까?"였다. 암베드카르가 1위를 차지했으며 『아웃룩(*Outlook*)』
      은 2012년 8월 20일 자 전체를 암베드카르 특집으로 다뤘다. http://www.
      outlookindia.com/content10894.asp., 접속일 : 2013.8.10.

54* 암베드카르, 『파키스탄, 또는 인도의 분할(*Pakistan or the Partition of India*)』,
      1945 참조. 처음에는 『파키스탄에 대하여(*Thoughts on Pakistan*)』(1940)으로
      출판되었으며 현재 *BAWS* 8에 포함되어 있다.

55* 안소니 파렐(Anthony Parel), 1997, pp.188~189.

56* 1955년 BBC 라디오와의 인터뷰에서 암베드카르는 다음과 같이 말했다.
      "간디가 구자라트어로 쓴 글과 영어로 쓴 글을 비교 연구하면 간디가 어떻
      게 사람들을 속이고 있었는지 드러날 것입니다." http://www.youtube.com/
      watch?v=ZJs-BjoSzbo, 접속일 : 2013.8.12.

57* *BAWS* 9, p.276.

58* *AoC* 16.2.

59* 티드릭(Tidrick), 2006, pp.281·283~284 참조.
      1938년 5월 2일, 간디는 64세의 나이로 정액을 분비한 후 암리틀랄 나나바
      티(Amritlal Nanavati)에게 보낸 편지에서 다음과 같이 말했다. "내가 있을 곳
      은 어디이며, 열정에 예속된 사람이 어떻게 비폭력과 진리를 대표할 수 있을까
      요?" *CWMG* 73, p.139.

60* *BAWS* 9, p.202.

61* 키어(Keer), 1954·1990, p.167.

62* 우타르 프라데시(Uttar Pradesh)의 맥락에서, 암베드카르 동상에 내재하는 급

진주의적 성격에 대한 분석은 니콜라스 자울(Nicolas Jaoul), 2006 참조. "권리
와 존엄이 정기적으로 유린당하는 달리트 마을 주민들에게 있어서 빨간 넥타
이를 매고 헌법을 들고 있는 달리트 정치가의 동상을 세우는 일은 존엄성, 해
방된 시민권에 대한 자부심, 그리고 법 집행이 그들의 삶을 어느 정도 긍정적
으로 변화시킬 수 있는지에 대한 실질적인 인정을 포함한다."(p.204).

63* "국가는 폭력을 집중적이고 조직적인 형태로 표현한다. 개인은 영혼을 가지
고 있지만 국가는 영혼이 없는 기계이기 때문에, 그 존재 자체가 빚지고 있는
폭력으로부터 결코 벗어날 수 없다. 그러므로 나는 신탁의 원리를 선호한다."
『힌두스탄 타임스(*Hindustan Times*)』, 1935.10.17; *CWMG* 65, p.318.

64* 『영 인디아(*Young India*)』, 1931.4.16; *CWMG* 51, p.354.

65* 다스(Das), 2010, p.175.

66* 제퍼슨은 1789년 9월 6일 제임스 매디슨에게 보낸 편지에서 이렇게 말했다.
http://press-pubs.uchicago.edu/founders/documents/v1ch2s23.html, 접속
일 : 2013.11.21.

67* 암베드카르는 1916년에 쓴 에세이 『인도의 카스트』에서 여성은 카스트 제도
의 관문이며 조혼, 강제 과부 생활 및 사티(죽은 남편의 장작더미 위에서 태워
지는 것)를 통해 여성을 통제하는 것이 여성의 성적 정체성에 대해 점검을 유
지하는 방법이라고 주장한다. 이 문제에 대한 암베드카르의 저작을 분석하려
면 샤르밀라 레지(Sharmila Rege), 2013 참조.

68* 힌두법전을 위한 법안의 파급 효과와 그것이 어떻게 사보타주되었는가에 대
한 논의는 샤르밀라 레지(Sharmila Rege), 2013, pp.191~244 참조. 레지는 이
법안이 제헌의회에 제출된 1947년 4월 11일부터 1951년 9월까지 이 법안이
전혀 심각하게 받아들여지지 않았음을 보여 준다. 암베드카르는 1951년 10월
10일에 결국 사임했다. 힌두 결혼법은 1955년 마침내 제정되어 힌두 여성에
게 이혼권을 부여했다. 1954년에 통과된 특별결혼법은 카스트 간, 종교 간 결
혼을 허용한다.

69* 레지(Rege), 2013, p.200.

70* 위의 책, p.241.
인도의 새로운 법률 체제에 대한 암베드카르의 환멸은 더욱 심해졌다. 1953
년 9월 2일 암베드카르는 인도 상원(Rajya Sabha)에서 다음과 같이 선언했다.
"여러분, 제 친구들은 제가 헌법을 만들었다고 말합니다. 그러나 나는 그것을
가장 먼저 태워버리는 사람이 될 거라고 말할 준비가 되어 있습니다. 나는 그
것을 원하지 않습니다. 그것은 누구에게도 적합하지 않습니다. 그러나 그것이
무엇이든, 우리 국민이 그것과 함께 계속 가겠다면, 그들은 다수가 있고 소수
가 있다는 것을 기억해야 합니다. 그리고 그들은 '오, 안돼, 당신을 인정하는 것

은 민주주의에 해를 끼치는 것이야'라고 말하면서 소수자들을 무시해서는 안 됩니다." 키어(Keer), 1990, p. 499.

71* *AoC* 20.12.

72* 옴베트(Omvedt), 2008, p. 19.

73* 조엘 리(Joel Lee)에 의한 미출간 번역으로 개인적 소통을 통해 제공되었다.

74* 『영 인디아(*Young India*)』, 1927.3.17 ; *CWMG* 38, p. 210.

75* 암베드카르는 1948년 11월 4일 제헌의회 헌법 위원회 위원장으로서 행한 연설에서 이처럼 말했다. 다스(Das), 2010, p. 176 참조.

76* 간디와 인도 자본가의 관계에 대한 분석은 레아 레놀드(Leah Renold), 1994 참조. 대형 댐에 대한 간디의 접근 방식은 1924년 4월 5일 자 편지에서 드러나는데, 그 편지에서 그는 타타(Tatas)그룹이 봄베이 공장용 전력을 생산하기 위해 건설한 물시 댐(Mulshi Dam)으로 인해 이주하게 된 마을 사람들에게 항의를 그만두라고 권고했다(*CWMG* 27, p. 168) :
1. 나는 영향을 받은 사람들 대다수가 보상을 수락했으며 그렇지 않은 소수의 사람은 아마도 추적조차 할 수 없다는 것을 압니다.
2. 댐은 거의 반쯤 완성되었으며 진행을 영구적으로 중단할 수는 없습니다. 내가 보기에 이 운동을 뒷받침하는 이상 같은 건 없는 것 같습니다.
3. 이 운동의 지도자는 비폭력을 철저히 믿는 사람이 아닙니다. 이 결함은 성공에 치명적입니다.
75년 후인 2000년, 인도 대법원은 세계은행이 자금을 지원한 나르마다강(Narmada river)의 사르다르 사로바르 댐(Sardar Sarovar Dam)에 대한 악명 높은 판결에서도 이와 매우 유사한 논리를 사용했다. 이주에 항의하는 수만 명의 현지 주민들에 반해 판결하고 댐 건설을 계속하라고 명령했던 것이다.

77* 『영 인디아(*Young India*)』, 1928.12.20; *CWMG* 43, p. 412. 파렐(Parel, 1997)에 실린 간디의 『힌두 스와라지』(1909) 또한 참조.

78* 레지(Rege), 2013, p. 100.

79* *BAWS* 5, p. 102.

80* 다스(Das), 2010, p. 51.

81* 「서문」, 『*AoC*』, 1937.

82* 젤리오트(Zelliot), 2013, p. 147.

83* 예를 들어 진보적이고 페미니즘적인 견해로 유명한 무슬림 작가 이스마트 축타이(Ismat Chugtai)도 단편 소설 「한 쌍의 손」에서 불가촉천민 청소부를 이렇게 묘사한다. "그녀의 이름은 고리(Gori), 무능했고 검었다. 반짝이는 팬 위에 로티를 튀기고 나서 조심성 없는 요리사가 닦는 것을 잊은 듯 검었다. 코는 뭉툭하고 턱은 넓었고, 이 닦기가 오랫동안 잊힌 습관이었던 집안 출신인 것 같

왔다. 눈이 심하게 충혈되어 있음에도 불구하고 왼쪽 눈의 사시는 유독 눈에 띄었다. 그렇게 사시인 눈으로 어떻게 목표물에서 벗어나지 않게 다트를 던질 수 있는지 상상하기 어려웠다. 허리는 가늘지 않았다. 온갖 구호품들을 먹어 치운 탓에 허리통이 급격히 늘어나 두툼해졌다. 소 발굽을 연상시키는 발에는 섬세한 부분이라고는 없었고, 그녀가 지나가는 자리마다 조악한 겨자유 냄새가 풍겼다. 그래도 목소리만은 감미로웠다"(2003, 164쪽).

84* 1981년에 타밀나두주 티루넬벨리(Tirunelveli) 지역에 있는 미낙시푸람(라만 나가르로 개명) 마을의 달리트 모두가 이슬람으로 개종했다. 이를 우려한 비슈와 힌두 파리샤드(Vishwa Hindu Parishad) 및 라슈트리아 스와얌세바크 상(Rashtriya Swayamsevak Sangh)과 같은 힌두교 우월주의 단체는 칸치푸람(Kanchipuram)의 산카라차리아(Sankaracharya)와 함께 달리트를 힌두교에 '통합'하기 위해 적극적으로 노력하기 시작했다. 힌두 문나니(Hindu Munnani)라고 불리는 새로운 '타밀 힌두' 우월주의 단체가 결성되었다. 18년 후, P. 사이나트(Sainath)는 미낙시푸람을 다시 방문하고 두 개의 보고서를 제출했다.(1999a · 1999b) 타밀나두의 또 다른 마을인 쿠티람바캄(Koothirambakkam)의 유사한 사례에 대해서는 S. 아난드(Anand), 2002 참조.

85* 옴베트(Omvedt), 2008, p.177.

86* 암베드카르가 인용하는 수치는 1930년 사이먼 위원회(Simon Commission)의 보고서에서 가져온 것이다. 로티안 위원회(Lothian Commission)가 1932년 인도에 왔을 때를 암베드카르는 다음과 같이 서술했다. "힌두교도들은 도전적인 태도를 보였고, 사이먼 위원회가 인도 불가촉천민의 실제 수로 제시한 수치를 받아들이려 하지 않았다." 그는 다음과 같이 주장한다. "이는 힌두교도들이 이제 불가촉천민의 존재를 인정하는 것의 위험성을 깨달았기 때문이고, 또 이는 힌두교도들이 누리는 대표성의 일부가 불가촉천민에게 넘겨져야 함을 의미했기 때문이다." BAWS 5, pp.7~8.

87* AoC 9.4, '주석 69' 참조.

88* 이는 저널 『프라붓다 바라타(Prabuddha Bharata)』 1899년 4월호 편집자와의 인터뷰에서 그가 말한 내용이다. 같은 인터뷰에서 힌두교로 "재개종"한 사람들의 계급이 무엇인지 구체적으로 묻자 비베카난다는 이렇게 말한다. "돌아온 개종자들은 (…중략…) 물론 그들만의 카스트를 얻게 될 것입니다. 그리고 새롭게 힌두교도가 된 사람들은 또 그들만의 카스트를 만들 것입니다. 당신은 기억할 겁니다. (…중략…) 바이슈나주의의 경우에 그것이 이미 이루어졌다는 것을 말이죠. 다른 카스트와 외부로부터의 개종자들은 모두 그 깃발 아래 결합하여 스스로 카스트를 형성할 수 있었는데 이는 매우 존경받는 카스트이기도 했습니다. 라마누자(Ramanuja)에서 벵골(Bengal)의 차이타니아(Chaitanya)에 이르기까지 위대한 바이슈나바(Vaishnava) 교사들도 모두 이같이 해 왔습니다." http://www.ramakrishnavivekananda.info/vivekanandavolume_5/interviews/on_the_bounds_of_hinduism.htm, 접속일 : 2013.8.20.

89* 이들 조직의 이름은 다음과 같이 번역된다. 달리트 고양 포럼, 불가촉천민 고양을 위한 전인도 위원회, 불가촉천민 고양을 위한 펀자브 협회.

90* *AoC* 6.2.

91* 베일리(Bayly), 1998.

92* 이 용어는 현대 우파 힌두 민족주의의 주요 옹호자 중 한 사람인 사바르카르(V. D. Savarkar, 1883~1966)가 1923년 팸플릿 『힌두트바의 핵심(*Essentials of Hindutva*)』(후에 『힌두트바 – 힌두는 누구인가(*Hindutva : Who Is a Hindu?*)』로 제목이 변경된다)에서 처음으로 만들어냈다. 이 저작의 초판(1923)에는 저자명이 "어느 마라타(A Maratha)"라는 가명으로 되어 있다. 힌두트바(Hindutva)에 대한 비판적 개관을 위해서는 죠티르마야 샤르마(Jyotirmaya Sharma), 2006 참조.

93* 프라샤드(Prashad), 1996, pp.554~555.

94* *BAWS* 9, pp.195.

95* 가다르(Ghadar)당의 소수 특권 카스트 힌두교 당원들은 나중에 힌두교 민족주의로 전환하여 베다 선교사가 되었다. 훗날 힌두트바 이데올로그가 된 가다르당 창립 당원인 바이 파르마난드(Bhai Parmanand)에 대해서는 「서문」, 『*AoC*』, '주석 11' 참조.

96* 아드 다름(Ad Dharm)운동에 대해서는 위르겐스마이어(Juergensmeyer), 1982 ·2009 참조.

97* 비스와나트(Viswanath, 2014)는, 식민 정부가 땅을 가지지 못한 달리트에 맞서 땅을 가진 지주 카스트와 동맹을 맺은 역사를 마드라스 관구의 측면에서 자세히 설명한다.

98* 데이비스(Davis), 2002, p.7.

99* *BAWS* 9, p.1.

100* 위의 책, p.3.

101* 데브지(Devji), 제3장 「편견 예찬(In Praise of Prejudice)」. 2012, 특히 pp.47~48 참조.

102* 『영 인디아(*Young India*)』, 1921.3.23; 데브지(Devji), 2012, p.81에서 재인용.

103* 골왈카르(Golwalkar), 1945, pp.55~56.

104* *BAWS* 17, pp.369~375, 'Part.1'.

105* 고드세(Godse), 1998, p.43.

106* *BAWS* 3, p.360.

107* *BAWS* 9, p.68.

108* 『하리잔(*Harijan*)』, 1939.9.30; *CWMG* 76, p.356.

109* 라마찬드라 구하(Ramachandra Guha), 2013b 참조.

110* 티드릭(Tidrick), 2006, p.106.

111* 남아프리카 시절(1893~1914)에 대한 간디의 저작을 보려면 싱(Singh), 2004 참조.

빛나는 길

1* 스완(Swan), 1985, p.52.

2* 카피르(Kaffir)는 원래 '숨기는 사람, 혹은 덮는 사람'을 의미하는 아랍어 용어로, 땅에 씨앗을 묻는 농부를 묘사하는 표현이었다. 이슬람이 도래한 이후에는 '불신자', '이단자', '진리(이슬람)를 가리는 자'를 의미하게 되었다. 이는 스와힐리 해안을 따라 아랍 상인들이 만난 비무슬림 흑인에게 처음 적용되었다. 포르투갈 탐험가들은 이 용어를 채택하여 영국, 프랑스, 네덜란드에 전했다. 남아프리카에서는 백인과 아프리카너 (그리고 간디와 같은 인도인)가 아프리카 원주민을 묘사할 때 사용했던 인종 차별적 비방이 되었다. 오늘날 남아프리카에서 누군가를 카피르(Kaffir)라고 부르는 것은 처벌이 가능한 위법행위다.

3* *CWMG* 1, pp.192~193.

4* *CWMG* 1, p.200.

5* 남아프리카 계약 노동의 역사에 대해서는 아슈윈 데사이·굴람 바헤드(Ashwin Desai·Goolam Vahed), 2010 참조.

6* 1890년대 초반부터 1913년 사이 남아프리카의 인도인 인구는 40,000명에서 135,000명으로 세 배나 늘어났다. 구하(Guha), 2013b, p.463.

7* 위의 책, p.115

8* *CWMG* 2,6.

9* 호크실드(Hochschild), 2011, pp.33~34.

10* 그는 제2차 세계대전 중 유대인들에게 "오로지 비폭력에서 나오는 영혼의 힘을 불러일으켜 도움을 청하라"고 충고했고, 그러면 히틀러 씨가 "그들의 용기 앞에 무릎을 꿇을 것"이라고 확신시켰다. (『하리잔』, 1938.12.17; *CWMG* 74, p.298) 또한 영국인들에게는 "무기 없이 나치즘과 싸울" 것을 촉구했다. (『하리잔』, 1940.7.6; *CWMG* 78, p.387)

11* *CWMG* 34, 18.

12* *CWMG* 2, pp.339~340.

13* 『나탈 애드버타이저(*The Natal Advertiser*)』, 1901.10.16; *CWMG* 2, p.421.

14* *CWMG* 5, p.11.

15* 위의 책, p.179.

16* 가이(Guy), 2005, p.212.

17* *CWMG* 34권 첫 페이지에 있는 주석에 따르면, "간디지는 1923년 11월 26일 예라와다 중앙 교도소에 있을 때 남아프리카의 사티아그라하 역사를 구자라 트어로 쓰기 시작했다(1923년의 옥중일기를 보라). 1924년 2월 5일 석방될 때까지 그는 30장(章)을 완성했다. (…중략…) 간디지가 확인하고 승인한 발지 데사이(Valji G. Desai)의 영어 번역판은 1928년 마드라스(Madras)의 S. 가네산(Ganesan)에 의해 출판되었다."

18* *CWMG* 34, pp.82~83.

19* 위의 책, p.84.

20* 총 135,000명의 인도인 인구 중 10,000명만이 트란스발에 살았고 그들 대부분은 상인이었다. 나머지는 나탈에 기반을 두고 있었다. 구하, 2013b, p.463.

21* *CWMG* 5, p.337. 이는 1906년 9월 11일 '대중 집회' 이후 요하네스버그의 영국령 인도인 협회가 통과시킨 5개 결의안 중 제2 결의안 제3항에서 발췌한 것이다.

22* 『인디언 오피니언(*Indian Opinion*)』, 1908.3.7; *CWMG* 8, pp.198~199.

23* *CWMG* 9, pp.256~257.

24* 『인디언 오피니언(*Indian Opinion*)』, 1909.1.23; *CWMG* 9, p.274.

25* 1899년 5월 18일 식민 장관에게 보낸 편지에 간디는 다음과 같이 썼다. "인도 인은 기름 대신 버터기름(ghee)을 얻지 못한다는 점에서 바로잡아야 할 문제가 있다고 생각할 수도 있습니다."(*CWMG* 2, p.266) 또 다른 경우에는 이렇게 말했다. "이곳 규정은 인도인들에게 버터기름이나 지방을 제공하지 않습니다. 따라서 의사에게 불만 사항이 접수되었으며 의사는 이를 알아보겠다고 약속했습니다. 그러니 버터기름을 포함하라는 명령이 내려지기를 바랄 만합니다."(『인디언 오피니언(*Indian Opinion*)』, 1908.10.17; *CWMG* 9, p.197)

26* 『인디언 오피니언(*Indian Opinion*)』, 1909.1.23; *CWMG* 9, p.270.

27* 『영 인디아(*Young India*)』, 1928.4.5; *CWMG* 41, p.365.

28* 렐리벨드(Lelyveld), 2011, p.74.

29* 진·아르노브(Zinn·Arnove), 2004, p.265.

30* 위의 책, p.270.

31* 옴베트(Omvedt), 2008, p.219.

32* 데스판데(Deshpande), 2002, p.25.

33* 위의 책, pp.38~40.

34* 암베드카르(Ambedkar), 1945; *BAWS* 9, p.276에서 재인용.

35* 아담스(Adams), 2011, p.263~265; 리타 바네르지(Rita Banerji), 2008, pp.265~281 참조.

36* *CWMG* 34, pp.201~202.

37* 파렐 편, 『힌두 스와라지(*Hind Swaraj*)』, 1997, 106쪽.

38* 위의 책, 97쪽

39* 간디, 「서문」, 파렐 편, 『힌두 스와라지(Hind Swaraj)』(영문판) 5, 1997 참조.

40* 호전적인 힌두트바 이데올로그인 사바르카르(Savarkar)는 진정한 인도인이란 피트라부미(조국)와 푸냐부미(성지)가 외국 땅이 아니라 인도인 사람이라고 말했다. 사바르카르, 『힌두트바(*Hindutva*)』, 1923, 105쪽 참조.

41* 파렐(Parel), 1997, pp.47~51.

42* 위의 책, p.66.

43* 위의 책, pp.68~69.

44* 라마찬드라 구하(Ramachandra Guha, 2013b, p.383)는 이렇게 말한다. "간디는 인도에 대해 거의 알지 못했던 1909년에 『힌두 스와라지(*Hind Swaraj*)』를 썼다. 1888년 19세의 나이로 런던으로 떠날 때까지 그는 고향인 카티아와르의 마을에서만 살았다. 그가 시골을 여행했다는 증거는 없으며 그는 인도의 다른 지역을 알지 못했다."

45* 파렐(Parel), 1997, pp.69~70.

46* 간디는 1932년 불가촉천민을 위한 별도의 선거구를 둘러싼 논쟁과 관련하여 인도 국무장관 사무엘 호어 경에게 보낸 편지에서 이렇게 말했다. *BAWS* 9, p.78.

47* 『인디언 오피니언(*Indian Opinion*)』, 1910.10.22; *CWMG* 11, pp.143~144. 구하, 2013b, p.395에도 인용되었다.

48* 구하(Guha), 2013b, p.463.

49* 위의 책, p.406.

50* 아이야르(Aiyar)는 렐리벨드(Lelyveld), 2011, p.21에서 인용.

51* 요하네스버그대학교 사회학 교수인 아슈윈 데사이(Ashwin Desai)의 개인적인 대화 내용이다.

52* 렐리벨드(Lelyveld), 2011, p.130.

53* 티드릭(Tidrick), 2006, p.188.

54* 레놀드(Renold), 1994 참조. 또한 암베드카르가 인용한 루이스 피셔(Louis Fischer), 『간디와의 일주일(*A Week with Gandhi*)』, 1942 참조. "나는 그에게 국민회의당에 대한 몇 가지 질문이 있다고 말했습니다. "기억하기로, 아주 높은 지위에 있는 영국인들이 나에게 국민회의는 대기업의 손에 있고 간디는 자신이 원하는 만큼 많은 돈을 주는 봄베이 공장 소유주들의 지원을 받고 있다고 말했습니다. 이러한 주장에는 어떤 진실이 있습니까?"라고 나는 물었습니다. "불행히도 그것은 사실입니다"라고 그는 간단하게 선언했습니

다. (…중략…) 나는 "국민회의 예산의 얼만큼이나 부유한 인도인들이 부담하고 있습니까?"라고 물었습니다. "거의 전부입니다"라고 그는 말했습니다. "예를 들어, 이 아쉬람에서 우리는 우리가 지금 사는 것보다 훨씬 더 가난하게 살 수 있고 돈도 덜 쓸 수 있습니다. 하지만 우리는 그렇지 않고 그 돈은 우리 부자 친구들에게서 나옵니다.'" *BAWS* 9, p.208.

55* 아민(Amin) 1998, p.293.

56* 『영 인디아(*Young India*)』, 1921.8.18; *CWMG* 23, p.158.

57* 『하리잔(*Harijan*)』, 1940.8.25; *CWMG* 79, pp.133~134.

58* 위의 책, p.135.

59* 위의 책.

60* 『부의 복음(*The Gospel of Wealth*)』, 1889. http://www.swarthmore.edu/SocSci/rbannis1/AIH19th/Carnegie.html, 접속일 : 2013.8.26.

61* 아민(Amin), 1998, pp.290~291.

62* 위의 책, pp.291~292.

63* 티드릭(Tidrick), 2006, p.191.

64* 싱, 2004, p.124.

65* 티드릭(Tidrick), 2006, p.192.

66* 위의 책, p.194.

67* 위의 책, p.195.

선인장 숲

1* 젤리오트(Zelliot), 2013, p.48.

2* 암베드카르의 『붓다와 그의 다르마(*The Buddha and His Dhamma*)』(1956) 미출간 서문에서 인용했다. 나중에 『보기 드문 서문들(*Rare Prefaces*)』(1980)이라는 제목으로 다스 바그완이 펴낸 암베드카르의 서문 모음집에서 처음 그 모습을 드러냈다. 엘레노어 젤리오트(Eleanor Zelliot)는 암베드카르의 삶과 그의 선별된 작품들을 다룬 컬럼비아대학교 웹사이트에 이를 게시했다. http://www.columbia.edu/itc/mealac/pritchett/00ambedkar/ambedkar_buddha/00_pref_unpub.html, 접속일 : 2013.9.10.

3* *BAWS* 4, 1986.

4* 1857년 5월 20일, 교육부는 "어떤 소년도 단지 카스트를 이유로 공립대학이나 공립학교 입학을 거부당해서는 안 된다"라며 행정 명령을 내렸다. 남비산(Nambissan), 2002, p.81.

5* 이 에세이의 주석 판은 샤르밀라 레지(Sharmila Rege), 2013 참조. *BAWS* 1에서도 볼 수 있다.

6*　『자전적 기록들(*Autobiographical Notes*)』, 2003, p.19.

7*　키어(Keer), 1990, pp.36~37.

8*　*AoC* 17.5.

9*　프라샤드(Prashad), 1996, p.552.
　　1921년 4월 13일 아메다바드에서 열린 피억압 계급 회의 연설에서 간디는 처음으로 우카(Uka)에 대해 자세히 논했고(*CWMG* 23, p.42), 이는 1921년 4월 27일과 1921년 5월 4일 자 『영 인디아(*Young India*)』에 보도되었다.(*CWMG* 23, pp.41~47에 재게재) 물크 라지 아난드(Mulk Raj Anand)의 대표적인 소설 『불가촉천민(*Untouchable*)』(1935)의 주인공 바카(Bakha)는 우카에서 영감을 얻었다고 한다. 연구자 링가라자 간디(Lingaraja Gandhi, 2004)에 따르면, 아난드는 자신의 원고를 보여 주었고, 그는 변경을 제안했다. 아난드는 다음과 같이 말한다. "나는 간디지에게 내 소설을 읽어 주었고 그는 100쪽 이상을 줄여야 한다고 제안했습니다. 특히 바카가 블룸스버리(Bloomsbury) 지식인처럼 생각하고 꿈꾸고 고민하는 것처럼 보이는 부분은 더욱 그랬습니다." 링가라자 간디는 다음과 같이 덧붙였다. "아난드는 초안에서 바카에게 길고 화려한 연설을 제공했다. 불가촉천민은 그런 식으로 말하지 않는다고 간디는 아난드에게 가르쳤다. 그들은 사실 거의 말이 없다고 했다. 소설은 간디의 지도하에 변형을 겪었다."

10*　『나바지반(*Navajivan*)』, 1925.1.18; *CWMG* 30, p.71.
　　간디의 비서인 마하데브 데사이(Mahadev Desai)의 설명에서 구자라트어로 한 (간디의) 이 연설은 다르게 번역된다. "내가 정말 원하는 자리는 방기의 자리입니다. 깨끗하게 하는 이 일은 얼마나 신성한 일입니까! 그 일은 브라만이나 방기만이 할 수 있습니다. 브라만은 지혜로 그것을 할 수 있고, 방기는 무지로 그것을 할 수 있습니다. 나는 둘 모두를 존경하고 좋아합니다. 둘 중 하나라도 힌두교에서 사라지면 힌두교 자체도 사라질 것입니다. 그리고 방기가 나에게 소중한 것은 세바 다르마(스스로 섬기다)가 내 마음에 소중하기 때문입니다. 나는 방기를 옆에 두고 식사할 수도 있지만, 계급 간 식사나 계급 간 결혼을 통해 그들과 한 줄로 서라고 여러분에게 요청하지는 않습니다." 라마스와미(Ramaswamy), 2005, p.86.

11*　레놀드(Renold), 1994, pp.19~20. 떠들썩하게 알리면서 달리트 가정을 상징적으로 방문하는 것은 국민회의당의 전통이 되었다. 2009년 1월, 취재진이 요란하게 둘러싼 가운데 국민회의당의 부대표이자 총리 후보인 라훌 간디(Rahul Gandhi)는 영국 외무장관 데이비드 밀리반드(David Miliband)와 함께 우타르 프라데시(Uttar Pradesh)주의 심라(Simra) 마을에 있는 달리트 가족의 오두막에서 하룻밤을 보냈다. 이에 대한 설명은 텔툼데, 2013 참조.

12* 프라샤드(Prashad), 2001, p.139.

13* *BAWS* 1, p.256.

14* 키어(Keer), 1990, p.41.

15* 젤리오트(Zelliot), 2013, p.91.

16* 조셉(Joseph), 2003, p.166 참조.
바이콤(Vaikom)의 사티아그라히들을 위해 랑가르(무료 공용주방)를 운영하는 시크교도들에 반대하면서 간디는 1924년 5월 8일 자『영 인디아(*Young India*)』에 다음과 같이 썼다. "바이콤 사티아그라하가 한계를 넘어선 것 같아 걱정스럽다. 나는 시크교 무료 주방이 철회되고 그 운동이 힌두교도들에게만 국한되기를 바란다." *CWMG* 27, p.362.

17* 라자지(Rajaji)라는 애칭으로 알려진 타밀 브라만인 차크라바르티 라자고팔라차리(Chakravarti Rajagopalachari)는 간디의 가깝고도 막역한 친구였다. 1933년에 그의 딸 릴라는 간디의 아들 데브다스와 결혼했다. 나중에 인도 총독 대리를 역임하기도 했다. 1947년에는 서벵골의 초대 주지사가 되었고, 1955년에는 인도 최고의 민간인 표창인 바라트 라트나(Bharat Ratna)를 받았다.

18* 조셉(Joseph), 2003, p.168에서 인용.

19* 『영 인디아(*Young India*)』, 1924.8.14; *CWMG* 28, p.486.

20* 조셉(Joseph) 2003, p.169.

21* 비를라(Birla), 1953, p.43.

22* 키어(Keer), 1990, p.79.

23* 1925년 침체 계급 회의에서 암베드카르는 다음과 같이 말했다. "한 사람이 모든 사람에게 배척당할 때는 마하트마 간디가 보여 준 동정심조차 그다지 의미가 없습니다."(자프러로트(Jaffrelot), 2005, p.63) 간디는 첫 번째 사티아그라하 2주 전인 1927년 3월 3일에 마하드를 방문했지만 바이콤과 달리 그는 간섭하지 않았다. 마누법전 한 부가 불태워졌던 두 번째 마하드 사티하그라하에 대한 설명은 잠나다스(K. Jamnadas), 2010 참조.

24* 두 마하드 회의를 다룬 아난드 텔툼데의 미출간 원고에 따르면, 마누법전의 '예식적 화장'을 요구하는 결의안 2호가 3월 행사에서도 중요한 역할을 한 바 있는 브라만 G. N. 사하스라부데(Sahasrabuddhe)에 의해 제안되었다. 참바르(Chambhar) 지도자 P. N. 라자브호즈(Rajabhoj)가 뒤를 이었다. 텔툼데에 따르면, "비 불가촉천민 공동체의 일부 진보적인 사람들을 회의에 참석시키려는 의도적인 시도가 있었지만 결국 두 명의 이름만 구체화 되었다. 한 명은 사회적 서비스 연맹(Social Service League)의 활동가이자 아가르카리 브라만(Agarkari Brahman) 카스트에 속한 협동조합운동 지도자인 강가다르 닐칸트 사하스라부테(Gangadhar Nilkanth Sahasrabuddhe)였고, 다른 한 명은 찬드라

세니야 카야스타 프라부(Chandraseniya Kayastha Prabhu)족이고 일명 바이 치트르(Bhai Chitre)라 불리는 비나야크(Vinayak)였다". 1940년대에 사하스라부데는 암베드카르의 또 다른 신문인 『자나타(*Janata*)』의 편집자가 되었다.

25* 당글(Dangle), 1992, pp.231~233.

26* 키어(Keer), 1990, p.170.

27* 프라샤드(Prashad), 1996, p.555.

28* 간디는 1917년 11월 3일 연설에서 사티아그라하(Satyagraha)와 두라그라하(Duragraha)의 차이점을 다음과 같이 대략 설명했다. "목표를 달성하는 방법에는 두 가지가 있습니다. 사티아그라하와 두라그라하입니다. 우리 경전에서는 그것들을 각각 신적인 행동 방식과 악마적인 행동 방식으로 묘사합니다." 그는 계속해서 두라그라하의 예시를 들었다. "유럽에서 벌어지고 있는 끔찍한 전쟁." 또한 이렇게도 말했다. "두라그라하의 길을 따르는 사람은 참을성이 없어지고 이른바 적을 죽이고 싶어 합니다. 이것의 결과는 하나뿐입니다. 증오가 증가하는 것입니다." *CWMG* 16, pp.126~128.

29* *BAWS* 9, p.247.

30* 기르니 캄가르 노동조합(Girni Kamgar Union)의 불화에 대해서는 텔툼데, 2012 참조. 단게(Dange)와 공산당이 1952년 총선 당시 봄베이시 북부 선거구에서 암베드카르의 패배를 확실히 하기 위해 어떻게 했는지는 S. 아난드(Anand), 2012a 및 다음과 같이 말하고 있는 라즈나라얀 찬다바르카르(Rajnarayan Chandavarkar), 2009, p.161 참조. "사회주의자들과 공산주의자들이 암베드카르의 지정 카스트 연합과 힘을 합해 국민회의에 대항하기는커녕, 선거 협정조차 체결하지 않기로 한 결정으로 그들은 중앙 봄베이 의석을 잃었다. CPI를 대표한 단게, 사회주의자들을 대표한 아소카 메타(Asoka Mehta) 그리고 암베드카르는 각각 따로 서서 함께 무너졌다. 중요한 것은 단게가 그의 지지자들에게 암베드카르에게 투표하는 대신 중앙 봄베이의 지정 선거구에서 투표용지를 망치도록 지시했다는 것이다. 과연 암베드카르는 예상대로 패배했으며 그는 패배의 원인을 공산주의 캠페인에 돌렸다. 비록 공산주의자들이 중앙 봄베이 의석을 차지할 수는 없었지만, 달리트 유권자들을 포함한 기랑가온(Girangaon)에서 그들의 영향력은 결과에 결정적인 영향을 미치기에 충분했다. 선거 캠페인은 지속적인 괴로움을 불러일으켰다. 디누 라나디베(Dinoo Ranadive)가 회상하듯이, "달리트와 공산주의자들 사이의 의견 차이가 너무 날카로워 오늘날에도 공산주의자들이 공화당에 호소하기가 어려워졌다". 적어도 달리트 유권자 일부에는 그렇다." 여기서 공화당이란 암베드카르가 1956년 12월 사망하기 얼마 전에 구상한 인도공화당(RPI)을 말한다. 이 정당은 그의 추종자들에 의해 1957년 9월에야 창당되었지만, 오늘날에는 RPI로부터 분

열된 12개 이상의 파벌이 있다.

31* 코삼비(Kosambi), 1948, p. 274.

32* 이에 대한 설명은 얀 브레만(Jan Breman)의 『산업 노동계급의 형성과 해체(*The Making and Unmaking of an Industrial Working Class*)』(2004), 특히 제2장 「집단 행동의 공식화 — 노조 지도자로서의 마하트마 간디」(40~68쪽) 참조.

33* 브레만(Breman), 2004, p. 57.

34* 샨칼랄 뱅커(Shankarlal Banker)의 말. 브레만(Breman), 2004, p. 47에서 인용.

35* 「섬유노동조합 연례보고서」, 1925; 브레만(Breman), 2004, p. 51에서 재인용.

36* 『나바지반(*Navajivan*)』, 1920.2.8; *BAWS* 9, p. 280에서 재인용.

37* 『하리잔(*Harijan*)』, 1946.4.21; *CWMG* 90, pp. 255~256에서 재인용.

38* *AoC* 3.10 · 3.11.

39* *AoC* 4.1. 원문 강조.

40* 젤리오트(Zelliot), 2013, p. 178.

41* 남부디리파드(Namboodiripad), 1986, p. 492. 원문 강조.

42* 선언문은 사티아나라야나 · 타루(Satyanarayana · Tharu, 2013, p. 62)에 재수록 되어 있다.

43* 인도의 식민지 및 선교 활동의 역사를 추적하는 NGO-달리트운동 인터페이스에 대한 중요한 기록은 텔툼데(Teltumbde), 2010b 참조. 그는 다음과 같이 주장한다. "당연히 인도 NGO의 달리트 대부분은 현장 수준에서 활동하고 있다. 달리트 청년들은 자신의 지역 사회를 위해 봉사 활동을 벌이고 있으며, 이는 암베드카르가 교육받은 달리트에게 기대했던 바다. 그러므로 달리트 공동체는 그러한 일꾼들을 상당히 호의적으로 인식한다. 종종 단순한 수사에만 관여하는 것으로 보이는 달리트 정치인들보다 확실히 더 호의적으로 인식한다. 따라서 NGO 부문은, 인문학 학위를 위해 공부하고 있고 대개는 사회복지학으로 대학원 학위까지 받아야 하는 많은 달리트에게 중요한 고용주가 되었다. 더욱이 1980년대 중반부터 진행된 정부의 신자유주의 개혁 이후 공공 부문 일자리 전망이 감소함에 따라 고용주로서 NGO의 약속이 매우 중요해졌다."

44* 일례로, 다국적 광산 기업인 베단타(Vedanta)와 협력하여 토지 수탈을 위해 불을 지르고 환경 및 아디바시(Adivasi) 권리에 대한 여러 위반사항으로 비난 받고 있는 NGO 목록 참조. http://www.vedantaaluminium.com/ngos-govt-bodies.htm, 접속일: 2013.11.20.

45* 1896년 9월 26일 봄베이에서 열린 대중 집회에서 그는 자신이 "현재 남아프리카에 거주하는 100,000명의 영국령 인도인"을 대표한다고 말했다. *CWMG* 1, p. 407 참조.

46* *AoC* 8.2~4.

47* *BAWS* 1, p.375.

48* *AoC* 5.8.

49* 헌법에는 인도 중부 지역의 아디바시(제5 지정)와 인도 북동부 지역의 아디바시(제6 지정)를 규율하는 다양한 측면이 있다. 정치학자 우다이 찬드라(Uday Chandra)가 최근 논문(2013, p.155)에서 지적하듯, "헌법의 제5 지정 및 제6 지정은 인도 정부법(1935)에 정의된 부분적, 또는 전체적으로 배제된 지역의 언어와 논리를 영속화하고, 인도 정부에 의해 정의된(1918) 전형적이고 실제적인 후진 트랙을 영속화한다. 인도 동부, 서부 및 중부에 분산된 제5 지정 지역에서 주지사는 특별한 권한을 행사한다. 중앙 또는 주 법률을 금지하거나 수정하고, 부족의 또는 부족 간의 토지 양도를 금지하거나 규제하며, 특히 비부족의 상업 활동을 규제하고, 주의회를 보완하기 위해 부족 자문위원회를 구성한다. 원칙적으로 뉴델리는 선출된 주 및 지방 정부를 우회하여 이러한 지정 지역의 관리에 직접 개입할 권리도 보유한다. 식민시대 아삼 지방으로부터 형성된 북동부 7개 주에 분산된 제6 지정 지역에서 주지사는 주 및 중앙 법률이 이러한 예외 행정 구역에 영향을 미치지 않도록 보장하기 위해 자치지구 및 지역에서 지구와 지역 협의회를 주재한다."

50* *BAWS* 9, p.70.

대립

1* *BAWS* 9, p.42.

2* 비 국민회의당 출신의 총리로서 자나타 달(Janata Dal)은 1989년 12월부터 1990년 11월까지 연립 정부를 이끌었고 비쉬와나트 프라탑 싱(Vishwanath Pratap Singh, 1931~2008)은 카스트 차별을 시정하기 위해 공공 부문 일자리에서 후진 계급 구성원에 대한 할당량을 고정한 만달 위원회(Mandal Commission)의 권장 사항을 구현할 것을 결정했다. 만달 위원회(위원장을 맡은 국회의원 만달의 이름을 따서 명명)는 모라르지 데사이(Morarji Desai)가 이끄는 또 다른 비 국민회의당(자나타당) 정부에 의해 1979년에 설립되었으나, 달리트와 아디바시를 넘어 공공 부문 지정고용 범위를 확장하고 기타 후진 계급(OBC)에 27%를 할당한 1980년 보고서의 권장 사항은 10년 동안 시행되지 않았다. 이 법안이 시행되자 특권층은 거리로 나섰다. 그들은 상징적으로 거리를 쓸고, 구두를 닦는 시늉을 하고, 기타 '오염' 작업을 수행하여 의사, 엔지니어, 변호사 또는 경제학자가 되는 대신 이제 지정고용 정책이 특권 카스트를 비천한 작업으로 몰아넣을 것이라는 점을 시사했다. 몇몇 사람들이 공개적으로 분신을 시도했는데, 가장 잘 알려진 사람은 1990년 델리대학교 학생이었던 라지브 고스와미(Rajiv Goswami)였다. 2006년 국민회의당이 주도한 통합 진

보 연합(United Progressive Alliance)이 고등 교육 기관에서 OBC에 대한 지정 고용제를 확대하려고 시도했을 때 유사한 항의가 반복되었다.

3* *BAWS* 9, p. 40.

4* 메논(Menon), 2003, pp. 52~53 참조.

5* 1945년 국민회의와 간디를 고발하면서 암베드카르는 각주를 달아 이러한 꼭 두각시 후보의 이름을 나열했다. 구루 고사인 아감다스(Guru Gosain Agam-das)와 바브라지 자이와르(Babraj Jaiwar)는 구두 수선공이었고, 춘누(Chun-nu)는 우유 배달원이었다. 아르준 랄(Arjun Lal)은 이발사, 반시 랄 차우다리(Bansi Lal Chaudhari)는 청소부였다. *BAWS* 9, p. 210.

6* 위의 책, p. 210.

7* 위의 책, p. 68.

8* 위의 책, p. 69.

9* 티드릭(Tidrick), 2006, p. 255.

10* 자프렐로트(Jaffrelot, 2005, p. 66)에 인용된 인도사회봉사자협회(Servants of India Society) 회원 코단다 라오(Kodanda Rao)의 언급이다.

11* 피아렐랄(Pyarelal), 1932, p. 188.

12* *BAWS* 9, p. 259.

13* 암베드카르가 본 대로, "불가촉천민에 대한 의석수 증가는 전혀 증가가 아니며 별도 선거구의 손실과 이중 투표에 대한 보상도 아니다".(*BAWS* 9, p. 90) 암베드카르 자신은 1947년 독립 이후 인도에서 벌어진 선거에서 두 번 패배했다. 달리트 지배 정당인 바후잔 사마즈당(Bahujan Samaj Party)의 창립자 칸시 람(Kanshi Ram)과 그의 제자 마야와티(Mayawati)가 FPTP(유권자들이 단일 후보에게 투표하고, 가장 많은 표를 얻은 후보가 선거에서 승리하는 방식의 선거제) 의회 민주주의에 성공하는 데는 반세기 이상이 걸렸다. 푸나 협정에도 불구하고 이런 일이 일어난 것이다. 칸시 람은 이 승리를 이룩하기 위해 다른 종속 카스트와 공들여 동맹을 맺으면서 수년간 일했다. 선거에서 승리하기 위해 바후잔 사마즈당은 우타르프라데시주의 독특한 인구 구성과 많은 기타후진계급(OBC)의 지원이 필요했다. 달리트 후보가 공개 의석을 두고 벌이는 선거에서 승리하는 것은 우타르프라데시에서조차 내내 불가능하다시피 하다.

14* 알렉산더(Alexander), 2010 참조.

15* 피셔(Fischer), 1951, pp. 400~403.

16* 엘레노어 젤리오트(Eleanor Zelliot)는 다음과 같이 썼다. "암베드카르는 거의 20년 전 영국에서 크리켓 투어를 마치고 돌아온 P. 발루(Baloo)로 알려진 발루 바바지 팔완카르(Baloo Babaji Palwankar)를 위해 만파트라(환영사, 또는 문자 그대로 추천사)를 썼고, 1920년대 초 봄베이 지방 공사(Bombay Municipal

Corporation)에 침체 계급 후보자로 그를 선발하는데 일부 참여했다."(2013, p.254) 발루는 원탁회의에서 간디를 지지했고 힌두 마하사바(Hindu Mahasabha) 입장을 지지했다. 푸나 협정 직후인 1933년 10월 발루는 봄베이 지방 정부의 힌두 마하사바 후보로 경쟁했지만 패배했다. 1937년, 국민회의는 불가촉천민 표를 분열시키려는 노력으로 참바르족 발루를 마하르족 암베드카르와 맞붙게 했다. 그들은 봄베이 의회에 할당된 봄베이(동부) 지정 의석을 위한 독립노동당의 표를 놓고 경쟁했다. 암베드카르는 간신히 이겼다.

17* 라자(Rajah)의 경력에 대한 대략적 사항과 그가 1938년과 1942년에 어떻게 암베드카르를 지원하게 되었는가에 대해서는 「마하트마 간디의 카스트의 옹호(A Vindication of Caste by Mahatma Gandhi)」, 『*AoC*』, 1.5 '주석 5' 참조.

18* 「2003 구자라트 종교 자유법(Gujarat Freedom of Religion Act, 2003)」은 다른 종교로 개종하려는 사람이 지역 치안판사로부터 사전 허가를 구하는 것을 의무화하고 있다. 이 법 조항은 다음에서 확인할 수 있다. http://www.lawsofindia.org/statelaw/2224/TheGujaratFreedomofReligionAct2003.html 당시 구자라트주지사였던 나왈 키쇼어 샤르마(Nawal Kishore Sharma)는 해당법 개정안을 의회에 돌려보내 재검토를 요청했다. 이는 이후 주 정부에 의해 삭제되었다. 개정안의 조항 중 하나는 자이나교도와 불교도를 힌두교의 종파로 해석해야 한다는 점을 명확히 하려 했다. 주지사는 이 개정안이 인도 헌법 제25조를 위반하리라고 보았다. http://www.indianexpress.com/news/gujarat-withdraws-freedom-of-religion-amendment-bill/282818/1 참조. 개종에 반대하는 간디를 언급하는 모디의 비디오를 보려면 다음을 참조. http://ibnlive.in.com/news/modi-quotes-mahatma-flays-religious-conversion/75119-3.html; http://www.youtube.com/watch?v=wr6q1drP558 2011년 구자라트 동물보호법(개정)은 "도살을 위한 동물 운송"을 처벌이 가능한 범죄로 규정하여 소 도살을 금지하는 기존 법의 범위를 확대했다. 개정법은 형량도 기존 6개월에서 징역 7년으로 강화했다. 2012년 나렌드라 모디(Narendra Modi)는 잔마슈타미(크리슈나의 탄생일로 기념된다)에 다음과 같은 말로 인도인들에게 인사말을 전했다. "마하트마 간디와 아차리아 비노바 바브는 어미 소 보호를 위해 쉬지 않고 일했으나 이 정부는 그들의 가르침을 져버렸습니다." http://ibnlive.in.com/news/narendra-modi-rakes-up-cow-slaughter-issue-in-election-year-targets-congress/280876-37-64.html?utm_source=ref_article 참조(여기에 인용된 모든 인터넷 링크는 2013년 9월 10일에 접속했다). 간디는 "소를 구하기 위해 목숨을 바칠 준비가 되어 있지 않은 사람은 힌두교도가 아니다"라고 말했다. (「1933년 9월 8일 고세바(Goseva)와의 인터뷰」,

『*CWMG*』61, p.372). 앞서 1924년 그는 "내가 소를 볼 때, 그것은 먹는 동물 이 아니다. 그것은 내게 연민의 시편이며 나는 그를 숭배하고 온 세상에 맞서 그 숭배를 옹호할 것이다"라고 말했다.(『봄베이 크로니클(*Bombay Chronicle*)』, 1924.12.30; *CWMG* 29, p.476.

19* 예시로 다음을 참고. http://articles.timesofindia.indiatimes.com/keyword/ma-hatma-mandir, 접속일 : 2013.12.20.

20* 하리잔(Harijan), 달리트(Dalit) 및 지정 카스트(Scheduled Caste)라는 용어의 역사는 「서문」, 『*AoC*』, '주석 8' 참조.

21* *BAWS* 9, p.126.

22* 위의 책, p.210.

23* 레놀드(Renold), 1994, p.25.

24* 티드릭(Tidrick), 2006, p.261.

25* *BAWS* 9, p.125.

26* 위의 책, p.111.

27* 타루·랄리타(Tharu·Lalita), 1997, p.215.

28* 암베드카르(Ambedkar), 2003, p.25.

29* 『마누법전(Manusmriti)』제10장 제123조; 도니거(Doniger), 1991 참조.

30* 『하리잔(*Harijan*)』, 1936.11.28; *CWMG* 70, pp.126~128.

31* 칼럼니스트 라지브 샤(Rajiv Shah)가 2012년 12월 1일 자 『타임스 오브 인디아(*Times of India*)』블로그를 통해 보도한 내용이다.(http://blogs.timesofindia.indiatimes.com/true-lies/entry/modi-s-spiritual-potion-to-woo-karmayogis) 그는 카르마요기(Karmayogi) 5,000부가 공공 부문 단위인 구자라트 국영 석유 공사(Gujarat State Petroleum Corporation)로부터 자금을 지원받아 인쇄되었으며 나중에 모디의 지시에 따라 구자라트 정보 부서에서 이 책의 유통을 철회했다는 말을 들었다고 말한다. 2년 후 모디는 9,000여 명의 사파이 카르마챠리스(Safai Karmacharis, 환경미화원)에게 이렇게 말했다. "사제는 매일 기도하기 전에 사원을 청소합니다. 여러분도 도시를 사원처럼 청소합니다. 여러분과 사원의 사제는 같은 일을 합니다." 2013년 1월 23일 자 라지브 샤의 블로그 참조. http://blogs.timesofindia.indiatimes.com/true-lies/entry/modi-s-postal-ballot-confusion?sortBy=AGREE&th=1(둘 다 2013년 11월 12일에 접속했다).

32* *CWMG* 70, pp.76~77.

33* 암베드카르, 「푸나 협정에 대한 메모(A Note on the Poona Pact)」, 『카스트의 소멸-주석을 붙인 비평 판(*Annihilation of Caste : The Annotated Critical Edition*)』, New York : Verso, 2014, 357~376쪽 참조.

34* 메논(Menon), 2006, p.20.

35* 이러한 동화는 헌법에 반영된다. 헌법 제25조 (2) b의 해설 II가 비록 "사회 복지와 개혁을 제공하거나 힌두교의 모든 계급과 부문에 공공 성격의 힌두 종교 기관을 개방하는 것"만을 목적으로 한다고 밝히고 있음에도, 법이 불교도, 시크교도, 자이나교도를 '힌두교도'로 분류한 것은 독립 인도 최초의 일이었다. 나중에 1955년 힌두교 결혼법, 1956년 힌두교 상속법 등과 같은 성문화된 힌두교 개인법이 불교도, 시크교도, 자이나교도에게도 적용되도록 이러한 입장을 강화했다. 이렇게 되면, 인도법에 따라 무신론자도 자동으로 힌두교도로 분류된다. 사법부는 때때로 이들 종교의 '독립적 성격'을 인정하면서도 또 다른 때에는 "사실 시크교도와 자이나교는 서로 다른 종파, 하위 종파, 신앙, 예배 방식 및 종교 철학을 가진 더 넓은 힌두 공동체의 일부로 취급돼 왔다"라고 주장하는 등 엇갈린 신호를 보내왔다. ("Bal Patil & Anr vs Union Of India & Ors", 2005.8.8). 불교도, 시크교도, 자이나교도들은 인정을 위한 투쟁을 계속한다. 약간의 성공이 있었다. 예를 들어, 2012년 아난드 결혼법(개정)은 시크교도들을 힌두교 결혼법에서 제했다. 2014년 1월 20일, 연립내각은 자이나교도를 국가 차원의 소수 공동체로 고시하는 것을 승인했다. 구자라트의 종교 자유법에 관해서는 주석 246 참조.

36* 구하(Guha), 2013a 참조.

37* NGO 보고와 뉴스 보도는 사망자가 2,000명에 달할 것으로 추정하나(아누파마 카타캄(Anupama Katakam), 「치욕의 십 년(A Decade of Shame)」, 『프론트라인』, 2012.3.9 참조) 당시 내무 장관이었던 슈리프라카시 자이스왈(Shriprakash Jaiswal, 국민회의당 소속)은 2005년 5월 11일 의회에서 당시 폭동으로 인해 무슬림 790명과 힌두교도 254명이 사망했고 2,548명이 부상당했고 223명이 실종됐다고 밝혔다. 「구자라트 폭동 사망자 수 공개」 참조. http://news.bbc.co.uk/2/hi/south_asia/4536199.stm, 접속일 : 2013.11.10.

38* 「시민재판소, POTA의 오용을 강조하다」, 『더 힌두(The Hindu)』, 2004.3.18; 「휴먼라이츠워치(Human Rights Watch, HRW)가 중앙정부에 POTA 폐지를 요청하다」, 『인도 프레스 트러스트(Press Trust of India, PTI)』, 2002.9.8 참조.

39* 「사프란 아래 흐르는 피, 달리트-무슬림 대결의 신화」, 『인도 원탁회의』, 2013.7.23 참조. http://goo.gl/7DU9uH, 접속일 : 2013.9.10.

40* http://blogs.reuters.com/india/2013/07/12/interview-with-bjp-leader-narendra-modi/, 접속일 : 2013.9.8.

41* 「달리트 지도자, RSS로 도끼를 파묻다(Dalit Leader Buries the Hatchet with RSS)」, 『타임스 오브 인디아(Times of India)』, 2006.8.31 참조. http://articles.timesofindia.indiatimes.com/2006-08-31/india/27792531_1_rss-chief-k-sudarshan-rashtriya-swayamsevak-sangh-dalit-leader, 접속일 : 2013.8.10.

42* 젤리오트(Zelliot), 2013, 특히 제5장 「1935~1956년의 정치 발전」 참조. 조겐
   드라나트 만달(Jogendranath Mandal)의 삶과 업적에 대한 설명은 드와이파얀
   센(Dwaipayan Sen), 2010 참조.

43* 『PTI 뉴스 서비스』, 1955. 3. 20; 젤리오트(Zelliot), 2013, p.193에서 재인용.

44* 와이스(Weiss), 2011 참조.

45* 암베드카르의 불교가 어떻게 세계를 재구성하려는 시도인지에 대한 설명은
   존달레·벨츠(Jondhal·Beltz), 2004 참조. 인도 불교의 대체 역사에 대해서는
   옴베트(Omvedt), 2003 참조.

46* *BAWS* 11, p.322.

47* *BAWS* 17, pp.444~445, 'Part 2'. 1956년 9월 14일, 암베드카르는 네루 총리
   에게 편지를 썼다. "인쇄 비용이 매우 비싸서 약 20,000루피에 달할 것입니다.
   이것은 내 능력 밖의 일이므로 나는 모든 방면에서 도움을 구하고 있습니다.
   인도 정부가 여러 도서관과 올해 붓다 탄신 2,500주년을 기념하여 초대하는
   학자들에게 배포하기 위해 500권을 구매해 줄 수 있을지 궁금합니다." 네루는
   그를 도와주지 않았다. 이 책은 그의 사후에 출판되었다.

48* 브라만 힌두교는 시작도 끝도 없고 창조와 소멸의 순환이 번갈아 나타나는 우
   주의 시간을 믿는다. 각 마하유가(Mahayuga)는 크르타(Krta) 또는 사티아 유
   가(Satya Yuga, 황금기), 트레타(Treta), 드와파라(Dwapara), 칼리(Kali) 등 네
   유가로 구성된다. 이전 시대보다 짧은 각 시대는 선행하는 시대보다 더 퇴보
   하고 타락한다고들 한다. 칼리 유가에는 바르나슈라마 다르마가 무시되고(수
   드라와 불가촉천민이 권력을 빼앗았다) 혼란이 지배하여 완전한 파괴로 이어
   진다. 칼리 유가에 대해 바가바드기타는 다음과 같이 말한다. (제9장 제32절)
   "태생이 악한 사람들, 여성들, 바이샤, 혹은 수드라라도 내게서 피난처를 구하
   면 최고의 해방을 얻으리라." 데브로이(Debroy), 2005, p.137.

Adams, Jad, *Gandhi : Naked Ambition*, London : Quercus, 2011.

Alexander, Michelle, *The New Jim Crow : Mass Incarcreation in the Age of Colorblindness*, New York : The New Press, 2010.

Aloysius, G., *Nationalism Without a Nation in India*, New Delhi : Oxford University Press, 1997.

Ambedkar, B. R., Ed. Ravikumar, *Ambedkar : Autobiographical Notes*, Pondicherry : Navayana, 2003.

_____, *Dr Babasaheb Ambedkar : Writings and Speeches*(BAWS), vol.1~17, Mumbai : Education Department, Government of Maharashtra, 1979~2003.

_____, "Dr Ambedkar's Speech at Mahad", Ed. Arjun Dangle, *Poisoned Bread : Translations from Modern Marathi Dalit Literature*, Hyderabad : Orient Longman, 1992.

Amin, Shahid, "Gandhi as Mahatma : Gorakhpur District, Eastern UP, 1921~2", Ed. Ranajit Guha and Gayatri Spivak, *Selected Subaltern Studies*, New Delhi : Oxford University Press, 1998.

Anand, S., "Meenakshipuram Redux", *Outlook*, 2002.10.21. http://www.outlookindia.com/article.aspx?217605(Accessed 2013.8.1).

_____, "Despite Parliamentary Democracy", *Himal*, 2008a. http://www.himalmag.com/component/content/article/838-despite-parliamentary-democracy.html(Accessed 2013.7.20).

_____, "Understanding the Khairlanji Verdict", *The Hindu*, 2008b(2008.10.5).

_____, "Resurrecting the Radical Ambedkar", *Seminar*, 2009.9.

_____, "Between Red And Blue", 2012(2012a.4.16). http://www.outlookindia.com/article.aspx?280573(Accessed 2013.8.10).

_____, "A Case for Bhim Rajya", *Outlook*, 2012b(2012.8.20).

Anderson, perry, *The Indian Ideology*, New Delhi : Three Essays Colloective, 2012.

Banerji, Rita, *Sex and power : Defining History, Shaping Societies*, New Delhi : Penguin, 2008.

_____, *Gandhi used His Position to Sexually Exploit Young Women*, 2013.10.15. http://www.youthkiawaaz.com/2013/10/gandhi-used-power-position-exploit-young-women-way-react-matters-even-today/(Accessed 2013.10.20).

Bayly, Susan, "Hindu Modernisers and the 'Public' Arena. Indigenous Critiques of Caste in Colonial India", Ed William Radice, *Vivekananda and the Modernisation of Hinduism*, New Delhi : Oxford University Press, 1998.

Beteille, Andre, "Race and Caste", *The Hindu*, 2001.3.10.

Bhasin, Agrima, "The Railways in Denial", Infochange News and Features, 2013.2. http://infochangeindia.org/human-rights/struggle-for-human-dignity/the-railways=in-denial.html (Accessed 2013.8.5).

Birla, G. D., *In the Shadow of the Mahatma* : A personal Memoir, Calcutta : Orient Longman, 1953.

Breman, Jan, *The Making and Unmaking of an Industrial Working Class : Sliding Down the Labour Hierarchy in Ahmedabad, India*, New Delhi : Oxford University Press, 2004.

Buckwalter, Sabrina, "Just Another Rape story", *Sunday Times of India*, 2006.10.29.

Carnegie, Andrew, The Gospel of Wealth, 1889. http://www.swarthmore.edu/SocSci/rbannisl/AIH19th/Carnegie.html (Accessed 2013.8.26).

Chandavarkar, Rajnarayan, *History, Culture and the Indian City : Essays*, Cambridge : Cambridge University Press, 2009.

Chandra, Uday, "Liberalism and Its Other : The Politics of Primitivism in Colonial and Postcolonial Indian Law", *Law & Society Review* 47(1), 2013.

Chawla, Prabhu, "Courting Controversy", *India Today*, 1999.1.29.

Chitre, Dilip, *Ways Tuka : Selected Poems of Tukaram*, Pune : Sontheimer Cultural Association, 2003.

Chowdhry, Prem, *Contentious Marriages, Eloping Couples : Gender, Caste and Patriarchy in Northern India*, New Delhi : Oxford University Press, 2007.

Chugtai, Ismat, *A chugtai Collection*, Tr. Tahira Naqvi and Syeda S. Hameed, New Delhi : Women Unlimited.

Damodaran, Harish, *India's New Capitalists : Caste, Business, and Industry in a Modern Nation*, New Delhi : Permanent Black, 2008.

Dangle, Arjun, *Poisoned Bread : Translations from Modern Marathi Dalit Literature*, Hyderabad : Orient Longman, 1992.

Das, Bhagwan, *Rare Prefaces* [of B. R. Ambedkar], Jullundur : Bheem Patrika, 1980.

___, "Moments in a History of Reservations", *Economic & Political Weekly*, 2000.10.28.

___, *Thus Spoke Ambedkar, vol.1 : A Stake in the Nation*, New Delhi : Navayana, 2010.

Davis, Mike, *The Great Victorian Holocausts : El Nino Famines and the Making of the Third*

World, New York : Verso, 2002.

Debroy, Bibek, *The Bhagavead Gita*, New Delhi : Penguin, Tr. 2005.

Desai, Ashwin and Goolam Vahed, *Inside Indian Indenture : A South African Story, 1860~1914*, Cape Town : HSRC Press, 2010.

Deshpande, G. P., *Selected Writings of Jotirao Phule*, New Delhi : Leftword, 2002.

Devji, Faisal, *The Impossible Indian : Gandhi and the Temptation of Violence*, Cambridge, Massachusetts : Harvard University Press, 2012.

Dogra, Chander Suta, *Manoj and Babli : A Hate Story*, New Delhi : Penguin, 2013.

_____, and Brian K. Smith Tr., *The Laws of Manu*, New Delhi : Penguin Books, 1951.

Fischer, Louis, *The Life of Mahatma Gandhi*, New Delhi : HarperCollins, 1951 (Rpr. 1997)

Gajvee, Premanand, "Gandhi-Ambedkar", *The Strength of Our Wrists : Three Plays*, Tr. from Marathi by Shanta Gokhale and M. D. Hatkanangalekar, New Delhi : Navayana, 2013.

Gandhi, Leela, "Concerning Violence : The Limits and Circulations of Gandhian Ahimsa or Passive Resistance", *Cultural Critique*, 35, 1996~1997.

Gandhi, Lingaraja, "Mulk Raj Anand : Quest for So Many Freedoms", *Deccan Herald*, 2004.10.3. http://archive.deccanherald.com/deccanherald/oct032004/sh1.asp (Accessed 2013.10.5).

Gandhi, M. K., *The Collexted Works of Mahatma Gandhi* (Elextronic Book), vol.98, New Delhi : Publications Division, Government of India, 1999.

Ghosh, Suniti Kumar, *India and the Raj, 1919~1947 : Glory, Shame, and Bondage*, Calcutta : Sahitya Samsad, 2007.

Godse, Nathuram, *Why I Assassinated Mahatma Gandhi*, New Delhi : Surya Bharti Prakashan, 1998.

Golwalker, M. S., *We, or Our Nationhood Defined*, Fourth ed., Nagpur : Bharat Prakashan, 1945.

Guha, Ramachandra, "WhatHindusCanandShouldbeProundOf", *The Hindu*, 2013a (2013.7.23). http://www.thehindu.com/opinion/lead/what-hindus-can-and-should-be-pround-of/article4941930.ece (Accessed 2013.7.24).

_____, *India Before Gandhi*, New Delhi : Penguin, 2013b.

Gupta, Dipankar, "Caste, Race and Politics", *Seminar*, 2001.12.

_____, "Why Caste Discrimination os not Racial Discrimination", *Seminar*, 2007.4.

Guru, Gopal, "Rise of the 'Dalit Millionaire' : A Low Intensity Spectacle", *Econom-*

ic & Political Weekly, 2012.12.15.

Guy, Jeff, *The Destruction of the Zulu Kingdom : The Civil War in Zululand, 1879~1884*, Pietermaritzburg : University of Natal Press.

_____, *The Maphumulo Uprising :War, Law and Ritual in the Zulu Rebellion*, Scotsville, South Africa : University of KwaZulu-Natal Press, 2005.

Hardiman, David, *Fedding the Baniya : Peasants and Usurers in Western India*, New Delhi : Oxford University Press, 1996.

_____, "A Forgotten Massacre : Motilal Tejawat and His Movement amongst the Bhils", *Histories for the Subordinated*, Calcutta : Seagull, 2006.

_____, *Gandhi : In His Time and Ours : The Global Legacy of His Ideas*, New York : Columbia University Press, 2004.

Hickok, Elonnai, "Rethinking DNA Profiling in India", *Economic & Political Weekly*, 2012.10.27. http://www.epw.in/web-exclusives/rethinking-dna-profiling-india.html#sdfootnote20anc (Accessed 2013.9.10).

Hochschild, Adam, *To End All Wars : A Story of Loyalty and Rebellion, 1914~1918*, London : Houghton Miffline Harcourt, 2011.

Human Rights Watch, *Broken People : Caste Violence against India's "Untouchables"*, New York : Human Rights Watch, 1999.

Hutton, J. H., *Census of India 1931*, Delhi : Government of India, 1935.

Ilaiah, Kancha, *Why I Am Not a Hindu : A Sudra Critique of Hindutva Philosophy, Culture and Political Economy*, Calcutta : Samya, 1996.

Jaffrelot, Christophe, *Dr Ambedkar and Untouchability : Analysing and Fighting Caste*, New Delhi : Permanent Black, 2005.

Jamnadas, K., "Manusmriti Dahan Din" [Manusmriti burning day], Round Table India, 2010.7.14. roundtableindia.co.in (Accessed 2013.9.6).

Janyala, Sreenivas, "Tsunami Can't Wash this Away : Hatred for Dalits", *The Indian Express*, 2005.1.7.

Jaoul, Nicolas, "Learning the Use of Symbolic Means : Dalits, Ambedkar Statues and the State in Uttar Pradesh", *Contributions to Indian Sociology* 40(2), 2006.

Jondhale, Surendra and Johannes Beltz, *Reconstructing the World : B. R. Ambedkar and Buddhism in India*, New Delhi : Oxford University Press, 2004.

Joseph, George Gheverghese, *George Joseph : The Life and Times of a Kerala Christian Nationalist*, Hyderabad : Orient Longman, 2003.

Jose, Vinod K., "Counting Castes", *Caravan*, 2010.6.

Josh, Sohan Singh, *Hindustan Gadar Party : A Short History*, Jalandhar : Desh Bhagat Yadgar Committee, 2007(Orig. publ. 1977).

Juergensmeyer, Mark, *Religious Rebels in the Punjab : The Ad Dharm Challenge to Caste*, New Delhi : Navayana, 2009(Orig. publ. 1982).

Kael, Pauline, "Tootsie, Gandhi, and Sophie", *The New Yorker*, 1982.12.27.

Kandasamy, Meena, "How Real-Life Tamil Love Stories End", *Outlook*, 2013.7.22.

Kapur, Devesh, Chandra Bhan Prasad, Lant Pritchett and D. Shyam Babu, "Rethinking Inequality : Dalits in Uttar Pradesh in the Market Reform Era", *Economic & Political Weekly*, 2010.8.28.

Keer, Dhananjay, *Dr Ambedkar : Life and Mission, Mumbai : Popular Parakashan*, 1990 (Orig. publ. 1954).

Khandekar, Milind, Tr. from Hindi by Vandana R. Singh and Reenu Talwar, *Dalit Millionaires : 15 Insppiring Stories*, New Delhi : Penguin, 2013.

Kishwar, Madhu, "Caste System : Society's Bold Mould", *Tehelka*, 2006.2.11. http://archive.tehelka.com/story_main16asp?filename=In021106Societys_12.asp (Accessed 2013.10.10).

Koasmbi, D. D., "Marxism and Ancient Indian Culture", *Annals of the Bhandarkar Oriental Research Institute*, vol. 26, 1948.

Krishna, Raj, "The Nehru Gandhi Polarity and Economic Policy", Ed. B. R. Nanda, P. C. Joshi and Raj Krishna, *Gandhi and Nehru*, New Delhi : Oxford University Press, 1979.

Kumar, Vinoj P. C., "Bringing Out the Dead", *Tehelka*, 2009.7.4. http://www.tehelka.com/bringing-out-the-dead/#(Accessed 2013.8.10).

_____, "Numbness of Death", *Tehelka*, 2009b(2009.7.4). http://www.tehelka.com/numbness-of-death/(Accessed 2013.8.10).

Lal, Vinay, "The Gandhi Everyone Loves to Hate", *Economic & Political Weekly*, 2008. 10.4.

Lelyveld, Joseph, *Great soul : Mahatma Gandhi and His Struggle With India*, New York : Alfred A. Knopf, 2011.

Mani, Braj Ranjan, *Debrahmanising History : Dominance and Resistance in Indian Society*, New Delhi : Manohar, 2005.

_____, "Amartya Sen's Imagined India", 2012.6.4. http://www.countercurrents.org/mani040612.htm(Accessed 2013.7.15).

Mendelsohn, Oliver and Marika Vicziany, *The Untouchables : Subordination, Poverty and the State in Modern India*, Cambridge : Cambridge University Press, 1998.

Menon, Dilip, *The Blindness of Insight : Essays on Caste in Modern India*, Pondicherry : Navayana, 2006.

Menon, Meena and Neera Adarkar, *One Hundred Years, One hundred Voices : The Mill-workers of Giragaon : An Oral history*, Calcutta : Seagull, 2005.

Menon, Visalakshi, *From Movement to Government : The Congress in the United Provinces*, New Delhi : Sage, 2003.

Mishra, Sheokesh, "Holy Word", *Indian Today*, 2007.12.20. http://indiatoday.intoday.in/story/Holy+word/1/2736.html (Accessed 2013.8.26).

Mohanty, B. B., "Land Distribution among Scheduled Castes and Tribes", *Economic & Political Weekly*, 2001.10.6.

Mukherjee, Aditya, Mridula Mukherjee and Sucheta Mahajan, *RSS School Texts and the Murder of Mahatma Gandhi : The Hindu Communal Project*, New Delhi : Sage, 2008.

Muktabai (Salve), Susie Tharu and K. Lalita, "Mang Maharachya Dukhavisayi", *Women Writing in India : 600 B.C. to the Present*, New Delhi : Oxford University Press, 1855; Tr. Maya Pandit, "About the Griefs of the Mangs and Mahars", 1991.

Murthy, Srinicasa, *Mahatma Candhi and Leo Tolstory : Letters*, Long Beach : Long Beach Punlications, 1987.

Nagaraj. D. R., *The Flaming Feet and Other Essays : The Dalit Movement in India*, Ranikhet : Permanent Black, 2010.

Nambissan, Geetha B., Ghanshyam Shah, "Equality in Education : The Shcooling of Dalit Childeren in India", *Dalits and the State*, New Delhi : Concept, 2002.

Namboodiripad, E. M. S., *History of the Indian Freedom Struggle*, Trivandrum : Social Scientist Press, 1986.

Nandy, Ashis, *Intimated Enemy : Loss and REcovery of Self under Colonialism*, New Delhi : Oxford University Press, 1983.

Natarajan, Balmurli, "Misrepresenting Caste and Race", *Seminar*, 2007.4.

_____, Paul Greenough, *Against Stigma : Studies in Caste, Race and Justice Since Durban*, Hyderabad : Orient Blackswan, 2009.

National Commission for Scheduled Castes and Scheduled Tribes, *Fourth Report*, New Delhi : NCSCST, 1998.

National Crime Records Bureau, *Crime in India 2011 : Statistics*, New Delhi : NCRB, Ministry of Home Affairs, 2012.

Nauriya, Anil, "Gandhi's Little-Known Critique of Varna", *Economic & Political Weekly*, 2006.5.13.

Navaria, Ajay, Tr. Laura Brueck, *Unclaimed Terrain*, New Delhi : Navayana, 2013.

Navsarjan Trust and Robert F. Kennedy Center for Justice & Human Rights. N. d., *Understanding Untouchability : A Comprehensive Study of Practices and Conditions in 1589 Villages.* http://navsarjan.org/Documents/Untouchability_Report_FINAL_Complete.pdf(Accessed 2013.12.12).

Omvedtm Gailm, *Dalits and Democratic Revolution : Dr Ambedkar and the Dalit Movement in Colonial India*, New Delhi : Sage, 1994.

_____, *Buddhism in India : Challenging Brahmanism and Caste*, New Delhi : Sage, 2003.

_____, *Ambedkar : Towards an Englishtened India*, New Delhi : Penguin, 2004.

_____, *Seeking Begumpura : The Social Vision of Anticaste Intellectuals*, New Delhi : Navayana, 2008.

Parel, Anthony, *'Hind Swaraj' and Other Writings*, Cambridge : Cambridge University Press, 1997.

Patel, Sujata, "Construction and Reconstruction of Women in Gandhi", *Economic & Political Weeckly*, 1998.2.20.

Pawardhan, Anand, ⟨Jai Bhim Comrade⟩(DVD, documentary film), 2001.

Phadke, Y. D., *Senapai Bapat : Portrait of a Revolutionary*, New Delhi : National Book Trust, 1993.

Prashad, Vijay, "The Untouchable Question", *Economic & Political Weekly*, 1996.3.2.

_____, *Untouchable Freedom : A Social History of a Dalit Community*, New Delhi : Oxford University Press, 2001.

Pyarelal, *The Epic Fast*, Ahmedabad : Navajivan, 1932.

Raman, Anuradha, "Standard Deviation", *Outlook*, 2010.4.26.

Ramaswamy, Gita, *India Stinking : Manual Scavengers in Andhra Pradesh and Their Work*, Chennai : Navayana, 2005.

Ravikumar, *Venomous Touch : Notes on Caste, Culture and Politics*, Calcutta : Samya, 2009.

Rege, Sharmila, *Against the Madness of Manu : B.R. Ambedkar's Writings on Brahmanical Patriarchy*, New Delhi : Navayana, 2013.

Renold, Leah, "Gandhi : Patron Saint of the Industrialist", *Sagar : South Asia Graduate Research Journal* 1(1), 1994.

Sainath, P., "Over 2,000 Fewer Farmers Every Day" *The Hindu*, 2013a(2013.5.2).

_____, "Farmers' Suicide Rates Soar Above the Rest", *The Hindu*, 2013b(2013.5.18).

_____, "One People, Many Identities", *The Hindu*, 1999a(1999.1.31).

_____, "After Meenakshipuram : Caste, Not Cash, Led to Conversions", *The Hindu*, 1999b(1999.2.7).

Santhosh S. and Joshil K. Abraham, "Caste Injustice in Jawaharlal Nehru University", *Economic & Political Weekly*, 2010.6.26.

Satyanarayana, K. and Wusie Tharu, *The Exercise of Freedom : An Introduction to Dalit Writing*, New Delhi : Navayana, 2013.

Savarkar, V. D., *Hindutva*, Nagpur : V.V Kelkar, 1923.

Sen, Dwaipayan, "A Politics Sumsumed", *Himal*, 2010.4.

Singh, G. B., *Gandhi : Behind the Mask of Divinity*, New York : Prometheus Books, 2004.

Singh, Khushwant, "Brahmin Power", *Sunday*, 1990.12.29.

Singh, Patwant, *The Sikhs*, London : John Muttay · New Delhi : Rupa, 1999.

Skaria, Ajay, "Only One Word, Properly Altered : Gandhi and the Question of the Prostitute", *Economic & Political Weekly*, 2006.12.9.

Swan, Maureen, "The 1913 Natal Indian Strike", *Journal of Southern African Studies* 10 (2), 1984.

_____, *Gandhi : The South African Experience*, Johannesburg : Ravan Press, 1985.

Tagore, Rabindranath, *The English Writings of Rabindranath Tagore, vol2 : Poems*, New Delhi : Atlantic, 2007.

Teltumbde, Anand, *Anti-Imperialism and Annihilation of Castes*, Thane : Ramai Prakashan, 2005.

_____, *The Persistence of Cate : The Khairlanji Murders and India's Hidden Apartheid*, New Delhi : Navayana/London : Zed Books, 2010a.

_____, "Dangerous Sedative", *Himal*, 2010b(2010.4). http://www.himalmag.com/component/content/article/132-.htmal(Accessed 2013.8.20).

_____, "It's Not Red vs. Blue", *Outlook*, 2012.8.20. http://www.outlookindia.com/article.aspx?281944(Accessed 2013.8.22).

_____, "Aerocasteics of Rahul Gandi", Economic & Political Weekly, 2013.11.2.

_____ and Shoma Sen, *Scripting the Change : Selected Writings of Anuradha Ghandy*, New Delhi : Danish Books, 2012a.

Tharu, Susie and K. Latita, *Women Writing in India, vol.1 : 600 B.C. to the Early Twentieth Century*, New Delhi : Oxford University Press, 1997 (Orig. publ. 1991).

Thorat, S. K., Umakant, *Caste, Race and Discrimination : Discourses in International Context*, New Delhi : Rawat, 2004.

_____, *Dalits in India : Search for a Common Destiny*, New Delhi : Sage, 2009.

Tidrick, Kathryn, *Gandhi : A political and Spiritual Life*, London : I. B. Tauris, 2006.

Valmiki, Omprakash, *Joothan : A Dalit's Life*, Calcutta : Samya, 2003.

Vania, Ruth, "Whatever Happened to the Hindu Left?", *Seminar*, 2002.4.

Viswanathan, S., *Dalits in Dravidian Land : Frontline Reports on Anti-Dalit Violence in Tamil Nadu (1995~2004)*, Chennai : Navayana, 2005.

Viswanath, Rupa, "A Textbook Case of Exclusion", *The Indian Express*, 2012.7.20.

_____, *The Pariah Problem : Cate, Religion, and the Social in Modern India*, New York : Columbia University Press · New Delhi : Navayana, 2014.

Vyam, Durgabai, Subhash Vyam, Srividya Natarajan and S. Anand, *Bhimayana : Experiences of Untouchablility*, New Delhi : Navayana, 2011.

Weiss, Gordon, *The Cage : The Fight for Sri Lanka and the Last Days of the Tamil Tigers*, London : The Bodley Head, 2011.

Wolpert, Stanley, *A New History of India*, New York : Oxford University Press, 1993 (Orig. Publ. 1937).

Zelliot, Eleanor, *Ambedkar's World : The Making of Babasahed and the Dalit Movement*, New Delhi : Navayana, 2013.

Zinn, Howard and Anthony Arnove, *Voices of a People's History of the United States*, New York : Seven Stories Press, 2004.